相原 博
Aihara Hiroshi

カントと啓蒙のプロジェクト

『判断力批判』における自然の解釈学

Kant und das Projekt der Aufklärung

Die Hermeneutik der Natur in der Kritik der Urteilskraft

法政大学出版局

カントと啓蒙のプロジェクト／目　次

序論

第一章　『理性の他者』と「自然の解釈学」

第二章　趣味判断と自然美の象徴的理解

凡　例

一、カントの著作からの引用および参照は、すべてアカデミー版カント全集 *Kants gesammelte Schriften*, hrsg. von der Königlich Preußischen Akademie der Wissenschaften, Berlin/Leibzig 1902-. より、巻数をローマ数字で、頁数をアラビア数字で本文中に表示する。

二、『純粋理性批判（*Kritik der reinen Vernunft*）』からの引用は、慣例にしたがって第一版をA、第二版をBとして本文中に表示する。

三、その他の引用および参照は、著者名、書名および論文名、刊行地名、出版年、頁数を注において明記する。

序論

一　本書の目的

本書において筆者は、次の三つの目的を遂行する。第一に、カントの著作『判断力批判』を解釈学的に考察して、ハルトムート・ベーメとゲルノート・ベーメによるカント批判および啓蒙批判に反論する。第二に、この解釈学的考察をとおして、自然を象徴的に理解する「自然の解釈学」の意義を解明する。第三に、これらの考察をもとに、『判断力批判』を体系的かつ統一的に研究する。

かつてH・ベーメとG・ベーメの兄弟は、近代理性を批判して啓蒙のプロジェクトの修正を要求した。その際に、批判の標的はカント哲学であった。ベーメたちによれば、カントの理論哲学は「外的自然支配の理論」であり、また実践哲学は「内的自然支配の理論」である。[1] すなわち、カント哲学の核心にある理性は、近代における自然支配の計画から切り離すことができない。そのため、理性批判をなお徹底させて、近代の理性的人間像を再考しなければならない。この批判は、カント研究者のみならず哲学者たちに、大きな論争を巻き起こした。というのは、理性批判の徹底化とともに、啓蒙のプロジェクトの再検討が避けられない課題となったからである。ベーメたちの共著『理性の他者』は、理性の限界への問いを再燃させ、多くの哲学者に決定的な影響を与えた。[2]ところが筆者の知るかぎり、ベーメたちの見解を検討して、これに反論したカント研究は皆無と言ってよい。[3]それゆえ、彼らのカント批判を取りあげ、その問題点を詳しく検討しなければならない。それによってはじめて、ベーメたちの批判的見解について、その動機や特徴を解明できるであろう。また同時に、この批判的見解に反論することで、カントの「自然の解釈学」の意義が明らかになるはずである。

さてベーメ兄弟は、啓蒙のプロジェクトを修正すべきと考え、カント哲学を「自然支配の理論」として批判した。ベーメたちによれば、判断力とは、理性の諸原理のもとに自然を包摂し、この自然を制御できる客体とする能力である。このように判断力が把握されるかぎり、理性の諸原理のもとに包摂されない自然は「理性の他者(das Andere der Vernunft)」に他ならない。[4]言い換えれば、理性によって規定されない自然は、「非理性的なもの」ないし「非合理的なもの」である。そしてこの自然が、「理性の外部」にあるものとして、カント哲学から排除されたというのである。

しかし筆者の立場から見れば、こうした批判的見解の根底には、判断力にかんする一面的な把握が存在する。[5]すなわち、ベーメたちは判断力という能力を誤解している。その誤解はとりわけ、反省的判断力の把握について明白である。反省的判断力は規定的判断力とはまったく異なり、理性の諸原理のもとに自然を包摂する能力では決してない。むしろ反省的判断力は、諸原理に包摂されない自然を「反省する」能力であり、この自然を「象徴的に理解する」能力である。

より詳しく言えば、反省的判断力は、規定的判断力から次のように区別される。筆者の見解では、反省的判断力による「理解（Verstehen）」は、規定的判断力による「説明（Erklären）」から区別される。そもそも、判断力は悟性と理性の中間項をなす、上級認識能力の一部である。[6] この判断力について、まず規定的判断力は、与えられた表象を概念のもとに包摂して対象を規定する。この包摂によって、直観として与えられた対象が法則に還元される。そのかぎりで、規定的判断力は「説明する」能力である。これに対して反省的判断力は、「自然の合目的性（Zweckmäßigkeit der Natur）」という原理のもとで、法則に還元されない表象の多様を統一する。この合目的性によって、個別の表象に対して見出されるべき全体が仮説的に想定される。そのかぎりで、反省的判断力は「理解する」能力である。[7] もっとも、反省的判断力の含意はこれだけではない。筆者の把握によれば、反省的判断力の能力は、表象の多様を理念の「象徴的描出（symbolische Darstellung）」として理解することにある。[8] そして、この理解の手続きが「自然の解釈学（Hermeneutik der Natur）」に他ならない。なぜなら、この手続きをとおして、自然が理念を感性化するものとして、まさに解釈学的に理解されるからである。すなわち「自然の解釈学」は、理性の諸原理のもとに包摂されない自然を象徴的に理解するのである。[9]

以上の考察から筆者は、ベーメ兄弟によるカント批判および啓蒙批判に反論して、自然を象徴として理解する「自然の解釈学」の意義を解明する。さらにこの解明によって筆者は、『判断力批判』を体系的かつ統一的に把握できる視座を提示する。

二　本書の考察方法

本書は次のように、三つの観点に即した考察方法を採用する。

第一に、本書は判断力についてベーメ兄弟の見解を取りあげ、それを『判断力批判』の論述に照らして考察する。上述のように、ベーメたちによれば、カントの理論哲学は「外的自然支配の理論」であり、実践哲学は「内的自然支配の理論」である。だがこの批判的見解は、判断力の一面的な把握によって可能であるにすぎない。筆者から見れば、ベーメたちは判断力の多様な機能を看過している。それはまさに、直観を概念および理念に関連づけ、理論哲学と実践哲学を媒介する働きに他ならない。そのため判断力、とりわけ反省的判断力の考察が必要不可欠である。なお『理性の他者』の議論は、多岐にわたるテーマを扱っている。その議論は、自然や人間の身体、空想や欲望、感情が「理性の他者」と見なされていく、文化史的で精神史的な過程を解明している。それを考慮すれば、ベーメたちの議論全体を考察することは困難である。そこで本書は、さしあたり論点を次の四つに限定して、判断力にかんする批判的見解を検討する。すなわち、第一に、規定されていない自然を反省する反省的判断力の議論である。第二に、自然美にかんする美感的判断力の議論である。第三に、「崇高な自然」にかかわる美感的判断力の議論である。第四に、有機的な自然を反省する目的論的判断力の議論である。[10] したがって本書は、『判断力批判』でのカント自身の見解に照らし合わせて、これら四つの議論を徹底的に検討する。

第二に、本書はまた啓蒙について、G・ベーメの批判的見解を検討する。ベーメ兄弟は、カント哲学を「自然支配の理論」として批判しただけではない。むしろベーメたちは、この「自然支配」と結びついた啓蒙のプロジェクトを批判したのである。とりわけG・ベーメは、『理性の他者』を執筆した後も、理性の自己批判というプロジェクトを批判し続けている。その批判によれば、啓蒙はいまだ啓蒙されておらず、根本的に修正されなければならない。すなわち、啓蒙のプロジェクトは、近代の理性的人間像とともに修正されなければならない。だが筆者の立場から見れば、ベーメによる啓蒙の把握にも看過できない誤解がある。そこで本書は、近年のG・ベーメの議論を追跡して、その啓蒙にかんする見解を検討する。

第三に、本書は、体系的な観点から『判断力批判』を考察する。[11] これまで『判断力批判』は、多くの場合に考察の範囲を限定して研究されてきた。すなわち、従来の研究は、第一部「美感的判断力の批判」か、第二部「目的論的判断力の批判」のいずれかを考察してきた。それによれば、第一部は美学の基礎づけであり、第二部は生物学的認識の基礎づけである。こうした考察方法は、たしかに今日も時代の趨勢である。[12] しかしながら、考察の範囲を限定した研究は、『判断力批判』の真意を捉え損ねている。のみならずこの限定的な研究は、『判断力批判』について、その豊かな含意を展開する可能性を奪うものである。これらの理由から、本書では『判断力批判』の両部門が体系的に考察される。なお体系的考察にかんしては、P・ガイヤーの解釈が有益な示唆を与えてくれる。ガイヤーによれば、『判断力批判』の両部門には、表面上の相違にもかかわらず、より深い意味での「類似性（affinities）」が認められる。[13] この類似性は、美感的および目的論的な判断力が、道徳的目的の実現の可能性を裏づける点にある。また道徳的目的を実現しようとする場合に、これら判断力が活用可能な手段を与える点にある。それゆえ『判断力批判』の両部門は、実践的関心に基づいて自然と自由を体系的に統一する、より大きな計画の一部になっている。この見解から示唆を受けて、本書は自然と自由の体系的統一という観点から、『判断力批判』を整合的に考察する。[14]

第四に、本書は、解釈学的観点から『判断力批判』を考察する。この解釈学的観点を採用する場合、まずR・A・マックリールの研究を挙げなければならない。マックリールは、規範的理念、美感的理念、目的論的理念という『判断力批判』で導入された諸理念をもとに、「反省的解釈（reflective interpretation）」の理論を構想した。[15] この「反省的解釈」は、諸理念にしたがう反省によって、反省的判断力が経験の偶然的な諸相のうちに秩序と意味を見出すことに他ならない。具体的に言えば、規範的理念による反省が経験的形象に意味を与え、美感的理念にしたがう反省は、経験的直観に意味を与える。さらに目的論的理念にしたがう反省は、歴史上の出来事に対して意味を賦与するのである。マックリールの見解は、『判断力批判』の研究に新境地をもたらした。というのは、この見解が、いわゆる「基礎づけ主義」としての超越論的哲学のうちに、解釈学的な含意を発見したからである。しかし筆者から見れば、この見解にはいまだ不十分な論点も認められる。すなわち、「反省的解釈」の理論にかんしてマックリールは、反省的判断力や合目的性の概念がもつ体系的な意義を看過している。また未規定的な自然や有機的な自然の反省について、マックリールは「反省的解釈」の理論を展開していない。

これに対して牧野英二は、マックリールの研究に匹敵する、優れた解釈学的考察を展開した[16]。牧野説は、「象徴的描出」の概念をもとに、『判断力批判』の解釈学的な含意と体系的な意義を解明したものである。牧野説によれば、反省的判断は、「自然の技巧（Technik der Natur）」の産物である自然美と有機的な自然、さらに歴史的自然にかんして、それらの描出を象徴的に解釈することを意味する。また「自然の技巧」は、自然概念の領域から自由概念の領域への「移行（Übergang）」を可能にする。というのも、この「移行」とは、自然概念の領域における「感性的なもの」のうちに、自由概念の領域における「超感性的なもの」を象徴的に描出する手続きに他ならないからである。したがって、自然美の判定では、「人倫性の象徴としての美」をめぐって、自然から自由への「移行」の過程が解明され、有機的な自然と自然目的論の判定では、自然目的や自然の体系的秩序が、自由の目的や道徳的秩序の象徴として解釈される。さらに歴史的自然の判定では、道徳的自由の実現可能性が象徴的に描出されたと解釈されるのである。このように牧野説は、解釈学的な観点から『判断力批判』を体系的に把握しており、まさに貴重な洞察を含んでいる。しかし筆者の見解では、牧野説にもいまだ不十分な論点が見出される。すなわち「象徴的描出」の思想は、ベーメ兄弟によるカント批判に対抗する原理になる。この点について、牧野説には詳細な考察が欠けている。[17]

これに対して本書は、「自然の解釈学」の立場から、『判断力批判』における「象徴的描出」の思想を解明する。この「自然の解釈学」は、反省的判断力によって、自然が理念の象徴として理解されることを意味する。[18] つまり「自然の解釈学」とは、未規定の自然を象徴的に理解する学に他ならない。この「自然の解釈学」という立場を採用することで、筆者はベーメ兄弟のカント批判に反論することを意図している。というのも、この「解釈学」が、ベーメ兄弟によって「理性の他者」と見なされた自然を理解させてくれるからである。さらに本書は、「象徴的描出」の手続きを詳しく解明することで、マックリールの研究に見られる欠点を克服できる。すなわち、未規定的な自然と有機的な自然の反省について、その解釈学的な含意が明らかになる。このように解釈学的に考察することで、筆者の立場から、自然の象徴的な理解がまさしく可能になるのである。

三　『判断力批判』研究の現状と課題

これまで『判断力批判』の研究は、『純粋理性批判』や『実践理性批判』の研究と比較して、きわめて不十分な状況にあった。もっとも一九九〇年代から、それまでの研究の遅れを取り戻すかのように、『判断力批判』の研究状況は飛躍的に改善されつつある。この改善の原因となったのが、美および崇高にかんするポストモダニストの研究である。すなわち、ポストモダニストたちは、理論哲学と実践哲学の体系的統一を否定し、体系の観点から把握できない諸契機に注目した。さらに彼らは、体系化に反対する立場から、近代の啓蒙思想の限界を克服しようとした。たとえば、J・デリダは、それまで等閑視されてきた「パレルゴン（付属品）」の議論をもとに、近代美学の脱構築を試みた。またJ－F・リオタールは、現代の前衛芸術に対する関心から「崇高論」の解釈を展開した。[19]こうしたポストモダニストの研究は、今日もなお『判断力批判』研究の一つの機軸である。たとえば、A・J・カスカルディは、「美感的判断力の批判」をもとに啓蒙思想を再評価している。[20]カスカルディによれば、美学の領域における啓蒙は、ホルクハイマーおよびアドルノによる理性批判を超えてなおも有効である。これに対してベーメ兄弟の議論もまた、これらポストモダニストの研究に分類できる。というのは、彼らが批判哲学の体系性をまったく否定し、[21]「非理性」の立場から理性を批判するからである。しかしながら、ベーメたちは啓蒙のプロジェクトを根本的に修正しようとしている。そのかぎりで、ベーメ兄弟は上記のポストモダニストから区別される。[22]

もっとも、批判哲学の体系性について言えば、それを擁護する研究が存在しなかったわけではない。理論哲学と実践哲学の体系的統一にかんして、カントを弁護する内在的研究がたしかに存在する。たとえば、K・デュージングは、自然から自由への「移行」という『判断力批判』の中心課題をめぐり、批判哲学の体系的統一を次のように解明した。[23]すなわち、反省的判断力は自然の「超感性的基体（ein übersinnliches Substrat）」に、自由による規定可能性を与える。その結果、悟性によって規定不可能な現象の「超感性的基体」から、実践理性によって規定される「超感性的基体」への「移行」が可能になる。さらに美感的判断力による「移行」は、目的論的判断力による「移行」から区別できる。美感的判断力は、内的自然の「超感性的基体」から、超越論的自由としての「超感性的基体」への「移行」を可能にする。また目的論的判断力は、外的自然の「超感性的基体」から、道徳的創造者としての「超感性的基体」への「移行」を可能にする。こうして『判断力批判』の両部門で、理論哲学と実践哲学がまさに体系的に統一されるのである。

また近年ではP・M・マシューズが、理論哲学と実践哲学の体系的統一について説明している[24]。マシューズによれば、第一に、「移行」の議論は、心的諸能力の体系を形成するものとして把握すべきである。この体系のうちでカントは、理論理性から実践理性への「移行」と、これらの能力の領域である自然から自由への「移行」を要求している。第二に、美感的判断力は、理論理性から実践理性への「移行」を可能にする。この「移行」は、美感的判断力が人間の内なる「超感性的基体」を規定できるようにする、という議論を含んでいる。というのは、この美感的判断力をとおして、感性的な意志が実践理性によって規定可能になるからである。第三に、この「移行」について、「美感的判断力の批判」は「目的論的判断力の批判」に先行しなければならない。美感的判断力は、個別の対象に対して合目的性の原理を適用する。それによって美感的判断力は、自然目的としての個別の対象に対して、合目的性の原理を適用する前提となる。すなわち、目的論的判断力は美感的判断力を前提することで、人間の外なる「超感性的基体」を規定できるようにする。こうしてマシューズは、美感的判断力による「移行」を重視する立場から、理論理性と実践理性の体系的統一を説明したと言うことができる。

このように、『判断力批判』の内在的研究は以前から存在しており、体系的な観点から理論哲学と実践哲学の統一を解明してきた。だが筆者の見解によれば、これまでの内在的研究は、批判哲学の体系的統一を擁護することに成功していない。言い換えれば、この内在的研究は、ポストモダニストによる批判に対して、批判哲学の体系性をよく弁護できていない。というのは、従来の研究では、解釈学的観点からの考察が看過されてきた。その結果、内在的研究をとおしてポストモダニストによる批判に応答することが、およそ不可能であったからである。こうした内在的研究とポストモダンの研究との乖離は、いわば『判断力批判』の二つの読み方に起因すると言うことができる。すなわち、一方で『判断力批判』は、理論哲学と実践哲学をたんに総合する試みとして把握されてきた。だが他方で、これらの哲学に対して『判断力批判』は、まったく新たな視座を提供するとも考えられてきた。[25] 前者の読み方は体系的研究となり、後者の読み方はポストモダンの研究を可能にする。そこで本書は、近代理性に対する批判を真摯に受け止めながら、ベーメ兄弟のカント批判に反論する。そのかぎりで、ポストモダニストの立場が参照され批判的に検討されるであろう。しかしまた本書は、「象徴的描出」という「移行」解釈の中心となる概念を解明して、ベーメ兄弟の批判に反論する。そのかぎりで、内在的研究の立場がもっぱら採用されるであろう。これらの事情を考慮すれば、本書はモダニズムとポストモダニズムの「境界線上」にとどまりながら、『判断力批判』を考察すると言うことができよう。だが本書の考察方法こそが、ベーメ兄弟をはじめポストモダニストに対して、批判哲学の体系性の擁護をまさしく可能にするはずである。

四　本書の基本構成

本書は以下の五つの章から構成される。第一章は、判断力が「自然支配の能力」であるという、ベーメ兄弟のカント批判に反論する。ベーメたちによれば、判断力は、自然に対する支配要求を全体化する意味で、「自然支配の能力」に他ならない。この批判に反論するため、筆者は合目的性の原理にしたがう自然の反省を解明して、これを「自然の解釈学」として定式化する。この「自然の解釈学」は、第二章から第四章までの議論をとおして、さらに詳細に解明されることになる。

第二章は、趣味論が「自然からの疎外」によって特徴づけられるという、G・ベーメのカント批判に反論する。

ベーメによれば、趣味判断の理論は、自然から距離をとり、自然を「他者」として承認できない人間像を表現している。この批判に反論するため、自然美の美感的反省が「自然美の解釈学」として解明される。この「自然美の解釈学」は、美感的理念の解釈学として、理性理念のもとで自然美の「象徴的理解」を可能にする。

第三章は、崇高論が「自然支配の計画」に基づくという、H・ベーメのカント批判に反論する。ベーメによれば、崇高論は、構想力によって自然に対する不安を克服する意味で、「自然支配の計画」に動機づけられている。この批判に対する反論として、「崇高な自然」の美感的反省が「崇高な自然の解釈学」として解明される。この「崇高な自然の解釈学」は、構想力が総括できない自然を理解する解釈学として、自然の「他者性」を明らかにする。

第四章は、自然目的論が「生ける自然」の可能性を認めないという、H・ベーメのカント批判に反論する。ベーメによれば、自然目的論は自然をたんなる「技術産物」と見なし、「生ける自然」の可能性を否定している。この批判に反論するため、有機的な自然の目的論的反省が、「有機的自然の解釈学」として解明される。この「有機的自然の解釈学」は、あくまで主観的に自然を理解する解釈学として、自然の「自立性」を明らかにする。

第五章は、『理性の他者』以後のG・ベーメの哲学構想を検討しつつ、啓蒙のプロジェクトにかんする批判的見解に反論する。ベーメによれば、啓蒙は両義的な過程であり、非合理的なものを制御すべく、「新たな非合理性」を生み出している。この見解に反論するため、筆者は啓蒙のプロジェクトにかんするベーメの見解、および構成主義的な自然概念を検討する。それによって、ベーメが構想した「自然の批判理論」に対して、筆者の「自然の解釈学」の意義を示す。

以上の考察から本書は、結論として次のことを明確にする。上述のように、ベーメ兄弟の批判によれば、カントの理論哲学は「外的自然支配の理論」であり、また実践哲学は「内的自然支配の理論」である。この批判が可能であるのは、ベーメたちが判断力を一面的に把握し、反省的判断力を規定的判断力へと還元するからである。この還元された判断力をもとに、彼らは悟性によって規定されない自然を「理性の他者」と見なした。そして啓蒙のプロジェクトもまた、この「理性の他者」の産出という観点から考察され、両義的な過程として把握されたのである。しかし筆者の立場から言えば、ベーメ兄弟が、反省的判断力を規定的判断力に還元したことは決定的な誤解である。規定的判断力は、自然を法則のもとで説明する。だが反省的判断力は、規定的判断力とは異なる能力である。反省的判断力は、理念の「象徴的描出」として、規定されていない自然を象徴的に理解する。この理解の手続きが、まさに「自然の解釈学」に他ならない。したがって、筆者の見解によれば、ベーメ兄弟によるカント批判は誤解に基づいている。『判断力批判』にかんするかぎり、カントの批判哲学は「自然支配の理論」ではない。むしろ「自然の解釈学」の立場を考慮すれば、批判哲学は自然の「象徴的理解」を可能にする理論を含んでいる。さらには、この「象徴的理解」という観点から、自然における「よき生」の構想を洞察することも可能になる。このように把握すれば、啓蒙のプロジェクトもまた、継続すべき自然理解の過程として評価できるのである。

注

（1）Vgl. H. Böhme und G. Böhme, *Das Andere der Vernunft. Zur Entwicklung von Rationalitätsstrukturen am Beispiel Kants*, Frankfurt a. M. 1983. この書物には部分訳が存在する。「理性の他なるもの　カント『天界の一般自然史と理論』における物質構成の力動理論」弘田陽介訳および解題・鈴木晶子解題、『現代思想』第二七号、一九九九年九月、二三四—二五六頁を参照されたい。

（2）『理性の他者』の影響を受けた研究者として、たとえば、H・シュネーデルバッハやK・グロイが挙げられる。Vgl. H. Schnädelbach, Zur Kritik der funktionalen Vernunft, in: P. Kolmer, H. Korten（hrsg.）, *Grenzbestimmungen der Vernunft. Philosophische Beiträge zur Rationalitätsdebatte*, Freiburg/München 1994, S. 103–126; Schnädelbach, Transformations of the Concept of Reason, in: *Ethical Theory and Moral Practice*, Vol. 1, 1998, pp. 3–14; K. Gloy, Vernunft und das Andere der Vernunft. Eine modelltheoretische Exposition, in: *Zeitschrift für philosophische Forschung*, Bd. 50, 1996, S. 527–562; Gloy, *Vernunft und das Andere der Vernunft*, Freiburg/München 2001, S. 10–42. また『理性の他者』は、「理性とその他者」という論争上のテーマを形成した。Vgl. H. Kimmerle（hrsg.）, *Das Andere und das Denken der Verschiedenheit. Akten eines internationalen Kolloquiums*, Amsterdam 1987; D. Freundlieb and W. Hudson（eds.）, *Reason and Its Other. Rationality in Modern German Philosophy and Culture*, Providence/Oxford 1993.

（3）J・ネラーの論文は、構想力にかんして、ベーメ兄弟の見解を検討した唯一の研究である。ベーメたちは、カントが無意識の恐怖から構想力に自立性を認めなかったと考えている。だがネラーは、批判哲学に内在的な立場から、この見解の妥当性を検討している。Vgl. J. Kneller, The Failure of Kant's Imagination, in: J. Schmidt（ed.）, *What is Enlightenment? Eighteenth-Century Answers and Twentieth-Century Questions*, Berkeley/Los Angeles/London 1996, pp. 453–470.

（4）ベーメ兄弟によれば、理性が「我有化（aneignen）」できないかぎり、自然は「理性の他者」である。また「我有化」については、第五章の注21を参照されたい。Vgl. Böhme und Böhme, *a. a. O.*, S. 13.

（5）なおJ・ハーバマースは、次のようにベーメ兄弟に反論している。すなわち、ベーメ兄弟は、「純粋理性批判」を外的自然支配の理論として解釈し、また「実践理性批判」を内的自然支配の理論として解釈する。だがそのためには、純粋理性および実践理性の批判と判断力の批判との連関を否定しなければならない。Vgl. J. Habermas, *Der philosophische Diskurs der Moderne. Zwölf Vorlesungen*, Frankfurt a. M. 1985, S. 356.（『近代の哲学的ディスクルス

Ⅱ』三島憲一・轡田収・木前利秋・大貫敦子訳、岩波書店、一九九九年、五三七頁）またハーバマースとベーメ兄弟との論争については、第一章および第五章の議論を参照されたい。

（6）ベーメ兄弟は、「理性」概念によって、悟性と判断力、そして狭義の理性という上級認識能力の全体を把握している。また判断力について、ベーメたちは規定的判断力と反省的判断力を区別しない。

（7）すでにM・リーデルが、「説明」と「理解」との概念的な差異を指摘している。リーデルによれば、カントの「説明」概念は、「法則へと還元すること」を意味し、「基礎づけ（begründen）」や「把握（begreifen）」、「導出（deduzieren）」や「解明（explizieren）」と同義である。つまりそれは、可能的経験の条件にかんして、対象の可能性の条件を洞察することを意味する。理論哲学のなかで、たしかにカントは説明を「理解」と呼ぶことがある。だがこの「理解」とは、悟性が直観に与えられた対象を概念によって認識することを意味する。しかしながら、「理解」という表現の使用法は、実践哲学および『判断力批判』の目的論のうちで変化している。自由の概念は、理論的観点において「説明する」ことができず、実践的観点において「理解する」ことができる。また目的の概念は説明できず、「論究（Erörterung）」ないし「解説（Exposition）」を許すだけである。これを言い換えれば、ある種の対象の内的可能性は、目的の原因性によって説明できない。むしろこの内的可能性は、目的の概念によって「理解可能にすること（verständlich zu machen）」ができるだけである。こうした「理解可能化」は、反省的判断力の手続きとして、規定的判断力の「包摂理論的な法則モデル」に対する方法的な代案を意味する。つまりこの代案は、目的論的な「理解」にしたがう概念形成を意味するのである。Vgl. M. Riedel, *Verstehen oder Erklären? Zur Theorie und Geschichte der hermeneutischen Wissenschaften*, Stuttgart 1978, S. 173f., 183f.（『解釈学と実践哲学』河上倫逸・青木隆嘉・Mフーブリヒト編訳、以文社、一九八四年、一二七―一二八頁、一四〇―一四一頁）

（8）A・ロスは、「美感的描出（aesthetic presentation）」の観点から、『判断力批判』における趣味論と目的論の関係を解明している。ロスによれば、趣味論と目的論それぞれの部門で、反省的判断力は理性の諸理念を類比的に描出するための機構を提供する。筆者は、理念の描出という観点から『判断力批判』を読み解く点で、ロスの研究から重要な示唆を得ている。もっとも筆者は、描出問題に対するカントの取り組みを最終的に失敗と見なす、ロスの結論に賛成するわけではない。Vgl. A. Ross, *The Aesthetic Paths of Philosophy. Presentation in Kant, Heidegger, Lacoue-Labarthe, and Nancy*, California 2007, pp. 15–60. また批判哲学の描出概念については、以下の文献が有益である。M. B. Helfer, *The Retreat of Representation. The Concept of Darstellung in German Critical Discourse*, New York 1996, pp. 9–50; G. Hartley, Presentation beyond Representation. Kant and the Limits of Discursive Understanding, in: ders., *The Abyss of Representation. Marxism and the Postmodern Sublime*, Durham/London 2003, pp. 22–52.

（9）「自然の解釈学」はさまざまな意味で論じられている。たとえば、M・リーデルによれば、自然美の現存在に対する知性的関心は、「自然の解釈学」をめざす思弁的な「事物の深み（Tiefe der Sache）」を露わにする。リーデルは定義していないが、この「自然の解釈学」は、美感的感情と道徳感情との類縁性に基づく、自然の「解釈（Ausdeutung）」にかんする学であると推測される。Vgl. M. Riedel, Sensibilität für die Natur. Zum Verhältnis von Geschmacksurteil und Interpretation in Kants Philosophie des Schönen, in: G. Schönlich und Y. Kato (hrsg.), *Kant in der Diskussion der Moderne*, Frankfurt a. M. 1996, S. 506–525.（清水明美訳「自然に対する感受性——カントの美の哲学における趣味判断と解釈との関係について」、『カント・現代の論争に生きる　下』坂部恵・G. シェーンリッヒ・加藤泰史・大橋容一郎編、理想社、二〇〇〇年、三五三—三七四頁）また牧野英二は、『判断力批判』における美学と目的論の思想の精神史的および今日的意義を解明して、「自然の技巧の解釈学」の立場を提出している。この「自然の技巧の解釈学」は、「自然の技巧」の働きを「理解する技術」としての解釈の学を意味する。この牧野説から筆者は多くの示唆を得ている。牧野英二「カントの美学と目的論の思想」、カント全集別巻『カント哲学案内』、岩波書店、二〇〇六年、二八七—三〇五頁を参照。なお解釈学に対する本書の立場については、次節の考察方法にかんする議論を参照されたい。

（10）なお美感的判断および目的論的判断にかんして、H・ベーメとG・ベーメは『理性の他者』刊行後もさらに議論を展開している。そのため本書は、ベーメたちの議論を明瞭にする意味で、『理性の他者』以外にも彼らの諸論文を参照する。

(11) なお『判断力批判』において、「体系的統一」には三つの含意が認められる。第一に、理論哲学と実践哲学の体系的統一である。第二に、『純粋理性批判』および『実践理性批判』、そして『判断力批判』という三つの批判書の体系的統一である。第三に、「美感的判断力の批判」と「目的論的判断力の批判」という、『判断力批判』の第一部と第二部の体系的統一である。

(12) 考察範囲を限定するものとして、たとえば、H・E・アリソンの研究を挙げることができる。体系的研究の重要性を認めながらも、アリソンは「美感的判断力の批判」に考察を限定している。Vgl. H. E. Allison, *Kant's Theory of Taste. A Reading of the Critique of Aesthetic Judgment*, Cambridge 2001, pp. 6–7.

(13) Vgl. P. Guyer, Bridging the Gulf: Kant's Project in the Third Critique, in: G. Bird (ed.), *A Companion to Kant*, Malden/Oxford/Carlton 2006, pp. 423–440.

(14) R・ズッカートもまた、『判断力批判』の両部門の整合的解釈を試みている。その解釈によれば、合目的性の原理は、時間的で目的論的に構成された主観の判断活動を特徴づけている。すなわち、表象の多様を統一する場合に、主観は未規定的で、非概念的に秩序づけられた全体を未来にむけて予期する。こうした主観の判断活動が、美感的判断と目的論的判断のいずれにも見出されるのである。しかし筆者から見れば、自然と自由の体系的統一をまったく考慮しない点で、この解釈には大きな問題がある。Vgl. R. Zuckert, *Kant on Beauty and Biology. An Interpretation of the Critique of Judgment*, Cambridge 2007.

(15) Vgl. R. A. Makkreel, *Imagination and Interpretation in Kant. The Hermeneutical Import of the Critique of Judgment*, Chicago/London 1990.

(16) 牧野英二、前掲論文を参照。また牧野説については、以下の文献も参照されたい。「体系と移行」、『法政大学文学部紀要』、第三七号、一九九一年、一—五一頁。

(17) 牧野英二がかつて、ベーメ兄弟の『理性の他者』に言及したことは指摘しておく。『遠近法主義の哲学　カントの共通感覚論と理性批判の間』、弘文堂、一九九六年、七九—八〇頁、注（一）を参照されたい。

(18) とくに断りがないかぎり、本書で「自然」はもっぱら外的自然を意味する。というのは、ベーメ兄弟が多くの場合に、自然を外的自然として理解するからである。なお批判期に限定すれば、カントの自然概念は次のように整理できる。すなわち、第一に、理論的認識の対象としての自然である。この自然は、質料的な意味で「経験のあらゆる対象の総括」と、形式的な意味で「あらゆる現象の諸規則の総括」とに区別できる。第二に、道徳法則にしたがう理性的存在者の現存在として、「超感性的自然」を意味する。第三に、反省的判断力の対象である「合目的的自然」を意味する。この合目的的自然は、美しい自然や「崇高な自然」、有機的な自然を含む。本書が主題とするのは、この第三の意味における自然である。Vgl. B 163ff., A418f./B446, IV, 294f., 318, 467, V, 43.

(19) Vgl. J. Derrida, *La vérité en peinture*, Paris 1978（『絵画における真理　上下』高橋允昭・阿部宏慈訳、法政大学出版局、一九九七年、一九九八年）; J. F. Lyotard, *Leçons sur l'analytique du Sublime (Kant, Critique de la faculté de juger, §§ 23–29)*, Paris 1991.

(20) Vgl. A. J. Cascardi, *The Consequences of Enlightenment*, Cambridge 1999. なお近代の啓蒙について、カスカルディの立場は必ずしも明確ではない。カスカルディは、自分が啓蒙の批判者でも弁護者でもないと主張する。しかし彼は同時に、カントの美感的反省の理論がポストモダニズムと密接に関連することも認めている。

(21) たとえば、G・ベーメは体系的研究の不毛さを指摘して、『判断力批判』の「斜め読み（querzulesen）」を提案している。Vgl. G. Böhme, *Kants Kritik der Urteilskraft in neuer Sicht*, Frankfurt a. M. 1999.

(22) ベーメ兄弟にとって、近代は克服されるべき課題でしかない。ベーメたちによれば、「近代のプロジェクトを完成すること（ハーバマース）はもはや問題となりえない。むしろこのプロジェクトは修正されなければならない。また啓蒙は未完成のままに残されているのではなく、啓蒙されていないのである」。Böhme und Böhme, *a. a. O.*, S. 11.

(23) Vgl. K. Düsing, *Die Teleologie in Kants Weltbegriff*, Bonn 1968, S. 102–115.

(24) Vgl. P. M. Matthews, *The Significance of Beauty. Kant on Feeling and the System of the Mind*, Dordrecht/Boston/London 1997, pp. 152–167. また体系的観点から『判断力批判』を解明した研究として、すでに述べた牧野説、および以下の文献を参照されたい。Vgl. M.-E. Zovko, Der systematische Zusammenhang der Philosophie in Kants

Kritik der Urteilskraft. „Zweite Aufmerksamkeit“ und Analogie der ästhetischen und teleologischen Urteilskraft, in: *Deutsche Zeitschrift für Philosophie*, 58. Jahrg., 2010, S. 629–645; L. Ostaric, Kant’s Account of Nature’s Systematicity and the Unity of Theoretical and Practical Reason, in: *Inquiry*, Vol. 52, 2009, pp. 155–178.

(25) Vgl. R. A. Makkreel, The Hermeneutical Relevance of Kant’s *Critique of Judgment*, in: S. Martinot (ed.), *Maps and Mirrors. Topologies of Art and Politics*, Illinois 2001, pp. 68–69.

第一章　『理性の他者』と「自然の解釈学」

一　「理性の他者」の観点から見たカント批判

本章において筆者は、判断力が「自然支配の能力」であるという、ベーメ兄弟の批判的見解に反論する。そのためにまた、自然を象徴的に理解する「自然の解釈学」の含意を解明する。

周知のように、二十世紀は徹底した理性批判の時代であると言われる。理性は個別者を抑圧するとともに自然を破壊する。また理性は西洋中心主義的で他者に対して盲目である。このように、理性の抑圧的な性格と破壊的作用が批判されてきた。(1)これらの批判は、ホルクハイマーおよびアドルノによる近代理性の批判に由来する。かつて彼らは、「神話がすでに啓蒙であり啓蒙が神話に退化する」というテーゼによって、啓蒙的理性を厳しく批判した。だがその批判は、理性による理性全体の批判となり、自己論駁に陥ってしまった。というのは、批判をどこまでも徹底すれば、批判そのものの根拠を破壊してしまうからである。(2)もっとも、これによって理性批判が終結したわけではない。一九八〇年代になると、理性が「非理性的なもの」の立場から新たに批判されたのである。

H・ベーメおよびG・ベーメの兄弟は、かつて「理性の他者」の立場から啓蒙的理性を批判した。ベーメたちは、啓蒙的理性が成立した条件を探りながら、この理性から分化した非合理的なものの存在を暴露する。すなわち、彼らは理性の実現が「非理性」を産出したとして、「非理性」の立場から理性を批判したのである。この批判は、フーコーの著作『狂気の歴史』から影響されつつも、カントが定式化した啓蒙的理性を標的としている。ベーメたちによれば、カントの批判哲学はそもそも理性の限界設定の試みであった。だが限界設定とは、理性が「自らを限界づけるとともにその他者を排除する」過程に他ならない。[3] しかしカントは、この排除の過程について沈黙し、それを説明しないままに忘却した。その意味で、カントが限界を設定した理性は、その「他者」を承認しておらず歴史的に未成熟である。したがって今こそ、「新たな理性」が構想されなければならない。こうしてベーメたちは、「理性の他者」の立場から理性を批判して、この「他者」を排除しない理性の構想にむかったのである。

さてベーメ兄弟による理性批判は、おおよそ次のように要約できる。[4] 第一に、近代における啓蒙的理性の成立とともに、「非理性」が産出されている。言い換えれば、近代理性が成立した際には、その代価として「非理性」も産出されている。第二に、この「非理性」の産出は、理性的人間の「心理的発生(Psychogenese)」と「社会的発生(Soziogenese)」という観点から解明できる。人間がいわゆる「理性的存在者」になるのは、心理的で社会的な諸過程の結果である。第三に、「理性的人間である」とは、外的自然および内的自然との関係にかんして、人間が何らかの規律のもとにあることを意味する。そのため理性とは、人間を組織する原理である。第四に、理性に対する「他者」は、理性が成立した結果として産出された「非理性的なもの」である。すなわちそれは、「非合理なもの」として、外的自然および内的自然としての身体、想像や欲求、また感情に他ならない。第五に、「非合理なもの」の観点から見れば、近代の啓蒙は、理性の成立だけを意味するわけではない。むしろそれは、自然との連関の喪失や身体の疎外、想像や激情の抑圧、さらには衝動の追放をも意味する。それゆえ啓蒙とは、解放のみならず「排除のプロジェクト」でもある。

それでは、こうした理性批判はどのように評価できるだろうか。筆者の見解によれば、ベーメ兄弟はドイツ語圏の哲学者たちに大きな影響を与えた。というのは、ベーメたちが、近代理性にかんしてある重要な問題を提起したからである。すなわちそれは、近代理性がそもそも「他者」を抑圧し排除する原理ではないのか、という問題である。この問題はそのまま啓蒙への懐疑につながる。はたして近代の啓蒙は、理性と外的自然との関係を看過していなかっただろうか。あるいは、内的自然としての身体は、理性的人間のうちで統合されていたのだろうか。想像や激情は排除し抑圧されていなかっただろうか。これらの問題が多くの哲学者たちに、「避けられない課題」として突きつけられたわけである。[5] したがって、ベーメ兄弟による理性批判は、影響力ある問いかけとして真に評価できる。

もっとも、こうした理性批判はどこまで妥当であろうか。あるいは、ベーメたちは近代理性を正しく把握しているだろうか。この疑問については、まずJ・ハーバマースの見解を参照すべきであろう。『近代の哲学的ディスクルス』のなかでハーバマースは、ベーメ兄弟が非合理主義に陥っていると主張した。この主張は次のとおりである。[6] すなわち、カントは、厳密に論証できる範囲に理性を限定する仕方で、その理性批判を遂行した。こうした理性批判の仕方にかんして、近代理性の実現の代価を示すためには、カント自身の境界設定を超える理性が必要になる。言い換えれば、理性批判をさらに徹底化するためには、「包括的な理性（komprehensive Vernunft）」が要請されなければならない。しかしベーメ兄弟にとって、「包括的な理性」の要請は、むしろ「排他的な理性（exklusive Vernunft）」を完全なものにすることを意味する。そのため「包括的な理性」は認められない。したがってベーメたちは、その立場を首尾一貫して展開するとすれば、理性にとってまさしく異質な位置を占めなければならない。こうして、ハーバマースによれば、ベーメ兄弟は非合理主義者となり、理性を放棄せざるをえないのである。(7)

するとベーメ兄弟は、非合理主義者と見なすべきであろうか。「理性の他者」の立場とは、非合理主義の宣言に他ならないのだろうか。筆者から見れば、ハーバマースが主張するとおり、ベーメ兄弟は非合理主義者であろう。それは次のように説明できる。すなわちハーバマースは、「非理性」の存在を認めるならば、理性概念の拡張が必要であると主張している。これに対してベーメ兄弟は、「非理性」の存在を認めることが必ずしも非合理主義を意味しない、という立場に立つ。むしろベーメたちは、「非理性」の存在を排除しないような、「新たな理性概念」を形成すべきであると考えている。だがベーメたちは、この「新たな理性概念」をどのように正当化できるのだろうか。ベーメたちは、理性に先立つ「経験」から、この「理性概念」を正当化しようとするかもしれない。というのは、ベーメ兄弟によれば、人間は自分の身体によって、理性の支配を逃れたものに襲われるからである。また近代以前の自然経験には、理性の支配に対する抵抗の源泉が見出されるからである。(8) しかしながら、理性によって洞察不可能な「経験」に依拠するかぎり、ベーメ兄弟は非合理主義者であると言わざるをえない。したがって、筆者の把握によれば、「非理性」の存在を認めることは、まさしく非合理主義に帰結するのである。

もっとも、次の論点は注意すべきである。すなわち、ハーバマースの主張が正しい場合でも、ベーメ兄弟による理性批判がすべて無効であるとは限らない。というのは、たとえ非合理主義を認めたとしても、理性に対する限定的な批判が成り立つかもしれないからである。カントが定式化した理性のうちでも、理論理性や実践理性など、個々の能力について、ベーメたちの批判はなお有効であるかもしれない。それでは、カントの多義的な理性にかんして、ベーメ兄弟による批判はどこまで妥当であろうか。序論で述べたように、筆者はもっぱら判断力という能力を取りあげて、この批判の妥当性を検討していく。このように考察の対象を限定することで、ベーメ兄弟による批判の真意が明らかになるからである。そこで本章は次のような議論を展開したい。第二節では、判断力にかんするベーメ兄弟の批判を示す。第三節では、規定的判断力とは異なる、反省的判断力という能力を明らかにする。第四節では、この反省的判断力が、諸表象を解釈学的に統一することを解明する。第五節では、自然概念の領域から自由概念の領域への「移行」を明らかにする。第六節では、反省的判断力による自然の反省を「自然の解釈学」として定式化する。これらの議論をとおして、本章は「自然の解釈学」の立場から、ベーメ兄弟の批判的見解に対する反論に取りかかる。

二　判断力にかんするベーメ兄弟の批判的見解

ベーメ兄弟によれば、カントの批判哲学は「自然支配の理論」である。この批判的見解は、カントの人物像の解明とともに、次のように展開されている。すなわちカントは、労働および生活の仕方を規律化することで、「自然から疎外された人間」に自己を形成している。[9] それゆえ、カントにとって自然とは、「諸物の現存在に属するすべてのものの内的原理」（IV, 467）である。言い換えれば、自然はそもそも、「強制された連関」として現象する諸法則だけを含んでいる。しかしながら、こうした自然概念の根底には、「支配の精神」を伴う思想が認められる。筆者が把握するかぎり、この思想は次のように整理できる。(10)

第一に、カントの批判哲学によれば、「あるがままの自然」つまり「自然それ自体」は決して認識できない。というのは、この「自然」を経験させてくれる、自然と人間との直接的な連関が存在しないからである。あるいは、この連関を察知する器官が人間には存在しないからである。それゆえカントは、自然が現象として可能になる条件を設定するわけである。しかし、自然に対して条件を設定することは、「あるがままの自然」をまったく偶然的なものにする。すなわち、自然がそれ自体としてあり、おのずから示すものは、すべて偶然にすぎないと見なされる。

第二に、感官はたんなる受容性の能力として、カントによって過小評価されている。感官は表象の多様を与えるだけで、自然を把握するにはまったく無力である。すなわち、感官は「あるがままの自然」を把握できない。その結果として人間は、自然がおのずから示す秩序を理解できなくなっている。こうして、自然から疎外された近代の人間は、「悟性の産物」としてのみ自然の秩序や規則性を表象できるようになる。

第三に、「あるがままの自然」は、自然から疎外された人間にとって障害になる。というのは、この自然がたんなる悟性の産物として表象できないからである。しかし、悟性の産物として表象できない秩序や規則性が、たしかに自然には認められる。そこでカントは、「虚構（Fiktion）」に訴えることで、この障害をどうにか乗り越えようとする。(11)すなわちカントは、人間のために自然を整えてくれる高次の悟性を想定して、秩序や規則性をかろうじて認識可能なものとする。

第四に、判断力の原理はこうして想定される。判断力は自然の秩序や規則性を把握しようとする。そこで判断力は原理として、人間悟性とは異なる高次の悟性を「虚構」として想定する。この高次の悟性はまさしく原理として、あたかも人間悟性のために自然を統一するかのように見なされる。すると、次のことは明白である。すなわち、判断力の原理によってカントは、人間と自然との直接的な連関を「補償する（kompensieren）」[12]ことを意図している。「虚構」としての高次の悟性は、人間悟性の制限を補うための想定である。しかしながら、この想定は予想外の帰結をもたらす。いまや自然は、あたかも悟性の産物であるかのように見なされてしまう。その結果として、「あるがままの自然」は判断力の原理をとおして拒絶される。悟性の産物と見なすことで、カントは「あるがままの自然」が存在することを否定するのである。

このように、ベーメ兄弟はカントの理論哲学を批判している。筆者が理解するかぎり、ベーメたちは、この理論哲学が「超越論的哲学」であることを否定して、あくまで経験的な立場にとどまる。それによって、「あるがままの自然」からの批判が可能になる。ベーメたちによれば、判断力は「自然支配の能力」に他ならない。具体的に言えば、判断力は自然の秩序や規則性について、それらが高次の悟性の産物であると見なす。この場合に高次の悟性は、人間悟性が達成できない機能を補完することが想定されている。しかし、この想定には「自然支配の要求」が認められる。すなわち、人間悟性はアプリオリな法則を指示して、この法則のもとにある自然を支配する。また「虚構」としての高次の悟性は、人間悟性の産物として表象できない自然に法則を指示し、この自然を支配することになる。そのため判断力は、自然に対する支配要求をまさに「全体化」する。判断力をとおして自然は、すべて悟性の法則に従属させられ、悟性の支配連関のもとに組み込まれるのである。

それでは、こうしたベーメ兄弟の批判的見解はどこまで妥当であろうか。この批判的見解の妥当性が、まずは検討されなければならない。その際、W・G・ヤーコプスの見解は、筆者にとって重要な示唆を与えてくれる。

ヤーコプスによれば、「支配の能力」として批判されるのは、次のような特徴をもつ判断力である。[13] すなわちそれは、普遍的な原理から基礎的規定を分析的に導出し、この規定のもとに個々の存在者を包摂する能力である。というのは、この判断力が普遍的な原理に従属させることで、個々の存在者を「潜在的に抑圧する」からである。しかしながら、現代の理性批判は、次のような判断力を要求している。それは、普遍的な原理の抽象性を考慮して、個々の存在者の「個別性や多元性を許容する判断力」である。それはまさに、存在者を反省する判断力に他ならない。このように、ヤーコプスは「包摂する判断力」と「反省する判断力」とを区別する。これは筆者から見れば、カントにおける規定的判断力と反省的判断力の区別に他ならない。またヤーコプスは、現代の理性批判に関連して、規定的判断力ではなく反省的判断力を重要視したことになる。

では『判断力批判』にかんして、規定的判断力と反省的判断力はどのように区別されるだろうか。「第二序論」によれば、この区別は次のように説明できる（Vgl. V, 179f.）。一般的な意味における判断力は、特殊的なものを普遍的なもののもとに含まれているものとして考える能力である。この判断力には二つの機能が認められる。第一に、規則や原理、法則といった普遍的なものがすでに与えられている場合、判断力は特殊的なものを普遍的なもののもとに包摂し、「規定的（bestimmend）」である。これは、判断力が超越論的であり、普遍的なもののもとに包摂可能な諸条件をアプリオリに示す場合でも例外ではない。第二に、特殊的なものだけが与えられている場合、判断力はこの特殊的なもののために普遍的なものを見出すべきであり、「反省的（reflektierend）」である。

これらの区別を考慮すれば、ベーメ兄弟は明らかに、反省的判断力を規定的判断力に還元している。ベーメたちは、規定的判断力と反省的判断力を区別せず、反省的判断力の機能をまったく認めない。つまり、判断力はそのまま規定的判断力と見なされている。ベーメたちによれば、高次の悟性にかんする「虚構」のうちには、「自然支配の要求」が認められた。しかしそうした把握が可能であるのは、彼らが自然を反省する判断力を、自然を包摂する規定的判断力に還元するからである。これを言い換えれば、まさに反省的判断力の「消去」によって、自然支配の能力として判断力を批判することが可能になっているのである。たしかに反省的判断力は、与えられた自然のために普遍的なものを見出そうとする。しかし反省的判断力は、普遍的なものをすでに前提して、そのもとに自然を包摂するわけではない。このように考えれば、反省的判断力の機能を解明することで、判断力にかんするベーメ兄弟の批判的見解に反論できるはずである。そこで次節では、反省的判断力の機能そのものを解明してみたい。

三　反省的判断力と自然の合目的性

『判断力批判』の「第二序論」において、カントは反省的判断力とその原理を次のように説明している（Vgl. V, 179f.）。第一に、超越論的判断力は、規定的判断力として包摂するだけである。すなわち、悟性の超越論的諸法則のもとで、自然における特殊的なものを普遍的なものに従属させるだけである。ところで、この悟性の超越論的諸法則は、感官の対象である「自然一般の可能性」だけに関係する。そのため、多様な自然の諸形式および自然諸概念の変様は、これらの超越論的法則によって規定されないままである。もっとも何らかの諸法則が、多様な自然の諸形式および自然諸概念の変様を規定するためにも必要である。これらの法則は、人間悟性にとっては偶然的であるかもしれない。だがこれらの法則は、法則と呼ばれるべきであるかぎり、多様を統一する原理に基づいて必然的と見なされなければならない。

第二に、そこで反省的判断力は次のような原理を要求する。自然の普遍的諸法則は、これらの法則を自然に指示する人間悟性に基づいている。だが特殊な経験的諸法則もまた、普遍的諸法則によって未規定のまま残されたものにかんして、高次の悟性に基づくものとして考察されなければならない。言い換えれば、経験的諸法則もまた、人間悟性が特殊な経験を体系化できるために、あたかも高次の悟性が賦与したかのような統一にしたがって考察されなければならない。すると自然の諸物の形式には、人間の認識能力に対する合目的性がたしかに認められる。こうして反省的判断力は、経験的諸法則にしたがう自然の合目的性を想定することになる。すなわち、反省的判断力の原理は、人間の認識能力に対する自然の合目的性に他ならない。

このように人間悟性は、多様な自然の諸形式と自然諸概念の変様を未規定のまま残している。これらを規定するために、何らかの経験的諸法則が必要である。だがこれらの法則は、人間悟性にとって偶然的かもしれないが、それでも必然的であると見なされなければならない。そのため反省的判断力は、あたかも高次の悟性が賦与したかのような統一のもとで、人間の認識能力に対して自然が合目的的であることを想定する。こうして反省的判断力は、経験的諸法則の必然性と体系性を保証するのである。

自然の合目的性は、多様な自然の諸形式と自然諸概念の変様を規定するために想定される。すると反省的判断力は、規定的判断力から区別されるとしても、「対象の規定」を意図した能力にならないだろうか。言い換えれば、反省的判断力およびその原理は、規定的判断力に準ずる仕方で特徴づけられるのではないか。そうした見解の典型が、まさにH・E・アリソンの解釈である。『純粋理性批判』を参照することで、アリソンはもっぱら認識論的な観点から反省的判断力を把握した。アリソンによれば、反省的判断力とは、経験的諸法則の発見および統合を可能にする能力である。筆者の立場とは異なるが、アリソンの解釈は次のように要約できる。(14)

すなわち、人間悟性にそなわる超越論的法則は、経験的な秩序が認識できるように存在することを保証しない。この超越論的法則は、一つの時間と空間という構造のうちで対象を認識できるようにする、形式的な条件にのみ関係している。そのため、経験的な秩序について、きわめて多様なものが、この超越論的法則のもとで存在できるからである。しかし、経験的な秩序がたしかに存在すると保証されないかぎり、経験的諸法則を発見することはまったく不可能である。そのうえ、体系のうちで経験的諸法則を統合することも不可能である。[15] ところでカントは、すでに『純粋理性批判』のなかで、次のような事態を憂慮していた。それはまさに、現象が純粋悟性概念にまったく適合しない性質をもつかもしれない事態である（Vgl. A90/B123）。この事態は、現象のなかに総合の規則を与えるものが存在しない混乱状態として、「超越論的な水準での無秩序」と呼ぶことができる。もっとも「超越論的な水準での無秩序」は、純粋悟性概念の超越論的演繹をとおして、その可能性がたしかに廃棄された。これに対して、認識できるような経験的な秩序が存在しないことは、「経験的な水準での無秩序」と呼ぶことができる。そこで反省的判断力は、自然の探究にかんして自然の合目的性を想定する。それによって反省的判断力は、「経験的な水準での無秩序」があるかもしれない事態を排除する。こうして反省的判断力について、経験的諸法則を発見する、あるいはそれを統合する可能性が保証されたのである。

このように、純粋悟性概念の演繹が「超越論的な水準での無秩序」を廃棄したように、自然の合目的性の想定は「経験的な水準での無秩序」を排除する。[16] それによって、反省的判断力による経験的諸法則の発見および統合が可能になるのである。それでは、アリソンの解釈はどこまで妥当であろうか。筆者の見解によれば、この解釈は反省的判断力について、その認識論的な機能を説明しておりたしかに否定できない。ある意味で、自然の合目的性の想定は、およそ経験的認識が可能であることを基礎づけている。というのは、この合目的性を想定しなければ、自然の探究のうちで経験的諸法則を発見できないからである。あるいは、経験的諸法則をより高次の法則のもとに包摂して、それらを体系化することも不可能だからである。すると反省的判断力は、対象の認識にかかわる規定的判断力に準ずる仕方で特徴づけられるであろう。[17] しかしながら、こうした解釈は反省的判断力の一機能を解明したにすぎない。反省的判断力は、認識にかかわる悟性や実践にかかわる理性とともに、上級認識能力の一部をなす。その意味で、反省的判断力は固有の原理をもっており、他の能力に還元できないはずである。だがアリソンの解釈だけを認めれば、結局のところ、反省的判断力はたんなる悟性に還元されてしまうのである。

それでは、反省的判断力について、そもそもどのように把握するべきであろうか。探究の手がかりとして、まずは反省的判断力が諸表象を統一する仕方に注目してみたい。すでに述べたように、反省的判断力は高次の悟性による統一を想定して、経験的諸法則が必然的で体系的であることを保証する。この高次の悟性による統一は、人間悟性の概念による統一とは明らかに異なる。というのは、経験的諸法則が人間悟性にとってはきわめて偶然的だからである。[18] すなわち、反省的判断力による諸表象の統一とは、人間悟性が決して洞察できない「偶然的なものの統一」である。それはまさしく、反省的判断力に固有の統一に他ならない。そこで、この統一を解明しようとすれば、K・ピロウの解釈を検討しなければならない。というのは、ピロウが反省的判断力に対して、純粋悟性概念による統一とは異なる機能を認めるからである。ピロウによれば、反省的判断力とは、人間悟性が未規定のまま残したものに「意味」と「構造」を与える能力である。このピロウの解釈は、主要な論点を挙げれば、次のように要約できる。[19]

すなわち、『純粋理性批判』によれば、超越論的反省とは、多様な表象をしかるべき認識能力の源泉に割り当てることである。これによって超越論的反省は、そこで妥当な認識の要求が生じる、認識諸能力の関係を根拠づけている。また超越論的反省に固有の概念とは、主観における諸表象の相互関係として、「一様と差異」、「一致と反対」、「内と外」、「被規定と規定」である。これらの概念は、純粋悟性概念に基づく規定的判断と対比すれば、「概念に先立つ形態化（preconceptual figuration）」を与えるものである。[20] そのため超越論的反省には、純粋悟性概念による認識に対して、ある種の「優位」がたしかに認められる。ところで『判断力批判』において、いわゆる反省は超越論的反省とは異なる機能をもっている。反省的判断力は、人間悟性によって未規定のまま残された特殊的なものを理解するために、諸表象を比較する。[21] それによって反省的判断力は、特殊的なものから普遍的なものを探求する。こうして反省的判断力は、純粋悟性概念が規定していない諸表象に、「意味」と「構造」を与える。したがって反省的判断力は、人間悟性が未規定のまま残したものに「意味」と「構造」を与える能力に他ならない。[22]

このようにピロウは、『純粋理性批判』における超越論的反省をもとに、反省的判断力の機能を解明した。ピロウによれば、反省的判断力とは、人間悟性が規定していない諸表象に「意味」と「構造」を与える能力である。この「意味」と「構造」は、純粋悟性概念による諸表象の統一とは異なり、反省的判断力による諸表象の比較に基づいている。この諸表象の比較は、あえて『論理学』での説明を補えば、「意識の統一にむかう関係のうちで」（Vgl. IX, 94）諸表象を相互に比較することである。それゆえ反省的判断力は、純粋悟性概念に依拠せずに、たとえ仮説的であれ、諸表象を統一すると理解できるであろう。ピロウの解釈で言えば、諸表象の仮説的な統一を説明するのが、超越論的反省の概念が与える「概念に先立つ形態化」であろう。さて、このように理解できるとすれば、反省的判断力が諸表象を統一する仕方こそが、その機能を明らかにするであろう。ところが、ピロウの解釈において、「概念に先立つ形態化」がそもそも何であるか、実のところ明らかではない。あるいは、反省的判断力が与える「意味」と「構造」について、具体的な説明がなされないままである。そこで次節では、反省的判断力の機能を解明するべく、合目的性の原理による諸表象の統一を解明したい。というのは、反省的判断力が、自然の合目的性という原理のもとで、諸表象を「合目的的に」統一するからである。

四　自然の合目的性と解釈学的統一

すでに述べたように、反省的判断力の原理は、人間の認識能力に対する自然の合目的性である。だが合目的性という原理のもとで、反省的判断力は諸表象をどのように統一するのだろうか。カントによれば、合目的性は次のように説明できる（Vgl. V, 219f.）。すなわち、ある概念はその対象の可能性にかんして、実在的な根拠と見なすことができる。そのかぎりで、この概念の対象が目的である。またある概念が客観の原因であるかぎり、この概念の原因性が合目的性である。ある対象の形式ないし現存は結果として、この結果の概念によってのみ可能であると考えられる。だがその場合には、たしかに目的が想定されている。この結果の概念は、結果の原因を規定する根拠であり、この原因に先行する。ところで、ある客観や心の状態でさえ、それらの可能性が目的の表象を前提しないとしても、合目的的と呼ばれる。というのは、諸目的にしたがう原因性を根底に想定するかぎり、これらの可能性が把握できるからである。この意味で合目的性は、たとえ目的がなくとも把握可能である。

このように合目的性は、ある概念の客観にかんする、この概念の原因性である。この合目的性は、目的の表象を前提しないとしても、ある客観や心の状態に認められる。というのは、諸目的にしたがう原因性を想定してそれらの可能性を把握できることが、合目的性を認めるための条件だからである。すると自然の合目的性が認められるのは、諸目的にしたがう原因性を想定することで、自然の可能性が把握される場合に他ならない。だが諸目的にしたがう原因性を想定することで、自然の諸表象はどのように統一されるのだろうか。

この諸目的にしたがう原因性は、たとえば、技術の実践のうちに見出すことができる。技術の実践では、ある全体についての概念が結果としての技術作品に先行する。また技術作品の諸部分は、この全体に関係することによってのみ可能になる。こうした技術の実践における原因性を考慮すれば、諸表象はある全体の概念のもとで統一されることが明らかになる。すなわち反省的判断力は、ある全体の概念を想定することで、諸表象を統一するのである。なお技術の実践では、全体の概念がたしかに存在している。だが反省的判断力による諸表象の統一では、この全体の概念はあたかも存在するものとして想定されるだけである。そこで諸表象の統一を解明しようとすれば、R・ズッカートの解釈が重要な示唆を与えてくれる。ズッカートによれば、反省的判断力は、ある全体の概念のもとで諸表象を統一する。言い換えれば、反省的判断力はある全体について、未規定の概念を予期することで諸表象を統一するのである。このズッカートの解釈は、筆者にとって重要な論点を挙げれば、次の三点に整理できる[23]。

第一に、自然の合目的性は、自然の偶然性にかかわる原理、あるいは多様の統一にかんする原理である。この原理によって自然は、普遍的で必然的な諸特徴にかんして統一されたものと見なされるだけではない。また自然は、多様で偶然的な諸特徴についても統一されたものと見なされる。カントによれば、自然の合目的性とは「経験的諸法則にかんする自然の種別化の法則」(Vgl. V, 186f.)である。すなわち反省的判断力は、自然の多様性のうちで経験的概念を求める。そのため反省的判断力は、自然が「類」と「種」に自らを区分したことを想定しなければならない。だがこうした「類」と「種」の区分は、一つの体系をすでに前提として認めている。したがって、自然の合目的性は体系の原理として、経験的概念を形成するための必要条件である。[24]

第二に、この概念形成のための必要条件は、イェッシェが編集した『論理学』をもとに解明できる。周知のように、この『論理学』は経験的概念の形成にかんする説明を含んでいる。その説明によれば、諸概念は「類」と「種」の関係にあるものとして、諸概念の内包は一つの体系に含まれるものとして提示される。経験的概念の内包とは、その概念に含まれる諸々の部分概念である。これらの部分概念は、互いに並列的ないし従属的な関係にある、経験的概念の内包によって構成されている。だが部分概念の関係は、定言的、仮言的、選言的という判断の関係の形式にしたがって、三つに区別される。すなわち定言的判断は、上位の概念に対して並列的な諸概念の関係を表現している。また仮言的判断は、上位の概念に従属する下位概念の関係を表現している。これに対して選言判断は、上位の概念を下位の概念の範囲に分割する。[25] 言い換えれば、この判断は全体としての上位の概念から出発して、諸部分をなす下位概念を総括していく。そのため、選言判断はまさに諸概念の体系を分節化する。さらにこの分節化には、諸概念の並列関係や従属関係もまた含まれる。したがって、選言判断における分節化こそが、経験的概念を形成するための必要条件に他ならない。

第三に、経験的概念を形成するためには、諸表象の比較と反省、そして抽象が必要である。すなわち、諸表象を比較して差異を見出し、共通性だけを反省することで差異を抽象しなければならない。[26] だがこの比較の活動は、選言判断の形式にしたがうものとして理解される。言い換えれば、経験的概念を形成する場合に、諸表象は「予期されるがいまだ明確には形成されていない概念（a prospective, not yet explicitly formulated concept）」のもとにある選言肢として把握されるのである。こうして自然の合目的性は、「経験的諸法則にかんする自然の種別化の法則」として、選言判断の形式にしたがう概念形成の原理に他ならない。反省的判断力は、未規定の上位概念を予期することで諸表象を統一する。全体となる概念を予期することで、自然の多様性にもかかわらず、なお概念形成が可能になるのである。

このようにズッカートは、反省的判断力による諸表象の統一を解明した。筆者の言葉で言えば、反省的判断力は、未規定の上位概念を想定することで諸表象を統一する。この未規定の上位概念は、多様な表象に対する「体系としての全体」に他ならない。というのは、経験的概念を形成するために、反省的判断力は自然における「類」と「種」の区分を想定しなければならない。だがこうした「類」と「種」の区分は、「体系としての全体」をすでに前提として認めているからである。ズッカートの解釈は、これまでの解釈とは異なり、反省的判断力の体系的含意を明らかにした。すなわち反省的判断力は、「体系としての全体」の概念を想定することで諸表象を統一する。これは、従来の『判断力批判』研究に見られない解釈であり、ベーメ兄弟によるカント批判に反論する場合にも示唆的である。

しかしながら、筆者の立場から見れば、ズッカートの解釈にはなお不十分な論点が見出される。すなわち、この解釈は全体の概念にかんする「解釈学的含意」を解明していない。経験的概念を形成するために、反省的判断力はたしかに全体の概念を想定しなければならない。だがこれは、体系を可能にする概念のもとで、反省的判断力が多様な諸表象を反省することを意味している。すると多様な諸表象は、未規定の上位概念のもとにある選言肢として把握される。言い換えれば、全体として想定される概念のうちで、その諸部分をなす選言肢として把握される。もっとも反省的判断力にとって、全体の概念は仮説的に想定されるにすぎず、あくまで未規定のままである。それゆえ、諸表象の反省とともに、全体の概念はたえず新たに想定されるものである。こうして反省的判断力は、全体の概念と諸表象とを往還しつつ、両者の間に調和を見出そうとする。これは、本書の議論を先取りすれば、全体の概念による諸表象の「解釈」に他ならない。そのため、全体の概念と諸表象との間には、全体と部分の「解釈学的循環」という関係が認められる。[27] したがって、反省的判断力による諸表象の統一は、まさに解釈学的循環によって特徴づけられるのである。

それでは、この解釈学的循環は具体的にどのような循環であるのか。それを解明することは、本書の展開にとって重要な意味をもつ。しかし解釈学的循環という関係は、ただちに理解できるとは限らないかもしれない。というのは、カント哲学はいわゆる「基礎づけ主義」であり、解釈学的含意を見出す余地がない、と考えられてきたからである。すなわち、カント哲学はアプリオリな根拠に訴えることで、理論的認識や道徳的実践が可能であることを基礎づけている。そのため、認識や実践において解釈の契機は認められない、と考えられてきたからである。そこでまず、解釈学的循環がどのような循環であるのか、おおよそ説明しておく必要があるであろう。この解釈学的循環について、筆者はA・T・ニュイエンの研究をもとに説明してみたい。ニュイエンは、理解にかんする「解釈学的モデル（hermeneutic model）」の観点から、『純粋理性批判』における理性概念を把握している。このニュイエンの研究は、次の三点に整理できる。[28]

第一に、解釈学における「理解」は、全体を予期して諸部分へ進みながら、また諸部分から全体の予期へと進むような往還運動からなる。この往還運動の結果として、予期される全体が諸部分の解釈と調和した場合に、まさに解釈学的な「理解」が達成される。解釈学的な「理解」においては、全体を予期することが、全体と諸部分の「解釈学的循環」の出発点である。この解釈学的循環のうちでは、全体の予期が諸部分の解釈と適合するように修正され、諸部分もまた予期される全体に適合するように解釈される。こうした全体と部分の往還運動は、全体と諸部分との間に調和が存在するようになるまで継続される。

第二に、解釈学の普遍性は、文章や芸術作品を理解させるだけでなく、最終的な課題として人間の諸経験をも理解させてくれる。だが人間の諸経験の理解は、カントが自ら設定した理性の課題でもある。カントにとって人間の諸経験を理解することは、これらの経験が諸部分をなす、ある全体の概念によって導かれなければならない。そのため、人間の諸経験を解釈することは、純粋理性の課題に他ならない。こうして純粋理性は、ある全体を構想して人間の諸経験を理解することが想定される。だがこの理性の働きは、まさに「解釈学的モデル」の観点から解明できる。すなわち純粋理性は、全体の予期と諸部分との往還運動に基づく、解釈学的な「理解」の能力として解明することができる。

第三に、『純粋理性批判』の「純粋理性の建築術」における理性概念は、まさに「解釈学的モデル」の観点から解明できる。カントは、純粋理性がもともと建築術的であると見なしている（Vgl. A474/B502）。これは純粋理性にかんして次のことを意味する。すなわち純粋理性は、諸部分の範囲と全体における諸部分の位置をアプリオリに決定する、ある全体の概念をもとに機能する（Vgl. A832/860B）。また建築術とは諸体系を構築する技術であるから、純粋理性は断片的な諸認識に満足することができない。むしろ純粋理性は、断片的な諸認識が位置づけられる体系を構築しようとする。こうした断片的な諸認識と体系との間には、諸部分と全体との「解釈学的循環」という関係が見出される。したがって、「純粋理性の建築術」における理性は、諸部分と全体との循環に基づく「解釈学的な理解」の能力である。

このように、純粋理性はある全体の概念をもとに、諸部分の範囲と相互の関係をアプリオリに決定する。この全体は純粋理性の体系であり、諸部分は体系の構成要素をなす断片的な諸認識である。そして体系と諸認識は相互に依存する関係にあるので、純粋理性は解釈学的循環によって特徴づけられる。しかし筆者の立場から見れば、この解釈学的循環によって特徴づけられるのは、むしろ『判断力批判』における反省的判断力に他ならない。[29] というのは、純粋理性は悟性の諸認識にかかわるにすぎず、「経験」に直接かかわるわけではない。だがこの「経験」においてこそ、諸部分と全体との循環に基づく「解釈学的な理解」が必要とされるからである。言い換えれば、美しい自然や有機的な自然など、特殊な自然の「経験」は、純粋理性や悟性によってその可能性が洞察できるわけではない。むしろそれらの「経験」を把握しようとすれば、まさに全体から諸部分へ進むとともに、諸部分から全体へと進むような、反省的判断力による「解釈学的な理解」が不可欠だからである。こうして、ニュイエンの研究を考慮すれば、反省的判断力による諸表象の統一を説明できる。すなわち、反省的判断力は、ある全体の概念を想定して諸表象を統一する。この全体の概念は未規定のままであるから、諸表象の反省とともにたえず新たに想定されることができる。そして、この未規定の概念をもとに反省する判断力にこそ、全体と諸部分との往還運動という「解釈学的循環」の関係が見出されるのである。

五　反省的判断力と自然概念の領域から自由概念の領域への「移行」

前節で論じたように、反省的判断力は、全体と諸部分との「解釈学的循環」によって特徴づけられる。反省的判断力は、ある全体の概念を想定して諸表象を統一する。もっとも筆者の見解によれば、この説明だけでは、反省的判断力が適切に解明されたことにはならない。言い換えれば、反省的判断力という能力について、その解釈学的含意がすべて解明されたというわけではない。本書にとって重要な論点として、「自然の理解」にかかわる解釈学的含意こそが解明されなければならない。そこで本節では、反省的判断力の媒介機能として、自然概念の領域から自由概念の領域への「移行」を論じる。[30] この「移行」は『判断力批判』の中心をなす「課題」であり、理論哲学と実践哲学の統一にかかわる。この「移行」を解明することで、反省的判断力の解釈学的含意もまさに明確になるはずである。

さて『判断力批判』の「第二序論」によれば、自然概念の領域から自由概念の領域への「移行」は、次のように説明できる（Vgl. V, 195f.）。すなわち、自然を理論的に認識する悟性は、諸感官の客観としての自然に対してアプリオリに立法的である。これに対して、行為を実践的に規定する理性は、「超感性的なもの」としての自由と意志に対してアプリオリに立法的である。ところが、悟性の立法にしたがう自然概念の領域と理性の立法にしたがう自由概念の領域とは、異質な領域として全面的に分離されたままである。言い換えれば、両者の間には、「超感性的なもの」を現象から分ける「裂け目（Kluft）」が存在する。その結果として、自然概念の領域から自由概念の領域への「移行」はまったく不可能である。それにもかかわらず、自由による原因性の概念は、自然に対して影響を与えることを含意している。この自由による原因性の結果は、道徳法則に適合して自然のうちで「生起すべき」である。つまり理性の究極目的は、自然のうちで生起すべきである。そこで反省的判断力が、この自然にかんして、究極目的を実現する可能性の条件をアプリオリに前提することになる。すなわち反省的判断力は、自然の合目的性の原理を前提して、自然概念の領域と自由概念の領域をまさしく媒介するのである。

以上を要約すれば、自然概念の領域と自由概念の領域は、まったく異なる世界として分離されたままである。しかし理性の目的、すなわち道徳法則によって課せられた究極目的は、自然のうちで実現されるべきである。そこで反省的判断力は、この究極目的の実現可能性を保証するために、自然の合目的性の原理によって「移行」を可能にする。言い換えれば、反省的判断力はその原理をもとに、現象の世界から「超感性的なもの」の世界へとうか。

「移行」を可能にするのである。もっとも、この説明はあくまで形式的なものであり、「移行」の具体的な内実を明らかにしていない。それでは、反省的判断力は具体的にどのような仕方で、この「移行」を可能にするのだろうか。

ここで筆者が注目するのは、K・デュージングの研究である。この研究は、「移行」をめぐる問題に一つの解決を与えた点で、大いに参照すべきものである。デュージングによれば、自然の合目的性の原理は、自然の根底に「超感性的基体」があることを示唆している。反省的判断力は、この「超感性的基体」の概念をもとに、未規定の「超感性的基体」と規定された「超感性的基体」を結合できるようにする。すなわち、悟性は自然の「超感性的基体」を未規定のまま残している。だが理性は道徳法則をとおして、この「超感性的基体」を規定している。そこで、合目的性の原理が示唆する「超感性的基体」によって、これら二つの「超感性的基体」が結合できるようになるのである。このデュージングの解釈は次の三点に要約できる。(31)

第一に、自然の合目的性という原理は、道徳法則にしたがう諸目的の遂行を感性界で可能にする。この合目的性の原理は、ある産出的な「超感性的根拠」に対する自然の特殊的なものの関係を含んでいる。そして、この「超感性的根拠」の概念によって、「超感性的基体」を統合することが可能になる。すなわち、悟性によって認識できない自然の「超感性的基体」が、実践理性によって認識される「超感性的基体」と統合できるようになる。これらの「超感性的基体」は、合目的性の原理が示唆する「超感性的根拠」の概念がなければ、たんに無関係に並存するだけであった。したがって「超感性的根拠」の概念が、自然の「超感性的基体」と道徳法則によって規定される「超感性的基体」とを結合できるようにするのである。

第二に、「移行」をめぐる問題の解決は、その中心思想を次の命題のうちに含んでいる。すなわち、反省的判断力は自然の合目的性の原理をとおして、自然の根底にある「超感性的基体」を規定できるものにする。言い換えれば、反省的判断力は、自然の「超感性的基体」に対して「知性的能力による規定可能性」（V, 196）を与えるのである。[32] この「超感性的基体」は、悟性にとっては「未規定」のままに残されていたが、判断力によって「規定可能性」が与えられ、最後に実践理性によって「規定」される。この「規定」とは、道徳法則による「超感性的基体」の規定であり、また自由としての「超感性的基体」の規定に他ならない。また「知性的能力」は、「知性的な自発性（intellektuelle Spontaneität）」として、あるいは「自由な自発性（freie Spontaneität）」として特徴づけられる。この「自発性」をとおして、「美感的判断力の批判」では内的自然の「超感性的基体」が、また「目的論的判断力の批判」では外的自然の「超感性的基体」が、それぞれ規定可能になる。

第三に、美感的判断力は、内的自然の「超感性的基体」を規定できるようにする。趣味判断における構想力と悟性の戯れ、および快の普遍的妥当性は、内的自然の「超感性的基体」のうちに最終的な根拠をもつ。ところで、美の観照は道徳性を準備する。そのため、この「超感性的基体」は、自由である可能性を含む「自発的な能力」として考えられなければならない。こうして、内的自然としての人間本性が、世界のうちで自由の実現を受け入れうることが証明される。また目的論的判断力は、外的自然の「超感性的基体」を規定できるようにする。有機的な自然の観察は、知性的な世界原因である、外的自然の「超感性的基体」の概念へと至る。この「超感性的基体」は、有機的な自然の「自発的な産出能力」として考えられる。だが産出の規定根拠は知られないままである。そのため、外的自然の「超感性的基体」は、究極目的の概念に導かれて、自由である可能性を含む「自発的な産出能力」であると見なされる。こうして自由概念の結果は、外的自然のうちで成り立ちうることが洞察される。

このようにデューシングは、自然概念の領域から自由概念の領域への「移行」を解明した。反省的判断力は、自然の合目的性が示唆する「超感性的基体」を規定可能にする。それによって、悟性によって未規定のまま残された「超感性的基体」と実践理性によって規定される「超感性的基体」とが結合できるようになる。「超感性的基体」が規定可能になるとは、美感的判断力および目的論的判断力によって、この「基体」が自由である可能性が認められることに他ならない。しかし筆者の立場から見れば、デュージングの解釈にもなお不十分な論点が見出される。デュージングは、反省的判断力が「超感性的基体」を規定可能にすることについて、その含意を十分に解明できていない。デュージングによれば、美感的判断力は、内的自然の「超感性的基体」である「自発的な能力」を要求し、目的論的判断力は、外的自然の「超感性的基体」である「自発的な産出能力」を必要とする。これら「自発的な能力」と「自発的な産出能力」はともに、実践理性のもとで自由として規定される、と考えることが可能である。しかしながら、このように「自発的な能力」や「自発的な産出能力」を実践的自由と直接に関連づける解釈は、議論の単純化であると言わざるをえない。またデュージングの解釈では、「自発的な能力」と「自発的な産出能力」について、その内実が必ずしも明確ではない。予め筆者の見解を述べれば、自発的な能力としての「超感性的基体」は、構想力および自然による「象徴的な描出」という作用の根底に認められる。すなわち、この「超感性的基体」は、内的自然および外的自然によって理念が象徴的に描出される、その作用の根底に見出されるのである。

それでは、この「象徴的描出」はどのような作用であるのか。カントによれば、「象徴的描出」は次のように説明できる（Vgl. V, 192f., 351f.）。第一に、描出はある概念に対して直観を添えることを意味する。つまり、描出は概念の「感性化（Versinnlichung）」である。第二に、描出は「図式的（schematisch）」ないし「象徴的（symbolisch）」という二つの仕方で行われることができる。「図式的描出」は、悟性が把握する概念に対応する直観をアプリオリに与える。これに対して「象徴的描出」は、反省の規則の類似性を手がかりとして、概念に対してある種の直観を添える。この概念は、理性だけが思考できる概念であり、感性的直観が適合できない概念である。それゆえ「象徴的描出」とは、反省の規則の類似性をとおした理念の「感性化」に他ならない[33]。筆者の見解では、こうした理念の「感性化」こそが、自然の「超感性的基体」に由来する作用である。またこの理念は、第二章から第四章で論じるように、人倫性や自由の目的という理念である。これらの理念が、反省の規則の類似性をとおして、間接的に感性化されるのである。

こうして筆者は、以上の考察から次のような見解を提示したい。すなわち反省的判断力は、理念の「象徴的描出」という仕方で、自然の根底にある「超感性的基体」に規定可能性を与える[34]。詳しく言えば、自然の合目的性の原理によって、諸表象がある全体の概念のもとで統一される。この合目的性の原理はまた、個別の対象について美感的に反省する場合に使用され、人倫性の理念の「象徴的描出」として自然美を理解させる。さらにこの原理はまた、個別の対象を目的論的に反省する場合にも使用され、自由の目的という理念の「象徴的描出」として自然を理解させる[35]。これら「象徴的描出」によって、自然による描出作用の根底に想定される「超感性的基体」がまさに規定できるようになる。したがって「象徴的描出」こそが、自然概念の領域から自由概念の領域への「移行」を可能にするのである。

六　自然の反省と「自然の解釈学」

すでに前節では、反省的判断力の機能として、自然概念の領域から自由概念の領域への「移行」を解明した。

この「移行」について反省的判断力は、理念の「象徴的描出」として諸表象を理解することで、「超感性的基体」を規定できるようにする。だがこれは、超感性的な理念の「象徴的描出」として、感性的な自然を「理解する」ことを意味する。というのは、諸理念を描出する諸表象が、感官の対象の総括である自然に属するからである。そこで本節では、これまでの論述を踏まえて、自然の合目的性の原理による反省を「自然の解釈学」として解明したい。それによって、反省的判断力の解釈学的含意がようやく明確になるはずである。

この「自然の解釈学」を解明する場合に、まず注意すべきは次の点である。すなわち、自然概念の領域と自由概念の領域は分離されており、両者の間に因果関係は決して認められない。そのため、これら二つの領域は、理念の「象徴的描出」という仕方で、あくまで間接的に媒介される。この「象徴的描出」とは、理念と感性的直観をもとにした、反省の規則の類似性による「理念の感性化」である。そして「解釈学」とは、このように理念と感性的直観というまったく異質なものを関連づけ、そこから「新たな意味を創造する」手続きに他ならない。言い換えれば、感性的直観を悟性の概念に包摂するのではなく、理性の理念に関連づけることで、この感性的直観に「新たな意味を賦与する」手続きである。

この「解釈学」は、自然美に対する知性的関心の議論を手がかりとして、次のように説明できる（Vgl. V, 298ff.）。すなわち、趣味判断と道徳的判断は、まったく異なる判断であるけれども、判断の根拠にかんして「類似性」が見出される。趣味判断は、概念なしに諸形式について判断し、諸形式にかんする快の感情をあらゆる人に要求する。道徳的判断は、普遍化をとおして実践的格率の諸形式について判断し、尊敬と呼ばれる道徳的感情をあらゆる人に喚起する。いずれの判断も諸形式について判断し、快ないし不快の感情にかかわる。もちろん、趣味判断は関心を生み出さないが、しかし道徳的判断は関心を引き起こす。ところで理性は、理念の客観的実在性に関心をもつから、この客観的実在性を暗示する「自然の現れ（Äußerung der Natur)」にも関心をもたなければならない。そこで自然美の観照は、自然が理念の客観的実在性を暗示するかぎり、自然美に対する関心をもたらす。こうして自然美に対する関心は、「類縁性（Verwandtschaft)」にかんして道徳的と見なされる。言い換えれば、自然美に対する関心には、新たに「道徳的な意味」が認められる。このように判断の類似性から、自然美に対する関心に道徳的関心との「類縁性」を見出す手続きが、「自然の解釈学」と呼ばれる。ここで「自然の解釈学」とは、自然美に対する関心と道徳的関心という異質なものを関連づけ、前者の関心に「新たな意味」を与える手続きに他ならない。筆者の見解によれば、こうした「解釈学」の含意は、自然美に対する関心の議論に限定されるわけではない。むしろそれは、反省の規則の類似性によって理念を感性化する議論にも、たしかに見出されるのである[36]。

ところで、こうして「自然の解釈学」を解明しようとすれば、P・ユネマンの研究は必ず検討しなければならない。というのは、すでにユネマンが「自然の解釈学（Hermeneutics of Nature)」について議論を展開しているからである。ユネマンによれば、『判断力批判』のなかでカントは、「自然の経済（economy of nature)」という伝統的思想を批判した。だがそれによってカントは、自然の「内在的意味」にかかわる「自然の解釈学」を可能にしたのである。このユネマンの議論は、一八世紀以降の自然哲学に大きな見取り図を与えるものであり、参照すべき論点も少なくない。また筆者が「自然の解釈学」を展開する上で、この議論は重要な示唆を与えてくれる。そこで本書にとって重要な論点として、次の三点を整理しておきたい[37]。

第一に、自然神学には二つの伝統が存在する。一方は、ニュートン物理学およびその自然の秩序の証明に基づく伝統であり、他方は、自然史に由来し、有機体の環境への適応にかかわる伝統である。『純粋理性批判』は前者の欠陥を明らかにし、『判断力批判』は後者を反駁した。自然は人間悟性の法則にしたがっており、自然の合目的性もまた神の存在を証明するわけではない。その結果として、自然を「神の作品」と見なす知識はもはや不可能になる。こうしてカントは、自然の秩序にかんして神の自然神学的証明のうちで表明されていた、自然史と哲学と神学との「思想的な連続性」を断ち切ったのである。自然は美によっても有機体によっても、それ自身で神の存在を証明するわけではない。これが『判断力批判』の帰結に他ならない。

第二に、自然史と哲学と神学との連続性の根底には、「自然の経済」という伝統的思想が存在する。「自然の経済」は、自然のうちで有機体や種にはすべて役割があり、それぞれ全体の「幸福（well-being）」に役立つことを意味する。多様な生物種の調和、あるいは諸動物の関係は、この「自然の経済」の表現に他ならない。また「自然の経済」の核心には、「デザイン」という有機体と自然全体における秩序の概念が存在する。この秩序は、最終的に「神という設計者」を要求する。こうして「自然の経済」では、「神という設計者」が、これらの秩序を自然のうちに置き入れたと考えられる。これに対してカントは、相対的合目的性の概念を批判して、「自然の経済」の形而上学的な基礎を破壊した。またカントは、自然の秩序の理解にかんして、「神という設計者」に訴えることを批判した[38]。したがって、「自然の経済」と「神という設計者」に対するカントの批判が、自然神学的な考察の基礎をまさに崩壊させたのである。

第三に、自然神学的な考察が不可能になったため、自然について別の仕方で論議できるようになった。すなわち、数学的言語で表現される自然科学と、理性の原理や限界を問う哲学との間で、自然にかんする「特殊な論述（specific discourse）」が認められるようになった。この「論述」は自然科学から区別されるが、「神という設計者」に訴えることなく自然を内在的に理解しようとする。言い換えれば、この「論述」は「自然に内在する意味」を把握しようとする。この意味とは、自然科学が説明できない意味であり、「神という設計者」を前提しない意味である。こうしてカントは、自然神学を批判することで、自然にかんする「特殊な論述」、科学的でないが自然そのものに内在的な「論述」を可能にした。ユネマンによれば、この「特殊な論述」がまさしく「自然の解釈学」と呼ばれる。「自然の解釈学」は、経験的諸法則にしたがう自然、あるいは機械論的諸法則によって説明されない自然について、その意味を把握するのである。

このようにユネマンは、数学的な自然科学と理性の限界を問う哲学との間で、「特殊な論述」が認められることを解明した。この「論述」が、自然にかんする数学的でもなければ神学的でもない意味把握として、「自然の解釈学」に他ならない。ユネマンの研究は、「自然の経済」にかんする思想史的観点から、「自然の解釈学」の成立を説明している。この研究は、一八世紀以降の自然哲学に新たな見取り図を与えるものであり、きわめて高く評価できる。また『判断力批判』の把握についても特筆に値する。これまで『判断力批判』の自然目的論は、おもに生物学史や生物学的認識の基礎づけの観点から研究されてきた。だがユネマンの研究をとおして、自然目的論は生物学史とは異なる観点から把握できることが、いまや明白になったのである。しかし筆者の立場から見れば、この研究には重大な誤解が含まれている。この誤解は次のように、三つの論点に要約できる。

第一に、「自然の解釈学」の射程は、『判断力批判』の自然目的論に限定されるわけではない。「自然の解釈学」は、自然にかんする数学的でもなければ神学的でもない意味把握として理解される。そのかぎりで「自然の解釈学」は、「目的論的判断力の批判」だけでなく「美感的判断力の批判」にも見出すことができる。というのは、「自然の解釈学」は、自然神学の批判によって可能になった。だがこの自然神学は、有機体のみならず自然美に対しても、解釈の枠組みを提供していたからである。言い換えれば、自然神学の批判は、「目的論的判断力の批判」にのみ見出されるわけではない。「美感的判断力の批判」もまた、自然神学に対する論争的意図をもち、自然科学的ではないが自然そのものに内在的な「論述」を展開する。というのは、この「美感的判断力の批判」が、いわゆる「自然美学(Naturästhetik)」の基礎として、自然美の反省によって特徴づけられるからである。[39] もちろん、『判断力批判』の両部門では「自然の解釈学」の意味がたしかに異なる。しかし、反省的判断力が全体の概念のもとで諸表象を統一するかぎり、美感的反省および目的論的反省には、ある共通した構造が見出されると言うことができる。[40]

第二に、「自然の解釈学」は、たんに数学的な自然科学と理性の限界を問う哲学という二つの学の間に成立するわけではない。ユネマンは、「目的論的判断力の批判」をもっぱら自然哲学の基礎づけとして理解するため、この「批判」の体系的課題を見落としている。「自然の解釈学」が見出される「目的論的判断力の批判」は、「美感的判断力の批判」とともに「哲学の予備学(Propädeutik)」に属する(Vgl. V, 194)。この「予備学」は、アプリオリな純粋認識にかんして理性能力を探究するものであり、哲学の固有の部門をなすわけではない。むしろ『判断力批判』の二つの「批判」は、前節で論じたように、理論哲学と実践哲学を体系的に統一する手続きとして位置づけられる。したがって「自然の解釈学」は、理論哲学にかかわる自然概念の領域と実践哲学にかかわる自由概念の領域、これら二つの領域の「間」に成立する。言い換えれば、この「自然の解釈学」は、悟性によって規定される自然概念の領域と、悟性によって規定できないが、理性によって規定される自由概念の領域との「裂け目」において成立する。というのは、これら自然概念の領域と自由概念の領域との「裂け目」にこそ、数学的でもなければ神学的でもない、自然にかんする「論述」の余地が存在するからである。

第三に、ユネマンによる「自然の解釈学」の規定は不十分である。ユネマン自身の意図は、カント以後の自然哲学の発展史を解明することにある。そのためユネマンは、『判断力批判』の内在的な立場から「自然の解釈学」を根拠づけることができていない。ユネマンの研究では、反省的判断力をとおして「自然に内在する意味」がどのような仕方で把握されるのか、明らかではないのである。[41] むしろ筆者の見解では、「自然に内在する意味」の把握とは次のことを意味する。すなわち反省的判断力が、諸表象を理念の「象徴的描出」として理解することに他ならない。言い換えれば、反省的判断力が反省の規則の類似性を手がかりに、感性的な自然を超感性的な理念の「象徴的描出」として理解することである。というのは、反省的判断力にとって表象の多様は、悟性の超越論的諸法則によって規定されないままに残されており、また「神という設計者」の原理のもとで規定することもできない。だがこれに対して、超感性的な理念の「象徴的描出」という仕方によってのみ、このような表象に内在的な意味の統一が与えられるからである。[42]

こうして筆者は、上記の論点を考慮して、次のような独自の意味で「自然の解釈学」を定式化できる。すなわち「自然の解釈学」とは、反省的判断力の対象である自然にかんして、諸表象を理念の「象徴的描出」として理解する、美感的および目的論的な反省に他ならない。この「自然の解釈学」は、一般的な意味での解釈学とは異なり、理念のもとで自然を象徴的に理解する。[43] そしてこの象徴的理解を可能にするのが、自然の合目的性という反省的判断力の原理である。

七　「自然の解釈学」と自然支配からの解放の可能性

以上の考察によって筆者は、「自然の解釈学」という立場から、ベーメ兄弟のカント批判に次のように反論できる。上述のように、ベーメたちの批判は、判断力が「自然支配の能力」であるというものであった。ベーメたちによれば、判断力は、高次の悟性の産物として自然の秩序や規則性を把握する。この場合に高次の悟性は、人間悟性にとって達成できない機能を補完することが想定されている。しかしこの想定には、法則に従属させることで自然を制約し支配しようとする、「自然支配の要求」が認められた。また「虚構」としての高次の悟性は、人間悟性の産物として表象できない自然に法則を指示し、この自然を支配することになる。そのため判断力は、自然に対する支配要求をまさに「全体化」する。こうして判断力によって、自然が悟性の法則に従属させられ、悟性の支配連関に組み込まれたのである。

しかし本書の考察によれば、こうした批判的見解が妥当しないことは明白である。ベーメ兄弟の見解には、次のように反論できる。第一に、ベーメ兄弟のカント批判は、反省的判断力を規定的判断力に還元することに基づいていた。だが反省的判断力は、規定的判断力から厳密に区別されなければならない。反省的判断力は、自然の合目的性の原理をもとに、諸表象を統一する能力である。この統一は、全体の概念のもとで諸表象を統一する、「解釈学的統一」に他ならない。また「解釈学的統一」によって反省的判断力は、自然概念の領域から自由概念の領域への「移行」を可能にするのである。すなわち反省的判断力は、諸表象を理念の「象徴的描出」として理解することで、この「移行」を遂行する。こうした「移行」は、規定的判断力が決して達成できない働きである。というのも規定的判断力は、与えられた概念のもとに直観を包摂する能力にすぎないからである。

第二に、合目的性の原理にしたがう自然の反省は、筆者の立場から「自然の解釈学」として定式化された。この「自然の解釈学」は、反省的判断力の対象である自然にかんして、諸表象を理念の「象徴的描出」として理解する、美感的および目的論的な反省である。ところで、この「象徴的描出」は概念の「図式的描出」から区別される。「図式的描出」は、直観を概念のもとに包摂することで対象を規定する。これに対して「象徴的描出」は、直観を理念のもとに包摂して対象を規定することができない。というのは、直観を包摂するためには、包摂の規則である「図式」が与えられなければならない。しかし理念は超感性的であるので、そもそも「図式」が存在できないからである。だがこのことは、反省的判断力が自然を原理的に「未規定のままに残すこと」を意味する。[44]反省的判断力にとって、自然は理念に包摂されずに反省され、類比をもとにしてのみ理念の感性化として理解される。そのため、自然が他の理念を感性化する可能性はつねに残されるのである。

こうして「自然の解釈学」は、悟性および理性の原理によって規定しないまま、多様な理念へと自然を新たに関係づけることができる。言い換えれば、さまざまな理念をとおして、自然はそのつど「新たな意味」で理解されることが可能である。そのかぎりで「自然の解釈学」は、悟性の概念のもとで自然を規定しようとする意図から、次節以降で詳しく説明するように、この自然を解放すると言うことができる。

したがって、本章の結論は次のように要約できる。第一に、反省的判断力は、ベーメ兄弟が批判するような「自然支配の能力」ではない。むしろそれは、自然を未規定のまま多様な理念に関係づけるかぎり、悟性の支配から自然を解放する能力に他ならない。第二に、この反省的判断力の働きは、悟性によって規定されていない自然を理解する、「自然の解釈学」を意味する。反省的判断力は、反省の規則の類似性を手がかりとして、超感性的な理念のもとで感性的な自然を理解する。第三に、この解釈学的立場を採用することで、『判断力批判』の「体系的統一」の可能性もまた開かれるのである。

注

（1） Vgl. W. Welsch, *Vernunft. Die zeitgenössische Vernunftkritik und das Konzept der transversalen Vernunft*, Frankfurt a. M. 1996, S. 30. また次の文献も参照されたい。Vgl. K. Gloy, Einleitung, in: ders., *Vernunft und das Andere der Vernunft*, Freiburg/München 2001, S. 10–42.

（2） H・シュネーデルバッハは、ホルクハイマーおよびアドルノによる理性批判の困難を指摘している。シュネーデルバッハによれば、理性批判を徹底し全体化することは、このように批判する理性の根拠そのものを崩壊させる。もしも理性が一つしか存在しないのであれば、理性を理性的に批判することは不可能であろう。あるいは、それは理性の廃棄を意味するだろう。このジレンマは、理性批判が非合理主義に陥るという『啓蒙の弁証法』の限界を明らかにする。Vgl. H. Schnädelbach, Transformation of the Concept of Reason, in: *Ethical Theory and Moral Practice*, Vol. 1, 1998, p. 4.

（3） H. Böhme und G. Böhme, *Das Andere der Vernunft. Zur Entwicklung von Rationalitätsstrukturen am Beispiel Kants*, Frankfurt a. M. 1983, S. 12.

（4） Vgl. Böhme und Böhme, *a. a. O.*, S. 9–24. また次の文献も参照されたい。Vgl. G. Böhme, Beyond the Radical Critique of Reason, in: D. Freundlieb and W. Hudson (eds.), *Reason and Its Other. Rationality in Modern German Philosophy and Culture*, Providence/Oxford 1993, pp. 87–94.

（5） D・フロイントリープとW・ハドソンの評価を参照されたい。彼らによれば、理性とその他者をめぐる議論の成果は、近代的な理性概念を問題として取りあげたことにある。近代理性がその他者を抑圧したという主張は、ベーメ兄弟による理性批判の功績に他ならない。もちろん、身体や欲望、空想や自然を理性から排除する試みは以前にも存在した。しかし、ベーメたちの次の見解は依然として重要である。すなわち、近代的な理性理解は、理性を大文字の「理性」へと膨張させ、あたかも「理性」が現実の全体であるかのような要求を行ってきたのである。Vgl. D. Freundlieb and W. Hudson, Reason and Its Other: Some Major Themes, in: ders. (eds.), *ibid.*, p. 19.

（6） Vgl. J. Habermas, *Der philosophische Diskurs der Moderne. Zwölf Vorlesungen*, Frankfurt a. M. 1985, S. 352–360.

（『近代の哲学的ディスクルスII』三島憲一・轡田収・木前利秋・大貫敦子訳、岩波書店、一九九九年、五三一―五四一頁）

（7）　なおV・ゲルハルトは、ベーメ兄弟が遂行的矛盾を犯していると主張した。ゲルハルトによれば、「理性に対する総体的告発は、その告発がきわめて多くの理性的な証明手段を信頼しているかぎり、説得力をもたない」。筆者の立場から見れば、この主張もまた、ベーメ兄弟の非合理主義を指摘したものとして理解できる。Vgl. Die Rezension von V. Gerhardt, in: *Kant-Studien*, Bd. 76, 1985, S. 471-478. もっともG・ベーメは、非合理主義という見解に次のように応答している。第一に、ハーバマースやゲルハルトのような批判者たちは、ヘーゲル的な全体化する理性理解をカントに要求している。第二に、「包括的な理性」は存在しない。これらの批判者たちは、まず彼ら自身で「包括的な理性」の存在を証明しなければならない。第三に、「理性の他者」はまさに経験可能である。しかし筆者から見れば、ベーメの応答は反論として十分ではない。というのは、「理性の他者」の経験可能性は、その根拠が示されないかぎり認められないからである。Vgl. G. Böhme, *Philosophieren mit Kant. Zur Rekonstruktion der Kantischen Erkenntnis- und Wissenschaftstheorie*, Frankfurt a. M. 1986, S. 19-20.

（8）　Vgl. Böhme und Böhme, *a. a. O.*, S. 14f., 21f.

（9）　ベーメ兄弟の見解は、いわゆる「文明化の過程」の議論に依拠している。この議論は次の三点に要約できる。第一に、近代における人間と自然との関係は、人間が自然から分離したという事実を前提としている。近代以前において自然は、労働や闘争などの直接的な連関のなかで、行為し感受性をもつ「主体」として経験されていた。だがこの経験が文明化とともに消滅し、自然との直接的な連関もまた失われてしまった。そのため自然は、文明化された人間には「他者」として経験された。それはまさに、自然との直接的な物質交換の状態から、人間が解放されたことの結果である。つまり自然は、その直接的な連関が失われた結果、はじめて発見されたのである。第二に、自然支配は、近代の哲学者たちがその計画を構想する以前に、宮廷社会のうちで実現していた。この自然支配の理念は、「自然の死」とともに、「人間が自然から距離をとること」に基づいている。だがこれらはいずれも、宮廷世界と発展した都市文化の産物である。前近代に至るまで、自然は有機体として理解されてきた。しかし人間は、有機体としての自然像を放棄しなければならず、自然との直接的な接触から自らを引き離さなければならなかった。こうしてはじめて、自然支配の理念が発展したのである。これは初期資本主義の発展と絡み合った、宮廷社会の発展とともに起こったことである。第三に、人間は自然のうちに、もはや自分自身を認められない。そのかぎりで、自然は「理性の他者」である。前近代において自然は、それが有機体として理解されるかぎり、人間自身に他ならなかった。すなわち自然は、人間自身がそれであった小宇宙に対する大宇宙であった。しかし、宮廷世界と都市文化が発展した結果として、自然が新たに発見されることになった。自然とは「自我ではないもの」であり、「都市ではないもの」である。言い換えれば、自然は「人の手が加わらないもの」である。こうして分離が疎外となり、人間は自然のうちに自分自身を認められなくなった。そのかぎりで、人間は自然を「理性の他者」として把握するのである。Vgl. Böhme und Böhme, *a. a. O.*, S. 27-50. またエリアスおよびアリエスの社会学的研究を参照されたい。Vgl. N. Elias, *Über den Prozeß der Zivilisation. Soziogenetische Untersuchungen*, Frankfurt a. M. 1981（『文明化の過程 上 ヨーロッパ上流階層の風俗の変遷』赤井彗爾・中村元保・吉田正勝訳、法政大学出版局、一九七七年、『文明化の過程 下 社会の変遷／文明化の理論のための見取図』波田節夫・溝辺敬一・羽田洋・藤平浩之訳、法政大学出版局、一九七八年）; *Die höfische Gesellschaft. Untersuchungen zur Soziologie des Königtums und der höfischen Aristokratie*, Frankfurt a. M. 1983（『宮廷社会』波田節夫・中埜芳之・吉田正勝訳、法政大学出版局、一九八一年）; Ph. Ariès, *Geschichte der Kindheit*, München 1979.（『「子供」の誕生 アンシャン・レジーム期の子供と家族生活』杉山光信・杉山恵美子訳、みすず書房、一九八〇年）

（10） Vgl. Böhme und Böhme, *a. a. O.*, S. 74-77.

（11） 「虚構」にかんして、ベーメ兄弟はH・ファイヒンガーの虚構主義に言及している。なおファイヒンガーは、思考の産物をすべて「虚構」と見なす。だがベーメたちは、悟性以外の理性の働きを「虚構」と見なしている。Vgl. H. Vaihinger, *Die Philosophie des Als Ob*, 2. Aufl., Leipzig 1924. ファイヒンガーの虚構主義については、次の文献も参照されたい。中島義道「ファイヒンガーの虚構主義」、『時間と自由』、講談社学術文庫、一九九九年、三〇五―三二二頁。

（12）「補償」にかんして、ベーメ兄弟の議論はO・マルクヴァルトの補償理論（Kompensationstheorie）に基づいている。マルクヴァルトは、ライプニッツの弁神論の解釈をもとに、二十世紀における哲学的人間学の核心的理論として補償理論を展開した。この補償理論によれば、人間とは、生まれつきの欠陥を文化によって「補償する」生物である。そのため、人間の行為や歴史の過程は、欠陥の補償という観点から新たに解明される。ところで、本書に関連して注目すべきは、マルクヴァルト自身が「近代の補償概念は反省的判断力に帰属する」と主張したことである。Vgl. O. Marquard, Homo compensator. Zur anthropologischen Karriere eines metaphysischen Begriffs (Kolloquiumsvortrag des 12. Deutschen Kongresses für Philosophie am 3. 10. 1981 in Innsbruck), in: G. Frey und J. Zelger (hrsg.), *Der Mensch und die Wissenschaften vom Menschen*, Bd. 1, Innsbruck 1983, S. 55–66.

（13）Vgl. W. G. Jacobs, Urteilskraft und Vernunft. Zum Konzept transversaler Vernunft, in: P. Kolmer, H. Korten (hrsg.), *Grenzbestimmungen der Vernunft. Philosophische Beiträge zur Rationalitätsdebatte*, Freiburg/Müinchen 1994, S. 217–219. なおこの論文は、W・ヴェルシュによる「横断的理性（transversale Vernunft）」の構想に照らして、カントの判断力を考察したものである。

（14）Vgl. H. E. Allison, *Kant's Theory of Taste. A Reading of the Critique of Aesthetic Judgment*, Cambridge 2001, pp. 36–40.

（15）アリソンによれば、経験的諸法則の結合の不可能性を説明するのが、「第二序論」の次の一節に他ならない。「というのも、次のことは十分に考えられるからである。すなわち、普遍的諸法則がなければ、経験認識一般の形式はまったく成立しえないであろう。だがこのような普遍的諸法則にかなう自然の諸物には、どこまでも一様性があるにもかかわらず、自然の経験的諸法則とその作用の種別的な差異とは、甚だしく大きいことがありうる。そのために、一つの把握可能な秩序を自然のうちに見出して、自然の諸産物を類と種とに区分することは、われわれの悟性にとって不可能であるかもしれない」（V, 185）。Vgl. Allison, *ibid.*, p. 37.

（16）もっとも、純粋悟性概念と自然の合目的性では、それぞれ「無秩序」を廃棄し排除する手続きが異なる。『純粋理性批判』においてカントは、あらゆる現象が純粋悟性概念に合致しなければならないことを「証明した」。それによってカントは、「超越論的な水準での無秩序」という事態を客観的に否定した。これに対して、『判断力批判』のなかでカントは、自然を探究する条件として自然の合目的性を「想定した」。この合目的性によって、「経験的な水準での無秩序」という事態が主観的に無効になっている。というのは、後者の手続きが、自然の合目的性を想定せざるをえない「主観的必然性」に基づくからである。

(17) なおP・ガイヤーも、もっぱら規定的判断力に準ずる仕方で反省的判断力を把握している。ガイヤーによれば、反省的判断力が自然の合目的性を想定せざるをえない根拠は次のとおりである。すなわち、第一に、人間悟性の超越論的法則は、経験的諸概念の体系性を含意しないからである。第二に、自然の多様性にかんして、経験的諸概念ないし諸法則の発見を確実にするためである。第三に、経験的諸法則が必然的であることを保証するためである。このようにガイヤーは、経験的諸概念の体系化や発見、あるいは経験的諸法則の必然性と関連させて、自然の合目的性を把握している。Vgl. P. Guyer, Kant's Principles of Reflecting Judgment, in: ders. (ed.), *Kant's Critique of the Power of Judgment*, 2003, pp. 21–25.

(18) 反省的判断力の対象である自然は、悟性の超越論的諸法則によって未規定のままに残された自然、つまり経験的諸法則にしたがう自然である。この自然は、感官の諸対象としての「自然一般」にのみかかわる悟性にとっては、「偶然的な自然」に他ならない。この「偶然的な自然」にかんして、偶然性の概念はきわめて多義的である。そこで議論の混乱を避けるために、偶然性の概念について整理しておきたい。I・バウアー‐ドレヴァーマンは、『純粋理性批判』の必然的補完として『判断力批判』を理解する立場から、この概念を詳細に分析している。その分析によれば、偶然性の概念は、『純粋理性批判』のなかで次の五つの意味で使用されている。この概念は第一に、様相のカテゴリーの第三項として必然性と対をなし、「その非存在を考えることができるもの」を意味する。第二に、関係のカテゴリーとして、「他のものの帰結としてだけ現実存在できるもの」を意味する。第三に、「現存在一般における条件づけられたもの」を意味する。偶然性の概念は、第四に、時間における諸状態にかんして、その変化を特徴づける「経験的偶然性」を意味し、第五に、矛盾対当の可能性を述べる「英知的偶然性」を意味する。さらにバウアー‐ドレヴァーマンの見解によれば、偶然性の概念は、『判断力批判』のなかで「様相」を意味するという。

しかし筆者が理解するかぎり、バウアー＝ドレヴァーマンは、偶然性の概念の多義的な用法を十分に考慮できていない。『判断力批判』にかんして、筆者の見解では、この概念は次のような七つの意味で使用されている。この概念は第一に、自然の諸形式および諸概念の偶然性を意味する。第二に、自然の経験的諸法則の偶然性を意味する。第三に、経験的諸法則にしたがう自然について、その統一の偶然性を意味する。第四に、経験的諸法則にしたがう自然に対して、構想力と悟性という認識諸能力が合致することの偶然性を意味する。第五に、自然の諸物について、その形式の偶然性を意味する。第六に、自然の諸物について、その現存在の偶然性を意味する。第七に、これらすべての偶然性の根拠として、人間悟性の性状の偶然性を意味する。Vgl. I. Bauer-Drevermann, Der Begriff der Zufälligkeit in der Kritik der Urteilskraft, in: *Kant-Studien*, Bd. 56, 1965, S. 497–504.

（19） Vgl. K. Pillow, *Sublime Understanding. Aesthetic Reflection in Kant and Hegel*, Cambridge/Massachusetts 2000, pp. 18–27. また次のスタークの研究も参照されたい。スタークは、アドルノの『判断力批判』解釈を手がかりに、特殊的なものに「尊厳」を認める類型の思考として反省的判断力を理解する。Vgl. T. Stark, The Dignity of the Particular. Adorno on Kant's Aesthetics, in: *Philosophy & Social Criticism*, Vol. 24, 1998, pp. 61–83.

（20） ピロウは、反省の諸概念が「前概念的な形態」を与えることの説明として、「反省概念の多義性への注」の次の一節を引用している。「これに反して超越論的場所論は、すべての比較と区別について先に述べた四つの項目だけをまさに含んでいる。そしてこれらの項目がカテゴリーから区別されるのは、これらの項目によって、対象がその概念を構成するもの（量、実在性）にしたがって提示されるのではなく、物の概念に先行する諸表象を、そのあらゆる多様性において比較することだけが提示されることにある」（A269/B325）。Vgl. Pillow, *ibid.*, pp. 23–24.

（21） なおピロウは、もっぱら美感的判断力による反省をもとに、『判断力批判』における反省を理解している。しかし筆者の見解によれば、ピロウの解釈は自然美や芸術作品の反省のみならず、経験的諸法則の反省および有機的自然の目的論的反省にも妥当する。

（22） A・J・カスカルディもまた、反省的判断力の特殊性を指摘している。カスカルディによれば、『判断力批判』における反省的判断力は、概念による手続きを採用しない、ある種の理性の典型である。というのは、反省的判断力が、概念によって把握できない諸関係について反省するからである。Vgl. A. J. Cascardi, *Consequences of Enlightenment*, Cambridge 1999, p. 17.

（23） Vgl. R. Zuckert, *Kant on Beauty and Biology. An Interpretation of the Critique of Judgment*, Cambridge 2007, pp. 42-52. なおズッカートは、おもに認識論的観点から反省的判断力の機能を解明する。そのため自然の合目的性もまた、自然の経験的認識にかかわる原理として理解されている。ズッカートによれば、第一に、自然の合目的性は、経験的概念の形成の可能性を保証する原理に他ならない。第二に、この合目的性は、経験的諸概念にしたがう自然について、自然認識の体系化の可能性を保証する原理でもある。第三に、この合目的性はまた、経験的諸法則の必然性を保証する原理でもある。もっとも筆者は、反省的判断力をもっぱら認識論的に理解する立場に賛成するわけではない。筆者が参照するのは、諸表象の統一にかんする解釈のみである。

（24） ズッカートは、体系の原理が概念形成の必要条件であることを説明するために、「第一序論」の次の一節を引用している。反省的判断力の可能性に対する「この条件は、われわれの判断力に対する一つの体系として、自然を表象する原理である。この体系のうちで多様なものは、類と種に区分され、現れるすべての自然形式を、比較によって諸概念（多少とも普遍性をもつ）へともたらすことを可能にする」（XX, 211f. Anm.）。Vgl. Zuckert, *ibid.*, p. 44.

（25） 選言判断における分割の説明として、ズッカートは『論理学』の次の一節を引用している。「選言判断における分割が示しているのは、概念全体の諸部分の並列ではなく、概念の範囲の部分すべてである。選言判断の場合、私は多くの物を一つの概念によって思考する。定言判断の場合、私は一つの物を多くの概念によって思考する。たとえば後者の場合、私は並列関係にある徴表すべてによって、定義されたものを思考する」（IX, 108）。Vgl. Zuckert, *ibid.*, p. 46.

（26） なおズッカートは、経験的概念の形成を説明するため『論理学』の次の一節を引用している。「こうして諸表象から概念を作るためには、比較すること、反省すること、また抽象すること、これらが可能でなければならない。というのは、悟性のこうした三つの論理的な操作とは、あらゆる概念をおよそ産出することに対する、本質的で一般的な条件であるからである。たとえば、私は一本のトウヒ、一本の柳、および一本の菩提樹を見るとする。まず私は第一に、これらの対象を相互に比較することによって、幹、枝、葉などにかんして異なることに気づく。さて私は次に、そうした対象が相互にもっているもの、すなわち幹、枝、葉そのものだけを反省し、それらの大きさや形などから抽象する。こうして私は木の概念を獲得する」（IX, 94f. Anm.）。Vgl. Zuckert, *ibid.*, p. 47.

（27）マックリールも、全体の概念と諸表象との解釈学的循環を指摘している。マックリールによれば、反省的判断力は多様な自然を体系的に把握しようと試みる。この自然の体系的秩序の把握は、自然を下位の諸体系へと分節化すること、あるいは自然を特殊化することを含む。だが下位の諸体系の相互関係を把握することは、「解釈学的過程（hermeneutic process）」を特徴づける「全体と部分との相互的調整」を要求する。Vgl. R. A. Makkreel, The Hermeneutical Relevance of Kant's *Critique of Judgment*, in: S. Martinot (ed.), *Maps and Mirrors. Topologies of Art and Politics*, Illinois 2001, p. 75. なおF・ヒューズもまた、反省的判断力の原理である「自然の技巧」と解釈学との関係を指摘している。Vgl. F. Hughes, The Technic of Nature: What is involved in Judging?, in: H. Parret (hrsg.), *Kants Ästhetik. Kant's Asthetics. L'esthétique de Kant*, Berlin/New York 1998, S. 179f., 190.

（28）Vgl. A. T. Nuyen, On Interpreting Kant's Architectonic in Term of the Hermeneutical Model, in: *Kant-Studien*, 84. Jahrg., 1993, S. 154–166. なおニュイエンはガダマーの解釈学に依拠している。

（29）ニュイエンによれば、理解の「解釈学的モデル」は、「目的論的判断力の批判」における自然の目的論的体系にも適用できる。これはまさに、全体と諸部分との解釈学的循環の構造が、目的論的判断力の働きに見出されることを意味する。しかしニュイエンは、目的論的判断力の解釈学的含意を未解明のまま残している。Vgl. Nuyen, *a. a. O.*, S. 163f.

（30）「移行」の観点から反省的判断力を解明したものとして、次のスウィートの研究を参照されたい。Vgl. K. Sweet, The Moral Import of the Critique of Judgment, in: P. Muchnik (ed.), *Rethinking Kant*, Vol. 2, Newcastle upon Tyne 2010, pp. 222–236. スウィートによれば、自然概念の領域から自由概念の領域への「移行」は、自然がたんに機械論的であるだけではないという「知識（knowledge）」に基づいている。しかし筆者が理解するかぎり、スウィートの見解は「移行」の説明としてきわめて不十分である。

（31）Vgl. K. Düsing, *Die Teleologie in Kants Weltbegriff*, Bonn 1968, S. 102–115. また「移行」については、次の研究も参照されたい。Vgl. B. Raymaekers, The Importance of Freedom in the Architectonic of the *Critique of Judgment*, in: H. Parret (hrsg.), *a. a. O.*, S. 84–92.

（32）なおデュージングが依拠する「第二序論」の一節は次のとおりである。「悟性は、自然に対して悟性のアプリオリな諸法則の可能性によって、自然がわれわれによって現象としてだけ認識されることの証明を与える。したがって悟性は、同時に、自然の超感性的基体に対する指示を与える。しかし悟性は、この基体をまったく規定されないままに残す。判断力は、自然の可能な特殊的諸法則にしたがって自然を判定する、判断力のアプリオリな原理によって、自然の超感性的基体（われわれの内および外にある）に対して、知性的能力による規定可能性を与える。ところが理性は、そのアプリオリな実践的法則によって、まさしくこの超感性的基体に規定を与える。こうして判断力は、自然概念の領域から自由概念の領域への移行を可能にする」（V, 196）。Vgl. Düsing, *a. a. O.*, S. 111.

（33）一般に象徴の概念は多義的であるが、本書はカント独自の意味でこの概念を理解する。カントによれば、象徴とは、感性的直観が適合できない理念の根底に置かれた、ある種の直観である（Vgl. V, 351f.）。言い換えれば、類比を手段とする理念の間接的描出に他ならない。この間接的描出では、反省的判断力は二重の機能を果たす。反省的判断力は、第一に、概念をある感性的直観の対象に適用し、第二に、この直観に対する反省の規則を、最初の対象がその象徴にすぎない別の対象に適用する。実例を挙げれば、手ひき臼は、単独の絶対的意志によって統治された専制国家の象徴である。手ひき臼と専制国家との間に類似性はないが、しかし両者とそれらの原因性を反省する規則の間には類似性が存在する。したがって、本書における象徴は、パースによって把握された「人為的な約定記号」でもなければ、ソシュールが理解したような、意味するものと意味されるものとの「自然的関係に基づく記号」でもない。またこの象徴は、カッシーラーが固有の意味で理解した、人間の全精神活動の根底に認められる「象徴形式」とも異なる。

（34）牧野英二は「移行」を次のように解釈している。すなわち「移行」とは、自然概念の領域における「感性的なもの」のうちに、自由概念の領域における「超感性的なもの」を象徴的に描出する手続きを意味する。『判断力批判』

全体を考慮すれば、「超感性的なもの」の理念は三つの意味をもつ（Vgl. V, 346）。第一に、自然の基体として、それ以上規定されない「超感性的なもの」一般の理念である。第二に、人間の認識能力に対する自然の主観的合目的性という原理として、同じ「超感性的なもの」の理念である。第三に、自由の諸目的の原理および人倫的なものにおける諸目的と自由との合致の原理としての、同じ「超感性的なもの」の理念である。反省的判断力による「移行」にかんして、重要な役割を果たすのが、第二と第三の「超感性的なもの」の理念である。第一の理念は、「われわれの外の自然の超感性的基体」を意味し、第二の理念は、「われわれの内の自然の超感性的基体」を意味する。そして第三の理念が、これら二つの理念の統一を果たす。筆者はこの牧野説から多くの示唆と洞察を得ている。牧野英二「カントの美学と目的論の思想」、カント全集別巻『カント哲学案内』、岩波書店、二〇〇六年、三〇二頁を参照されたい。

（35）筆者の見解では、「象徴的描出」は構想力の働きに限定されるわけではない。むしろ「象徴的描出」は、自然自身によって行われることも可能である（Vgl. V, 192f.）。なおこの見解について、A・ロスの研究は重要な示唆を与えてくれる。ロスによれば、『判断力批判』では四つの領域で、理念の描出という主題が論じられている。その領域とは、美と崇高、天才そして目的論である。それぞれの領域で、理性の諸理念に対して感性的な類比物を見出す議論が展開されている。第一の領域として、天才は芸術のうちで第二の自然を創造する。この自然は、第一の自然にかんして秩序を生み出す諸原理と類比的である。第二の領域として、崇高において自然は、理念に対して不適合であることが明らかになる。そのため、理念の描出は否定的な仕方で遂行される。第三の領域として、美は天才や崇高、目的論とは異なる。すなわち美は、自然の形式と人間の自由との親和性（intimacy）を描出する。第四の領域として、目的論において合目的性の概念が自然に適用される。この自然は、有機化された自然であり、体系としての自然でもある。このロスの研究は、諸理念の描出という観点から『判断力批判』を読み解いた点で示唆的である。しかし筆者は、「象徴的描出」を美に限定するロスの立場に賛成するわけではない。Vgl. A. Ross, *The Aesthetic Paths of Philosophy: Presentation in Kant, Heidegger, Lacoue-Labarthe, and Nancy*, California 2007, pp. 22-27.

（36）なおF・V・トンマージの研究によれば、『たんなる理性の限界内の宗教』にはカントの「聖書解釈学」が見出される。この「聖書解釈学」は、『判断力批判』で展開された類比の議論に依拠している。筆者の見解では、この研究は、類比すなわち反省の規則の類似性による推論について、その解釈学的な重要性を指摘したものに他ならない。Vgl. F. V. Tommasi, Zwischen Aufklärung und Vernunftkritik. Der Schematismus der Analogie und die biblische Hermeneutik Kants, in: Günter Frank und Stephan Meier-Oeser（hrsg.）, *Hermeneutik, Methodenlehre, Exegese. Zur Theorie der Interpretation in der Frühen Neuzeit*, Frommann-Holzboog Verlag, Stuttgart 2011, S. 455–470.

（37） Vgl. P. Huneman, From the Critique of Judgment to the Hermeneutics of Nature: Sketching the Fate of Philosophy of Nature after Kant, in: *Continental Philosophy Review*, Vol. 39, 2006, pp. 1–34.

（38） なお自然神学における「自然の創始者」と『判断力批判』との関係については、次の研究を参照されたい。Vgl. L. Pasternack, Regulative Principles and 'the Wise Author of Nature', in: *Religious Studies*, Vol. 47, 2011, pp. 411–429.

（39） Vgl. P. Bahr, *Darstellung des Undarstellbaren. Religionstheoretische Studien zum Darstellungsbegriff bei A. G. Baumgarten und I. Kant*, Tübingen 2004, S. 196. また自然神学の批判を考慮して『判断力批判』における美感的判断の意義を解明した研究として、次の文献を参照されたい。Vgl. E. Ortland, Kants Ästhetik-Konzeption vor dem Hintergrund seiner Auseinandersetzung mit der Physikotheologie, in: V. Gerhardt, R.-P. Horstmann, R. Schumacher（hrsg.）, *Kant und die Berliner Aufklärung. Akten des IX. Internationalen Kant-Kongresses*, Bd. 3, Berlin/New York 2001, S. 604–614.

（40） なお本書は、第二章から第四章までの議論をとおして、「自然の解釈学」をより詳細に解明してゆく。

（41） 「自然に内在する意味（meaning which would be immanent in nature）」という表現で、ユネマンは「神という設計者を前提しない意味」を考えている。言い換えれば、「自然に内在する意味」は、自然神学のもとで自然に対して与えられる意味ではない、ということである。以下の本文で「自然に内在する意味」に言及する場合、筆者もまた同じ意味でこの表現を使用する。Vgl. Huneman, *ibid.*, p. 5.

（42） 牧野英二は、前掲論文のなかで「自然の技巧の解釈学」の立場を採用している。牧野説によれば、「自然の技巧の解釈学」とは、「自然の技巧」の働きを「理解する技術」としての解釈の学を意味する。また反省的判断力は、この「自然の技巧」の表現を象徴的に解釈し理解するという。この牧野説から、本書は重要な示唆を得ている。牧野、前掲論文、二八七—三〇五頁を参照されたい。さらに批判哲学と解釈学との関係については、マックリールの説明が有益である。マックリールの説明は、本書にとって重要な論点を挙げれば、次の三点に整理できる。第一に、『純粋理性批判』および『プロレゴメナ』によれば、悟性の仕事は、自然を「読解すること（reading）」に他ならない。カントは、自然を読まれるべき「テキスト」と見なして、悟性と解釈との関係を示唆している。第二に、「テキスト」解釈に含まれる作用を区別することで、カントの「読解メタファー」を仕上げることができる。その作用とは、「綴ること（buchstabieren）」、「解読すること（entziffern）」、「読むこと（lesen）」、「解釈すること（auslegen）」である。第三に、『純粋理性批判』の超越論的弁証論によれば、「読むこと」と「解釈すること」との差異として、悟性と理性にかんする異なる目標が示唆されている。悟性の諸概念は、感官の多様を読む規則を与えて、自然の諸対象にかんする知識を産出する。だがこれに対して理性の理念は、自然の諸対象を解釈する規則を与えて、自然の整合的で完全な体系を形成する。筆者の立場から見れば、マックリールの説明は、批判哲学の解釈学的含意を指摘したものとして評価できる。またこの説明に倣えば、自然の合目的性にかんして、本書では次のように主張することが可能であろう。すなわち自然の合目的性の原理は、自然概念の領域から自由概念の領域への「移行」を可能にするために、自然の諸対象を解釈する規則を与えるのである。Vgl. Makkreel, *ibid.*, pp. 69–71.

（43）一般に解釈学とは、聖書をはじめとした文献解釈の技法や技法論である。周知のように、ディルタイは、精神科学に固有の方法として解釈学を定式化した。この解釈学は、人間の生を生そのものから理解することとして、「生の解釈学」を意味する。また人間の生は歴史的であるので、この解釈学もまた、人間がその歴史をとおして自分自身を知る方法の理論、つまり「歴史的自己省察（geschichtliche Selbstbesinnung）」の理論になる。ディルタイによれば、生の理解とは、「体験」を「表現」に即して客観的に「理解」することであり、全体の意味連関の予想と諸部分の意義規定との解釈学的循環によって特徴づけられる。このディルタイの解釈学は、ハイデガーおよびガダマーによって思想的に彫琢され、現代思想の潮流を形成するに至っている。これに対して筆者は、「自然の解釈学」

の主要論点を次のように把握している。第一に、この「解釈学」は、悟性によって規定されないままに残された「偶然的な自然」を理解することを意味する。第二に、この理解は、未規定の自然に「象徴」としての意味を賦与することに他ならない。第三に、この理解の過程は、感性的な諸表象と理念、あるいはまた感性的な自然と解釈者との「解釈学的循環」によって特徴づけられる。

（44）なお反省的判断力と未規定性との関係にかんしては、次の文献が有益である。Vgl. S.-K. Lee, The Determinate-Indeterminate Distinction and Kant's Theory of Judgment, in: *Kant-Studien*, 95. Jahrg., 2004, S. 204-225.

第二章　趣味判断と自然美の象徴的理解

一　趣味論にかんするG・べーメの批判的見解

本章で筆者は、カントの趣味論が「自然からの疎外（Entfremdung von der Natur）」によって特徴づけられるという、G・べーメの批判的見解に反論する。この反論をとおして筆者はまた、自然美を理念の象徴として理解する「自然美の解釈学」の意義を解明する。

すでに述べたように、べーメ兄弟は、カントの理論哲学が「外的自然支配の理論」であり、また実践哲学が「内的自然支配の理論」であると批判した。この「内的自然支配」に関連して、べーメ兄弟は、カントが「感性の能力」とりわけ構想力を抑圧したと批判している。べーメたちによれば、カントは対象にかかわる構想力を悟性のもとに従属させた。そのため、構想力をはじめとする「感性の能力」は、連関なき表象の多様を提供するにすぎない、というのである。この批判的見解は次のように整理できる。[1]

すなわち、カントが『純粋理性批判』で主張するアプリオリな総合命題は、経験に影響されずに主観が対象を認識できることを含意している。それは実のところ、恐ろしい現実に「自分自身をさらさずに」対象を認識できる意味で、主観による対象の「制御（Kontrolle）」である。だがこの「制御」が可能になるためには、経験的対象が純粋悟性概念と合致しなければならない、という代価が必要であった。そこで、経験的対象を純粋悟性概念に合致させれば、経験的対象にかかわる構想力が悟性に従属することになる。だがそれは、まさに構想力の「破壊」に他ならない。というのは、この従属によって構想力に固有の能力、言い換えれば「対象と内的に歩調を合わせる能力（Vermögen, innerlich mit dem Gegenstand mitgehen zu können）」が否定されるからである(2)。構想力が悟性に従属すれば、対象との「内的な共遂行（inneres Mitvollziehen）」のための能力が感性から奪われてしまう。こうして感性は、対象から表象の多様を受け取るにすぎない、たんなる「受容性の能力」に還元されたのである。

このように、アプリオリな総合命題のために、経験的直観は純粋悟性概念と合致しなければならない。しかし純粋悟性概念との合致をとおして、構想力は悟性に従属させられ固有の能力を失ってしまう。言い換えれば、構想力は「対象と歩調を合わせる能力」を失うことになる。その結果として、感性もまた「受容性の能力」に還元されるのである。それでは、この批判的見解はどこまで妥当であろうか。この批判的見解について、筆者は『判断力批判』研究の立場からその妥当性を検討していく。というのは、G・ベーメが、『判断力批判』における趣味論を論じることで、この批判的見解を具体的に展開しているからである。そこで本章では、趣味論にかんするG・ベーメの批判的見解について、その妥当性を検討しつつ筆者の立場から反論してみたい。

さてG・ベーメの見解によれば、近代の自然科学とは自然から距離をとった認識である。自然科学において、主観は自然と直接かかわらずに認識する。またこの主観は、自然によって感性的に影響されないよう規律に服している。その意味で、近代の自然科学は「自然から疎外された認識」に他ならない。[3] しかしながら、近代の自然科学だけが「自然からの疎外」によって特徴づけられるわけではない。カントの「自然美学」の基礎である趣味判断の理論も、同じように「自然からの疎外」によって特徴づけられる。この批判的見解は、主要な論点を挙げれば、次の三点に整理できる。[4]

第一に、「美感的判断力の批判」は「趣味の批判」であり、「美感的経験」よりも「美感的判断」の可能性をひたすら解明している。だが、そもそも美感的に判断できるためには、次のことが前提として想定されている。それは、関心なき満足を可能にする「距離をとった態度」、つまり「教養」である。また美感的判断における感情とは、主観の認識諸能力と対象との戯れに由来する、快の感情に他ならない。この快の感情が生じるのは、対象が認識の目的である「形式」や「規則性」をおのずから示すからである。

第二に、こうした「趣味の批判」の議論が、自然美にかんするカントの理論を規定している。「美感的判断力の批判」は、自然美の経験よりも「自然美の判断」の可能性を解明しようとしている。この「自然美の判断」は、構想力と悟性という主観の認識諸能力と自然との適合によって可能になる。だがカントは、主観が自然美に知性的な関心をもつことを認めている。これはたんに、自然がその「自然らしさ（Natürlichkeit）」を理由として、道徳的に評価されることを意味する。自然は、人間が社会のうちで苦労して獲得しなければならないものが、おのずから実現可能であるという理想を目覚めさせる。それゆえ自然は、主観のうちに道徳的感情を呼び起こすのである。

第三に、自然美は、「認識諸能力と自然との適合」および「自然らしさ」にかんして、「都市の人間」によってのみ評価される。「都市の人間」の「教養」が、自然を美感的に判断するための前提である。しかしこの「教養」は判断の前提として、人間にとって自然として現れるもの、また美感的に判断されるものを制限している。というのは、「都市の人間」を形成する「教養」が、まさに理性的人間の「教養」として、感性や「情動性（Affektivität）」に対する「制御」を含意するからである。こうして「自然美の経験」は、「距離をとった知覚」に基づく判断に制限され、自然との「感性的な共同関係」が排除されてしまう。したがって「自然からの疎外」が、「自然美学」の基礎である趣味判断の理論を特徴づけている。

このようにベーメは、カントの趣味判断の理論が「自然からの疎外」によって特徴づけられると批判した。これは趣味判断の理論に向けられた本質的な批判である。(5) 筆者の見解によれば、ベーメは趣味判断の理論を脱超越論化し、人間と自然との感性的関係という観点から批判している。すなわち、趣味判断の前提である「教養」が、まさに人間と自然との感性的関係を制限している、というのである。自然美の経験が、人間と自然との「感性的な共同関係」と見なされるかぎり、「自然美の判断」はたしかに制限されたものとして把握されざるをえない。というのも、「自然美の判断」は、人間と自然との「共同関係」の構成要素にすぎないと考えられるからである。しかし筆者の立場から見れば、「自然美の判断」を「自然からの疎外」と見なすことは妥当ではない。また「自然美の経験」は、「自然から距離をとった知覚」に基づく判断に制限されるというわけでもない。

そこで筆者は本章において、次のような議論を展開して、ベーメによる趣味論の批判に反論する。第二節では、この批判にかんして、ベーメの「エコロジカルな自然美学」の妥当性を検討する。第三節では、ベーメが趣味論を批判する根拠について、趣味判断における自然の合目的性をめぐる問題を指摘する。第四節では、趣味判断にかんして、構想力と悟性の調和が自然の合目的性を描出する、という解釈を検討する。第五節では、この構想力と悟性の調和が理性理念を象徴的に描出する、という解釈を提示する。第六節では、この解釈をもとに、自然美の美感的反省を「自然美の解釈学」として解明する。これらの議論によって、筆者は「自然美の解釈学」の立場から、ベーメによる趣味論の批判に反論していく。

二　「エコロジカルな自然美学」とその批判

さてカントの趣味論について、ベーメの批判的見解は「エコロジカルな自然美学（ökologische Naturästhetik）」の立場に依拠している。この「エコロジカルな自然美学」は、広義の「自然哲学」の一部として、ベーメ自身によって構想された自然美学上の立場である。それは、知覚概念のうちに自然に対する感情関係を統合する、「普遍的知覚論（allgemeine Wahrnehmungstheorie）」であり、環境における人間の「情態（sich befinden）」を主題化する。この「エコロジカルな自然美学」の要点は、次のように整理できる。[6]

第一に、「エコロジカルな自然美学」は、バウムガルテンおよびマイヤーの感性的認識論に依拠した「普遍的知覚論」である。[7]この「自然美学」の課題は、対象との感情関係、すなわち対象への「情動的なかかわり（affektive Teilnahme）」を、知覚概念のうちに再統合することである。知覚は環境における感性的な「情態」である。そのため知覚主体は、いわば世界の外部にある立場から、環境に起こる出来事を確定するわけではない。むしろ知覚主体は、その環境によって情動的に影響を受けており、その「情態」のうちで特定の環境を意識せざるをえない。すなわち知覚主体は、その身体をもとにして、環境からの影響を情動的に感受するのである。

第二に、知覚主体は、その環境についての経験に影響を与えるかもしれない。しかしこの影響は、知覚主体がその環境によってすでに情動的に影響されていることに基づく。そのため「エコロジカルな自然美学」は、「雰囲気（Atmosphäre）」と呼ばれる「感情性格（Gefühlscharakter）」を環境に賦与する。「雰囲気」は、認識の客観のように眼前に見出されるわけではない。しかしこの「雰囲気」は、対象によって産出可能であるかぎり、「準客観的（quasi objektiv）」なものとして特徴づけられる。[8] こうして、「エコロジカルな自然美学」の立場から見れば、知覚主体による「美感的な自然経験」がまさに美学の主題になる。もはや美学の主題は、趣味による自然美の判定でもなければ、自然らしさの道徳的評価でもない。むしろ主題は、ある環境によって情動的に影響される、人間の「身体的で感性的な経験」である。[9]

このように「エコロジカルな自然美学」は、特定の環境に生きる人間の身体的経験ないし感性的経験を解明する学問である。この「エコロジカルな自然美学」は、美学における「感性論的転回」を遂行したものとして、近年では注目されつつある。[10] これまで近代美学は、もっぱら主観性の立場から美的経験を解明してきた。だが「エコロジカルな自然美学」は、美的経験の領野を客観の感性的認識にまで拡張したのである。これはまさしく、ベーメによる近代美学の批判的修正に他ならない。しかし、ベーメが構想した新たな自然美学は、さまざまな研究者から厳しく批判されている。たとえば、本章の考察にとって重要なものとして、R・グローおよびD・グローの批判を挙げることができる。グローたちは、ベーメの「エコロジカルな自然美学」が「妄想の産物（Kopfgeburt）」であると容赦なく批判した。[11] そこで以下では、R・グローおよびD・グローの批判をもとに、「エコロジカルな自然美学」の妥当性を検討してみたい。このグローたちの批判は、次のように整理できる。

第一に、人間は自然的な存在者であるとともに、文化的および理性的な存在者でもある。だが「エコロジカルな自然美学」にとって、こうした人間存在の「二重性」は洞察できないままである。今日では自然は、人間自身が「帰属する自然」と「人間以外の世界」という意味での自然に区別できる。ベーメは、前者の自然を「自然の全体」として、後者の自然を「自然的共世界（natürliche Mitwelt）」として把握する。さらに「自然の全体」には規範的な含意が与えられ、[12]「自然的共世界」には情動的な含意が認められる。こうした見解について注意すべきは、いずれの概念についても、自然が「理想化」されていることである。とりわけ「自然の全体」について言えば、人間は彼自身をとおして「自然」が作用する、「自然的な存在者」であると定義される。そのため「エコロジカルな自然美学」では、人間存在の「二重性」が洞察できないままである。すなわち、自然的な存在者であるのみならず、文化的および理性的な存在者でもある、この人間存在の「二重性」が洞察できないままである。

第二に、「エコロジカルな自然美学」は、自然について「美感的経験」を認めることができない。「エコロジカルな自然美学」は、バウムガルテンの感性的認識論に基づき、「美感的経験」を感性的認識として把握する。この感性的認識が成立するためには、自然と人間がともに関係し合わなければならない。言い換えれば、一方で自然の事物は、「共活動（Mitaktivität）」をとおして人間と関係しなければならない。また他方で人間は、環境における自分の「情態」を知覚して、自然と関係しなければならない。その結果として自然の事物から由来し、また人間が感じ取る「雰囲気」が重要な考察の対象となる。この「雰囲気」のうちで、「身体的自然としての人間本性」のみならず、また「自然の全体」や「自然的共世界」が知覚されるのである。しかし、このように「雰囲気」を考察することで、「エコロジカルな自然美学」には次の困難が生じている。すなわち、自然の感性的認識ではなく、その「美感的経験」に固有の特徴がそもそも認められなくなるのである。[13]

このようにグローたちは、ベーメによる「エコロジカルな自然美学」の構想を厳しく批判した。それでは、グローたちの批判を考慮すれば、「エコロジカルな自然美学」はどこまで妥当であろうか。筆者の把握によれば、ベーメは現代の環境問題を解決すべく、新たな自然美学を構想している。この構想の背景には、環境における「情態」の解明をとおして、人間にふさわしい環境世界の形成をめざす学問が意図されている。たしかに環境問題の現状を考えれば、「エコロジカルな自然美学」の構想は高く評価すべきであると思われる。特定の環境における「情態」や「雰囲気」から、人間と自然とのこれまでの関係を問い直すことは可能であろう。こうした意図には、たしかに筆者が同意できる部分もある。しかしながら、カントの趣味論を理解するという前提で言えば、グローたちの批判がおおよそ妥当であると言わざるをえない。「エコロジカルな自然美学」は、自然存在者である人間と人間以外の自然について、その感性的関係を考察の対象としている。そのため「エコロジカルな自然美学」は、美学と自然哲学との学問上の区別をまったく曖昧にしている。この曖昧さのゆえに、「理性的存在者」としての人間も考察されないまま残されている。また本来は「美感的経験」の核心であるはずの「感情」が、いまや対象の感性的認識に還元されてしまう。これらはまさに、カントの趣味論の立場から言えば、「美感的経験」の「解消」に他ならないであろう。というのは、理性的存在者について、対象にいささかも関係しない感情にこそ、「美感的経験」の成り立つ余地があるからである。したがって「エコロジカルな自然美学」は、カントの趣味判断の理論と両立できない前提に基づいており、この理論を正当に評価できないのである。[14] そこで以下では、『判断力批判』における議論に即して、ベーメによる趣味論の批判を検討してみたい。

三　趣味判断と自然の合目的性

第一節で論じたように、G・ベーメはカントの趣味論を次のように批判していた。すなわち趣味判断は、構想力と悟性という主観の認識諸能力が自然と適合することに基づく判断である。また自然美に知性的な関心をもつことは、「自然らしさ」を根拠として、主観が自然を道徳的に評価することを意味する。前者は「趣味判断」の解釈であり、後者は「自然美に対する知性的な関心」の解釈である。以下の論述では、筆者はもっぱら前者の趣味判断の解釈を検討する。そのため、知性的な関心の解釈については、本章の注で言及するにとどめる。[15]

さてベーメによる趣味判断の解釈は、次のとおりであった。[16]すなわち、自然はそれ自身から、認識が目的とする「秩序」や「規則性」を示している。そのかぎりでのみ、自然は「美しい」と判断される。というのは、自然を「美しい」と判断する人間は、すでに理性的人間としての「教養」を身につけている。そのため人間は、制限された理性的な仕方でのみ、自然美の経験を理解せざるをえないからである。すると自然美の判断は、自然の「秩序」や「規則性」だけを根拠とした判断であることになる。あるいは自然を「美しい」と判断する人間は、自然からまったく距離をとり、自然を「他者」として承認できない人間になる。したがって、カントの趣味判断の理論は、「自然から疎外された人間」という近代的人間像を表現するものである。筆者の見解によれば、ベーメは、もっぱら認識の可能性をもとに趣味判断を把握している。ベーメにとって趣味判断は、認識が目的とする「秩序」や「規則性」にかかわり、いわば認識を先取りする判断である。そのため趣味判断は、自然美の経験を制限するものとして把握される。それでは、『判断力批判』におけるカント自身の議論と照らしてみれば、こうしたベーメの解釈はどこまで妥当であろうか。[17]

周知のように、カントは趣味判断を次のように規定している（Vgl. V, 203f.）。第一に、趣味判断は、表象を客観に関係づけることなく、むしろ主観の感情に関係づける。言い換えれば、趣味判断は客観にかんする認識判断ではなく、主観の感情にかかわる美感的判断である。そのため趣味判断は、判断の規定根拠が主観的でしかありえないような判断である。第二に、趣味判断が含む諸表象について、主観に対する表象の関係は、すべて客観的であることができる。しかし快および不快の感情に対する表象の関係は、もっぱら主観的であり決して客観的であることができない。その意味で趣味判断は、「認識に対して少しも寄与せず、ただ与えられた表象を主観のうちで諸表象の全能力と対比するだけである」(V, 204)。したがって、これら趣味判断の規定にしたがうかぎり、ベーメの解釈には誤解があるように思われる。すなわち趣味判断は、認識の目的である「秩序」や「規則性」にかかわらず、そもそも認識の可能性とは無関係であるように思われる。

ところが、カントはまた趣味判断を次のようにも規定している(Vgl. V, 193, 359)。第一に、趣味判断の能力である美感的判断力は、判断力が自然に対する反省の根底に置くアプリオリな原理を含んでいる。この原理は、経験的諸法則にかんする自然の諸形式が、主観の認識能力に対して合目的的である、というものである。そのため、この原理は自然の形式的合目的性と呼ばれる。第二に、自然の形式的合目的性はまた、経験的諸概念の形成および経験的諸法則の体系化を可能にする原理でもある。というのも、この原理がなければ、「われわれは、経験的諸法則にしたがう自然の秩序をもたず、したがってこうした経験的諸法則を使用してこれらの法則のあらゆる多様性にしたがって整えるべき経験と、これらの法則の探究とに対する導きの糸をもたないだろう」(V, 185)からである。したがって、自然の形式的合目的性の原理をとおして、趣味判断と経験的諸概念の形成および経験的諸法則の体系化との間には、密接な関係があるように思われる。そのかぎりで趣味判断は、ベーメが解釈したように、まさに認識の可能性に関係するであろう[18]。

このようにカントは、一方で趣味判断を認識判断から区別しながらも、他方で両者を密接に関係づけていると思われる。筆者の見解では、趣味判断と経験的諸概念の形成および経験的諸法則の体系化との関係にかんして、カントの説明には「ある種の曖昧さ」が見出される。(19) すなわち、自然の形式的合目的性は、趣味判断の原理であるとともに、経験的諸概念の形成および経験的諸法則の体系化を可能にする原理でもある。それゆえ、両者の原理はあたかも「同一である」かのような誤解が生じているのである。しかしながら、趣味判断の原理は、経験的諸概念の形成および経験的諸法則の体系化を可能にする原理から明確に区別される。前者は構成的原理であり、自然の特殊な形式を反省して、快および不快の感情を見出すための原理である。後者は統制的原理として、自然の諸形式を反省して経験的概念を形成する、あるいは経験的諸法則を体系化するための原理である。ではなぜ両者の原理は、ともに自然の合目的性と呼ばれたのであろうか。あるいは、自然の合目的性にかんして、そもそも両者の原理はどのような関係にあるのだろうか。

四　認識諸能力の調和と範例的描出

カントは、趣味判断の原理が自然の合目的性であると説明している。すると趣味判断の原理は、経験的諸概念の形成および経験的諸法則の体系化の原理とどのような関係にあるのだろうか。ここで筆者が注目するのは、自然美が合目的性の概念を描出するという、カント自身の説明である。この説明は次のように要約できる（Vgl. V, 192f.）。すなわち判断力は、認識のために対象の概念を使用する場合に、この概念に対応する直観を添える。このような判断力の機能、具体的に言えば、ある概念に対応する直観を与える働きが「描出」と呼ばれる。ところで自然の合目的性は、客観を規定する概念ではない。むしろそれは、多様な自然のうちで概念を形成するために想定される、判断力の主観的原理にすぎない。だがそれにもかかわらず、この原理によって自然は、あたかも人間の認識諸能力を配慮したかのように見なされる。こうして自然美は、対象と認識諸能力との合致として、合目的性という概念の描出と見なすことが可能である。このように、カントによれば、自然美は合目的性の概念を描出するものとして理解できる。

それでは、この描出の機能をとおして、趣味判断の原理と経験的諸概念の形成および経験的諸法則の体系化にかんする原理との関係を解明できるだろうか。以下において筆者は、F・ヒューズの解釈を検討しながら、両者の原理の関係を解明してみたい。というのは、まさにヒューズが描出の機能をもとに、趣味判断を解明しているからである。ヒューズによれば、趣味判断における認識諸能力の調和は、判断力に対して自然が合目的的であることの「特殊な実例」である。言い換えれば、構想力と悟性という認識諸能力の調和は、自然の合目的性の「範例的な描出（exemplary exhibition）」に他ならない。このヒューズの解釈は、本書にとって重要な論点を挙げれば、次の四点に整理できる。[20]

第一に、自然の合目的性は、特殊な合目的性の原理と一般的な合目的性の原理とに区別できる。前者の合目的性の原理は、経験的諸法則を体系化するために想定される。だが後者の合目的性の原理は、自然の諸形式や表象の多様が合目的的であることを意味し、経験的判断が可能であるために想定される。というのは、この原理をとおして、経験的表象の多様を総合する可能性が確立されるからである。

第二に、一般的合目的性の原理は、経験的総合が可能であるためには不可欠である。そのかぎりで、純粋悟性の図式機能とは異なる、「経験的な図式機能（empirical schematism）」の存在を認めることができる。カントが『純粋理性批判』のなかで解明したように、純粋悟性概念を現象に適用するためには、超越論的な時間規定にかかわる図式機能が必要である。しかしこの図式機能は、「空間における純粋な形態にかんする構想力の総合」

(A141/B180) の規則であるから、純粋悟性概念を経験的直観の対象である現象に適用するには不十分である。それゆえ、純粋悟性の図式機能を補うものとして、「経験的な図式機能」を認めることができる。

第三に、趣味判断には、経験的判断を可能にする判断作用への「反省的洞察」が含まれている。というのは、趣味判断のうちで構想力と悟性は調和している。だがこの調和は、純粋悟性の図式機能を前提する場合のような「別の条件のもとであれば」、図式化できる概念の発見を可能にするからである。しかし趣味判断では、もっぱら直観の多様だけが主観に与えられている。そのため趣味判断は、経験的総合の現実性ではなく、その「可能性」を洞察させてくれるにすぎない。この経験的総合の可能性は、認識諸能力の調和、すなわち構想力と悟性の産出的な相互関係のうちに見出される。こうして、趣味判断における認識諸能力の調和を反省すれば、あたかも「経験的な図式機能」が実現しているかのように思われる。

第四に、このように趣味判断は、いまや経験的判断の可能性を明らかにする。すなわち、構想力と悟性の調和は、認識判断が可能であるために必要な一般的条件の「特殊な形式」である。主観が自然を把握するためには、経験的諸法則にしたがう自然は判断力に対して合目的的でなければならない。だが判断力もまた、この自然に対して合目的的でなければならない。これはまさに、判断力に対する自然の一般的合目的性に他ならない。こうして、趣味判断における認識諸能力の調和は、一般的な合目的性の「特殊な実例」であると言うことができる。言い換えれば、構想力と悟性の調和は、判断力に対する自然の一般的合目的性を「範例的に描出する」のである。[21]

このようにヒューズは、経験的判断を手がかりとして、趣味判断をもっぱら認識論的に解明した。ヒューズにとって、趣味判断を解明する鍵となるのが、自然の合目的性の「範例的描出」という概念である。『判断力批判』において、「範例」は「指示することのできないある規則の実例」を意味する (Vgl. V, 237, 239)。そこからヒューズは、趣味判断における構想力と悟性の調和が、一般的な意味で自然が合目的的であることの「実例」として解釈した。というのは、趣味判断における反省が、一般的合目的性の原理による自然の反省と「類比的」だからである。具体的に言えば、趣味判断を下す場合には、対象の表象を契機とした構想力と悟性の調和が反省されている。これに対して経験的概念を形成する場合には、経験的直観と発見されるべき概念との調和が反省されている。こうして、たとえ反省の対象が異なるとしても合目的的であると意識される点で、両者の反省は「類比的な関係」にあるからである。[22]

それでは、ヒューズの解釈はどこまで妥当であろうか。筆者の見解では、たしかにヒューズの解釈は、趣味判断の原理と経験的諸概念の形成および経験的諸法則の体系化にかんする原理との関係を説明できている。この解釈によって、これまで未解明であった趣味判断の認識論的含意が明らかになったのである。上述のように、カントの説明によれば、趣味判断と経験的諸概念の形成および経験的諸法則の体系化は、いずれも自然の合目的性の原理に基づいていた。ヒューズの解釈は、それぞれの原理の差異を維持しながらも、両者の関係を説明することができる。すなわち、趣味判断における構想力と悟性の調和は、一般的な意味で自然が合目的的であることの「実例」として、この合目的性を「範例的に描出する」。そのため趣味判断の原理は、経験的諸概念の形成および経験的諸法則の体系化の原理とは異なるけれども、それでも自然の合目的性と呼ばれるのである。しかしながら、筆者が把握するかぎり、このヒューズの解釈は次のような問題を含んでいる。

第一に、自然の合目的性について言えば、あえて特殊な原理と一般的な原理とを区別する必要がない。そもそもカント自身が、これら原理の区別を認めてはいない。だがヒューズによれば、経験的諸法則を体系化するために、特殊な合目的性の原理が想定される。また他方で、経験的判断が可能であるために、一般的な合目的性の原理が想定される。こうしてヒューズは、前者の原理に基づく「経験的諸法則」の反省と、後者の原理に基づく「経験的直観」の反省とを区別する。(23) しかし自然の合目的性は、特殊的なものの反省をとおして普遍的なものを見出す、反省的判断力の原理である。そのため経験的諸法則の反省も、また経験的直観の反省も、いずれも特殊から普遍へと上昇すべき反省的判断力の働きに他ならない。言い換えれば、経験的諸法則の体系化も経験的概念の形成も、いずれも同一の反省的判断力の働きである。というのは、第一章で論じたように、経験的概念の形成が、未規定の上位概念を予期することで可能になるからである。また経験的概念の形成が、その概念によって対象を法則的に説明することをすでに含意するからである。

第二に、ヒューズは、構想力と悟性の調和を認識論的に解明しており、その結果として自然の合目的性の「媒介機能」を見落としている。ヒューズによれば、構想力と悟性の調和は、「経験的な図式機能」の基礎として、自然の合目的性を「範例的に描出する」。というのは、この調和が経験的総合の可能性にとって必要不可欠だからである。しかしながら、構想力と悟性の調和、およびその根底にある自然の合目的性の原理は、たんに認識論的な機能をもつだけではない。むしろ、この調和や合目的性の原理は、自然概念の領域と自由概念の領域を媒介する機能をもっている。第一章で筆者が解明したように、自然の合目的性の原理は、自然概念の領域から自由概念の領域への「移行」を可能にする。言い換えれば、反省的判断力は、自然の合目的性の原理によって、理論理性から実践理性への「移行」を可能にする。こうした「移行」の機能はもちろん、趣味判断の原理である自然の合目的性にも認められる。だがヒューズの解釈では、この「移行」にかんする媒介機能がまったく説明されていない。したがって、これらの問題が未解決であるかぎり、ヒューズのカント解釈は不十分であると言わざるをえないのである。

五　美感的理念と「象徴的描出」

前節で論じたように、ヒューズのカント解釈はなお不十分であった。すなわちこの解釈は、いたずらに自然の合目的性の原理を区分するのみならず、この原理の媒介機能も看過していた。後者の論点について言えば、ヒューズはもっぱら経験的認識の可能性を考慮して、自然の合目的性の原理を解釈しただけなのである。しかし自然の合目的性の原理は、自然概念の領域から自由概念の領域への「移行」を可能にする。そこで本節では、構想力が産出する「美感的理念（ästhetische Idee）」[24]を手がかりとして、この「移行」の機能を解明したい。それによって、ベーメによる趣味論の批判について、その妥当性も明らかになるはずである。

ところで『純粋理性批判』によれば、理念とは対応する直観が存在しない「理性概念」を意味する。そのため理念は本来、決して「感性的（ästhetisch）」であることができない概念のはずである。しかし『判断力批判』のなかでカントは、理性理念に対応する構想力の表象として、「美感的理念」を新たに導入している。この美感的理念について、カントの説明は次のとおりである（Vgl. V, 313ff.）。すなわち美感的理念とは、悟性に「多くを考えさせるきっかけを与えるような」構想力の表象である。この表象には、どのような悟性概念も適合できない。そのため、どのような言葉もこの表象を完全に言い尽くすことができず、この表象を理解させることが不可能である。また美感的理念は、構想力によって産出される表象であるが、それにもかかわらず「理念」と呼ばれる。というのは、この表象が経験の限界を超えて、理性諸概念を描出しようと努力するからである。したがって、どのような悟性概念も適合できない表象が、理性理念の描出を試みるかぎり、美感的理念と呼ばれるのである。

このように構想力は、美感的理念を産出して思考のための素材を与えるとともに、理性理念を描出しようとする。これはもちろん、趣味判断における構想力の働きに他ならない。すると筆者の見解によれば、悟性と調和した構想力の働きは、美感的理念による理性理念の感性化を要求するものとして理解できる。言い換えれば、構想力と悟性の調和は、理性理念の「象徴的描出」という観点から解明できる。こうした解明の実例としては、すでにA・リューガーの研究が存在している。リューガーによれば、趣味判断における構想力と悟性の調和は、美感的理念を産出する構想力の活動を含むとともに、理性理念の「象徴的描出」として理解できる。そこで以下では、このリューガーの研究を検討しながら、自然概念の領域から自由概念の領域への「移行」の議論を解明してみたい。筆者にとって重要な論点にかぎるが、リューガーの研究は次のように整理できる。[25]

第一に、構想力による美感的理念の産出は、悟性概念ではなく理性理念によって導かれなければならない。美感的理念を産出する場合に、構想力は直観の多様を配列し結合することで統一していく。[26]だが多様の統一は、何らかの概念によって導かれなければ不可能である。というのは、諸表象が経験的連想によって結合されるならば、構想力はたんに無意味な表象だけを産出するからである。しかし統一を導く概念は、悟性の規定された概念であることができない。規定された概念によって導かれれば、構想力はもはや自由ではないからである。美感的理念の産出にかんして、構想力は強制されておらず自由でなければならない。したがって規定されない理性の概念、つまり未規定の理性理念こそが、構想力による美感的理念の産出を導かなければならない。

第二に、美感的理念の産出にかんして、構想力は自由でありながらも、未規定的な概念の描出に対して合目的である。対象を理論的に認識する場合、構想力は悟性の諸規則に服従している。しかし構想力は、対象を観照する場合には自由である。またこの場合に構想力は、悟性概念との一致を超えており、悟性に対して内容が豊かでいまだ展開されない直観を提供できる。具体的に説明すれば、構想力は規定された概念Cを描出する、すなわちこの概念Cに対して直観を与える。だが構想力は同時に、この直観の形式をもとに、規定されない概念Fの美感的属性を表象できる。美感的属性とは、概念Cと概念Fとの類縁性を表現する形式である。これによって構想力は、概念Fを間接的に描出することが可能である。しかしこの間接的な描出は、概念Fの図式に導かれているわけではない。こうして構想力は、規定されていない概念Fを自由に描出するが、それでもこの概念Fの描出に対して合目的的である。(27)

第三に、ある概念は、図式的あるいは象徴的に描出することが可能である。また象徴的に描出する場合、反省の内容ではなく形式について、類比的な関係が見出されなければならない。ある概念の描出は、規定された悟性概念にかんしてのみ図式的である。他方で、規定されない理性理念の場合、その描出は象徴的でなければならない。象徴的に描出する場合、理性だけが考えることができ、感性的直観はそれに適合できない概念の根底に、ある種の直観が置かれる。この直観と判断力の手続き、すなわち概念の根底に直観を置く手続きは、図式機能のうちで判断力がしたがう手続きとたんに類比的に一致するにすぎない。言い換えれば、「象徴的描出」における判断力の手続きは、直観の内容ではなく形式にかんする反省をとおして、規定されない理性理念と一致する。したがって、この判断力の手続きは、反省の内容ではなく形式にかんして、未規定の理性理念と一致するのである。(28)

第四に、象徴的に描出する場合、構想力は自由に戯れており、規定された概念によって制限されていない。未規定の概念には図式が存在しないため、規定されない概念Fは図式による媒介なしに描出されなければならない。だがこの概念Fは、それでも統一された直観の多様のうちで描出可能である。すなわち構想力は、未規定の概念Fに対して「図式のようなもの（something like a schema)」を産出する。未規定の概念Fに対応する直観は、対象の表象のうちにあって、規定された概念Cのもとに包摂されている。しかし対象の表象はまた、規定された概念Cを図式化するためではなく、規定されない概念Fを象徴的に描出するために反省される。こうして未規定の概念Fの描出にかんして、構想力は規定された概念によって制限されない能力として把握できる。というのも、概念Fの描出は、規定された概念Cが図式のもとで直観を規定する仕方とは異なり、あくまで「図式のようなもの」のもとで反省的に遂行されるからである。[29]

このように構想力は、美感的理念の産出にかんして自由であるが、それでも理性理念の描出に対して合目的的である。すなわち、構想力は自由でありながらも、未規定の理性理念を象徴的に描出することが可能である。[30]リューガーの研究は、趣味判断における構想力と悟性の調和に、美感的理念を産出する構想力の活動を読み取るものである。これまで対象を判定する趣味と、対象を産出する天才および概念を描出する構想力は、それぞれ独立の議論として主題化されることが多かった。というのは、カントが認めるように、趣味とは判定能力であって、決して産出能力ではないからである（Vgl. V, 313）。しかし、こうした独立した主題化は、趣味と芸術との連関を見失わせ、カント自身の議論の豊かな含意を捉え損なうものである。そのことを考慮すれば、リューガーの研究はたしかに高く評価することができる。この研究によって、対象の「判定」と対象の「産出」は、関連することが解明されたのである。

しかしながら、筆者の見解によれば、リューガーの研究には依然として不十分な論点が見出される。すなわち、リューガーが解明した理性理念の「象徴的描出」は、まさに自然概念の領域から自由概念の領域への「移行」に他ならない。第一章で述べたように、反省的判断力は、理念の「象徴的描出」という仕方で、自然の根底にある「超感性的基体」に規定可能性を与える。自然の合目的性は、全体の概念のもとで諸表象を統一する原理である。

だがこの原理はまた、個別の対象について美感的に反省する場合に使用され、人倫性の理念の「象徴的描出」として自然美を理解させる。[31] カントの説明によれば、自然美は「人倫的に善いもの（das Sittlichgute）」の象徴である（Vgl. V, 351ff.）。というのは、自然美も「善いもの」も「直接」に満足を与えるとともに、いずれの満足も「関心を前提としない」。また構想力の自由は悟性の「合法則性」と、意志の自由は理性の「普遍的法則」と合致する。さらにまた、自然美の判定の原理も道徳性の原理も「普遍的」に表象される。このように、自然美と「人倫的に善いもの」との間で、反省の規則の「類似性」が見出されるからである。したがって、これまでの議論を考慮すれば、趣味判断にかんして、自然の合目的性による「移行」は次のことを意味する。すなわち美感的判断力は、構想力と悟性の調和をとおして、自然概念の領域から自由概念の領域への「移行」を可能にする。この「移行」は、自由な構想力が産出する美感的理念が、人倫性の理性理念を象徴的に描出することで遂行される。というのは、美感的理念が人倫性の理念の感性化として理解されることで、自然の「超感性的基体」に規定可能性が与えられるからである。[32]

六　美感的反省と「自然美の解釈学」

さてこれまでの議論を考慮すれば、ベーメが趣味判断を誤解したことは明白であろう。すでに論じたように、ベーメは認識の可能性をもとに趣味判断を把握していた。ベーメにとって、趣味判断は認識が目的とする「秩序」や「規則性」にかかわり、いわば認識を先取りする判断である。そのため趣味判断は、自然美の経験を制限していると批判されたのである。この趣味判断について、構想力と悟性の調和は、「経験的な図式機能」の基礎として、自然の合目的性を範例的に描出する。というのは、ヒューズが指摘したように、この調和が経験的総合の可能性にとって必要不可欠だからである。その意味で言えば、たしかに趣味判断は、経験的認識の可能性を示唆している。しかし筆者の見解では、構想力と悟性の調和、およびその根底にある自然の合目的性の原理は、たんに認識論的な機能をもつだけではない。むしろ、この調和や合目的性の原理は、理論理性と実践理性とを媒介する機能をもつ。すなわち美感的判断力は、構想力と悟性の調和をもとに、自然概念の領域から自由概念の領域への「移行」を可能にするのである。この「移行」は、構想力が産出する美感的理念が、人倫性の理性理念を象徴的に描出することで遂行される。というのは、美感的理念が人倫性の理念の感性化として理解されることで、自然の「超感性的基体」が規定可能になるからである。ベーメの解釈では、構想力と悟性の調和は、もっぱら経験的認識の可能性という観点から把握されるだけであった。ベーメは、構想力による美感的理念の産出および「象徴的描出」の機能を看過しており、趣味判断を認識の可能性にのみ関連づけて把握している。これらの点で、まさしくベーメは趣味判断を誤解したのである。

それでは、構想力が理性理念を象徴的に描出することは、趣味判断の対象である自然美について何を意味するのだろうか。すでに論じたように、構想力は美感的理念を産出して、間接的な仕方であれ、理性理念を感性化することが可能である。このことは、本書の解釈学的な立場から見れば、理念に基づく「意味」が自然美に与えられることを意味している。カントが述べるように、樹木は「荘厳である」と呼ばれ、また「華麗である」と呼ばれる。あるいは、野原も「微笑んでいる」や「嬉々としている」と呼ばれる（Vgl. V, 354）。およそ自然美は、道徳性の理性理念をとおして間接的に理解される。このように、自然美は理念のために使用され[33]、理念に基づく「意味」をとおして理解される。第一章で筆者は、本書の立場を「自然の解釈学」として定式化していた。すなわち「自然の解釈学」とは、反省的判断力の対象である自然にかんして、諸表象を理念の「象徴的描出」として理解する、美感的および目的論的な反省に他ならない。この「自然の解釈学」は、理念のもとで自然を象徴的に理解する。こうして、本章および第一章での議論を踏まえれば、自然美の美感的反省は「自然美の解釈学」として定式化できるであろう[34]。

そこで、この「自然美の解釈学」の含意を解明しようとすれば、A・ケルンの研究がとりわけ重要な示唆を与えてくれる。というのは、この研究によって、美感的理念にかんする解釈学的含意が把握できるからである。美感的理念の教説については、マックリールの先駆的研究をはじめ、解釈学的な研究が存在しないわけではない。だがケルンの研究によって、美感的理念の解釈学的含意が十分に解明されたのである。その意味で、ケルンの見解を検討することは、筆者にとって不可避である。ケルンによれば、美感的理念の教説には、「美感的理念の理解」にかんする理論が見出される。これは「美感的意味（ästhetische Bedeutung）の理論」とも呼ばれる。このケルンの研究は、筆者にとって重要な論点を挙げれば、次の四点に要約できる[35]。

第一に、美感的理念の教説によれば、対象は構想力と悟性の調和をもとに美しいと判定されるだけではない。さらに対象は、何かあるものの描出と見なすことが可能である。ある対象を何かあるものの描出と見なすことは、何かあるものを意味するものとして、この対象を理解することである。この対象の意味について言えば、「対象において意味をもつもの（etwas, das an dem Gegenstand bedeutend ist）」と「対象が意味するもの（etwas, das der Gegenstand bedeutet）」という二つの要素が区別できる。前者の「対象において意味をもつもの」は、描出の「属性」と呼ばれて、対象の意味を構成する要素である。また後者の「対象が意味するもの」は、対象が描出する「概念」に他ならない。

第二に、ある概念の描出は、「論理的」あるいは「美感的」な仕方で可能である。まず「論理的描出」は、悟性の強制に服従している構想力の描出である。ある概念の描出にかんして、構想力は悟性の諸概念の強制に服従することがある。それは、構想力がある概念と「一般的に結合された属性」を使用する場合である。したがって、「論理的描出」について言えば、対象が描出する概念は、この概念の「一般的な意味」で理解されている。これに対して「美感的描出」は、構想力がある概念を美感的に描出する属性、つまり「美感的属性」に基づいている。この「美感的属性」は、規定された概念のうちで表現されるよりも多くのことを考えるよう、類縁的な表象へと構想力を拡張する機縁になる。「美感的描出」において構想力は、いまだどのような概念の描出としても理解されない「未展開の素材」を提供する。そのため「美感的描出」を「論理的描出」から区別するものは、この「未展開の素材」が解釈され、ある概念の描出として理解されることである。

第三に、「美感的描出」を理解するためには、二つの活動が必要である。すなわち、描出の属性をもとに対象の意味を規定するだけでなく、また「未展開の素材」をそもそも属性へと規定する活動が必要である。与えられた素材を「美感的属性」として規定することが、いまだ無意味な素材をはじめて意味の担い手に変化させる。したがって、描出の「美感的属性」の規定と描出の意味の規定、つまり対象の意味の規定は、「美感的描出」にかんして相互に前提し合う関係にある。これを言い換えれば、未展開の素材を意味に関係づけることで、この素材の「美感的属性」を規定することが可能になる。しかしまた属性に意味を関係づけることで、未展開の素材の意味を規定することが可能になる。こうして「美感的描出」の理解には、ある対象によって「描出されるもの」、つまり対象の意味の理解と、この対象において美感的に「描出するもの」、つまり描出の属性の理解という、二つの活動が要求されるのである。

第四に、「美感的描出」を理解することは、「理解にかんする原理的に無限な過程（ein prinzipiell unendlicher Prozeß des Verstehens）」の遂行を意味する。ある概念を美感的に描出する場合、構想力は悟性の諸概念の強制から解放されており自由である。だがこの構想力の自由は、さらに美感的判断力の自由と内的に結合している。すなわち美感的判断力は、ある対象からどのような属性を見出すか、属性の発見について自由であるだけではない。また美感的判断力は、属性の意味を規定する場合にも自由である。というのは、未展開の素材からどのような徴表を意味にとって重要なものとし、「美感的属性」とするのか、この「美感的属性」の規定は、「美感的描出」に先立って決定されないからである。そのため美感的判断力は、未展開の素材から属性を発見して、属性をもとに対象の意味を決定する、これら二つの「相互前提的な過程」にかんして自由である。したがって「美感的描出」の理解は、美感的判断力による原理的に完結することのない理解の過程に他ならない。

このようにケルンは、美感的理念の教説に含まれる解釈学的含意を解明した。描出の「美感的属性」を規定することと描出の意味を規定することとは、「美感的描出」のうちで互いに前提し合う関係にある。言い換えれば、構想力が産出する未展開の素材を「属性」として理解することと、この「属性」が描出する概念を対象の「意味」として理解することとの間には、相互に条件づけ合う関係が認められる。この関係はたんに相互の条件づけではない。むしろこの関係は、筆者の見解では、対象の「属性」と対象の「意味」との「解釈学的循環」の関係に他ならない。そのため両者の間には、「美感的描出」の理解について、部分と全体との「解釈学的循環」の構造が見出される。こうして、「属性」の理解と「意味」の理解が解釈学的循環の関係にあるからこそ、美感的理念の理解は、原理的に完結できない「理解の無限な過程」となるのである。

筆者の立場から見れば、ケルンの研究は、美感的経験の意義を解明したものとして評価できる。これまで美感的経験の分析では、おもに主観の感情だけが注目され、対象の意義という契機が忘却されてきた。そうした状況を考慮して、ケルンは美感的理念の教説をもとに、美感的経験における対象の意義を解明したのである。カント解釈についても、美感的理念の教説のうちに「美感的意味の理論」を見出したことは、重要な貢献であると言うことができる。しかしながら、この優れた研究にも問題がないわけではない。ケルンは「対象の意義」を解明するため、もっぱら「悟性概念」の描出という観点から美感的理念の教説を理解している。そのため概念は、すべて「論理的」および「美感的」に描出可能であるとされる。また対象の表象ではなく「対象そのもの」が、悟性概念を「美感的」に描出すると見なされる。しかし筆者が把握するかぎり、こうした美感的理念の理解は必ずしも妥当ではない。ケルンの研究では、美感的理念による理性理念の「象徴的描出」について、その解釈学的含意が十分に解明されないままである。解釈学的な理解の理論は、悟性概念の描出ではなく理性理念の「象徴的描出」にかんして、展開されなければならない[36]。というのは、「論理的」に描出できない理性理念こそが、とりわけ解釈という仕方で理解されるべき、対象の「本来的意味」だからである。

こうして筆者は、ケルンの見解を考慮して、次のように「自然美の解釈学」を定式化できる。すなわち「自然美の解釈学」とは、構想力と悟性の調和に基づく自然美の解釈であり、理性理念の「象徴的描出」として美感的理念を理解する美感的反省である[37]。この「自然美の解釈学」にとって、自然美の意味は、美感的理念によって構想力が象徴的に描出する理性理念に他ならない。つまり自然美の意味は、自然を超えた「超感性的なものの理念」である。また構想力が産出する美感的理念と理性理念との間には、理解にかんする「解釈学的循環」の構造が見出される。言い換えれば、構想力が産出する未展開の素材を「属性」として理解することと、この「属性」が描出する理性理念を対象の「意味」として理解することとの間には、部分と全体との「解釈学的循環」の関係が認められる。こうして、「属性」の理解と「意味」の理解が「解釈学的循環」の関係にあるからこそ、自然美の意味の理解は、原理的に完結できない無限の過程となる。言い換えれば、構想力は概念の強制から自由であり、美感的理念の産出のうちでも自由である。そのかぎりで、自然美の意味の理解は、美感的反省のうちで無限に遂行されるのである。

七　「自然美の解釈学」と自然美の象徴的理解

以上の考察によって筆者は、「自然美の解釈学」という立場から、ベーメによる趣味論の批判に次のように反論できる。上述のようにベーメは、趣味判断の理論が「自然からの疎外」によって特徴づけられると批判していた。すなわち、自然はそれ自身から、認識が目的とする「秩序」や「規則性」を示している。そのかぎりでのみ、自然は「美しい」と判断される。というのは、自然を「美しい」と判断する人間は、理性的人間としての「教養」を身につけている。そのため人間は、「教養」によって制限された理性的な仕方でのみ、自然美の経験を理解せざるをえないからである。こうして自然美の判断は、自然の「秩序」や「規則性」だけを根拠とした判断であることになる。あるいは、自然を「美しい」と判断する人間は、自然から距離をとり、自然を「他者」として承認できない人間になる。したがって、カントの趣味判断の理論は、「自然から疎外された人間」の姿を表現するものであった。

しかし本章の考察によれば、こうした批判が妥当しないことは明白である。いまや筆者は、ベーメのカント批判に次のように反論できる。第一に、ベーメは認識の可能性をもとに趣味判断を把握していた。ベーメにとって趣味判断とは、認識が目的とする「秩序」や「規則性」にかかわり、いわば「認識を先取りする判断」に他ならない。そのために趣味判断は、自然美の経験を制限していると批判されたのである。この趣味判断について、たしかに構想力と悟性の調和は経験的認識の可能性を示唆している。しかし構想力と悟性の調和、およびその根底にある自然の合目的性の原理は、たんに認識論的な機能をもつだけではない。むしろ、この調和や合目的性の原理は、理論理性と実践理性とを媒介する機能を含んでいる。すなわち趣味判断においては、構想力と悟性の調和をもとに、自然概念の領域から自由概念の領域への「移行」が可能である。この「移行」とは、美感的理念が理性理念を象徴的に描出して、自然の「超感性的基体」に規定可能性を与えることに他ならない。だがベーメの把握によれば、構想力と悟性の調和は、もっぱら経験的認識の可能性という観点から把握されるだけである。したがってベーメは、構想力による美感的理念の産出および「象徴的描出」の機構を看過し、趣味判断を認識の可能性にのみ関連づけて把握する点で、趣味判断を誤解していたのである[38]。

第二に、趣味判断にかんして、自然美の美感的反省は「自然美の解釈学」として定式化された。この「自然美の解釈学」とは、構想力と悟性の調和に基づく自然美の解釈であり、理性理念の「象徴的描出」として美感的理念を理解する美感的反省である。この美感的反省において、理性理念と美感的理念の間には「解釈学的循環」の構造がたしかに見出される。そのため美感的理念の理解は、原理的に完結できない「無限の過程」に他ならない。また趣味判断にかんして、構想力は悟性概念の強制に服従せず、むしろ未展開の素材を自由に産出する。言い換えれば、構想力は自由に戯れながら、理性理念の象徴として理解できる美感的理念を産出する。このことは、構想力の創造的な産出作用に基づいて、自然美が多種多様な理性理念の「象徴的描出」として理解されることを意味する。すなわち、自然美は多種多様な「意味」のもとで新たに理解されるのである。上述のように美感的理念とは、どのような悟性概念も適合できない表象であり、経験の限界を超えて理性理念の描出を試みる表象であった。そのため美感的理念は、規定された悟性概念によって総括できず、たえず新たな理性理念のもとで理解されるしかない。このように、美感的理念の理解が継続されるべき課題であることは、自然美が多種多様な理念のもとで理解されるための根拠である。その意味で「自然美の解釈学」は、構想力の創造的な描出機能に基づいて、自然美を象徴的に理解すると言うことが可能である。

したがって、本章の結論は次のように要約できる。第一に、カントの趣味論は、ベーメが批判する「自然からの疎外」によって特徴づけられるわけではない。むしろこの趣味論は、構想力に創造的な描出機能を認めて、自然美を象徴的に理解する理論である。第二に、美感的判断力による自然美の反省は、理性理念の「象徴的描出」として美感的理念を理解する、「自然美の解釈学」に他ならない。あるいは自然美の反省は、多種多様な「意味」のもとで自然美を理解する解釈学である。第三に、この筆者の見解が妥当であるとすれば、「自然美の解釈学」という解釈学的立場を採用することで、趣味論における自然概念の領域から自由概念の領域への「移行」が、まさしく具体的に解明されたのである。

注

（1）Vgl. H. Böhme und G. Böhme, *Das Andere der Vernunft. Zur Entwicklung von Rationalitätsstrukturen am Beispiel Kants*, Frankfurt a. M. 1983, S. 75, 311–314.

（2）『理性の他者』における構想力の議論については、次の箇所を参照されたい。Vgl. Böhme und Böhme, *a. a. O.*, S. 231–239. なお構想力にかんする議論のなかで、ベーメ兄弟はハイデガーのカント解釈に言及している。周知のように、ハイデガーによれば、理性による基礎づけのプロジェクトを維持するために、カントは『純粋理性批判』の第二版において構想力の議論から撤退した。しかしベーメ兄弟は、ハイデガーのカント解釈を次のように批判している。すなわちハイデガーは、構想力の「社会史（Soziogeschichte）」および「心理史（Psychogeschichte）」を考慮できなかったゆえに、次のことを看過している。それは、構想力の議論からの撤退が基礎づけの問題に起因するのではなく、むしろ啓蒙の世紀における構想力からの「逃走傾向（Fluchttendenz）」に由来することである。Vgl. M. Heidegger, *Kant und das Problem der Metaphysik*, Frankfurt a. M. 1951（『カントと形而上学の問題』木場深定訳、理想社、一九六七年）; Böhme und Böhme, *a. a. O.*, S. 243–245.

（3）なお「疎外された認識」については、次の文献を参照されたい。Vgl. G. Böhme, Kants Erkenntnistheorie als Theorie entfremdeter Erkenntnis, in: ders., *Philosophieren mit Kant. Zur Rekonstruktion der Kantischen Erkenntnis- und Wissenschaftstheorie*, Frankfurt a. M. 1986, S. 199–213.

（4）Vgl. G. Böhme, Die schöne Natur und die gute Natur, in: ders., *Für eine ökologische Naturästhetik*, Frankfurt a. M. 1989, S. 42–45. なおこの論文でG・ベーメは、カントの趣味判断の理論だけを取りあげて論じているわけではない。むしろベーメはもっぱら、市民的な自己理解の過程や市民階級の文化的な自己様式化を表現する、「市民の美学（bürgerliche Ästhetik）」を論じている。しかしベーメは、カントの趣味判断の理論を批判しながら、「市民の美学」にかんする批判的見解を展開している。そこで議論を明確にするため、筆者はこの「市民の美学」の実例として、カントの趣味判断の理論を取りあげる。

（5）なおB・フォン・ヴォルフ-メッテルニヒは、ベーメによる趣味判断の理論の批判がさしあたり妥当であることを認めている。Vgl. B. von Wolff-Metternich, Ästhetik der Natur — Prolegomena zu einer künftigen Ethik der Natur? Kritische Überlegungen zur Ersatzfunktion moderner Naturästhetik, in: R. Elm (hrsg.), *Kunst im Abseits? Ein interdisziplinärer Erkundungsgang zur Stellung der Kunst heute*, Bochum/Freiburg 2004, S. 44–45.

（6）Vgl. Böhme, *a. a. O.*, S. 7–16. また「エコロジカルな自然美学」については、次の研究を参照されたい。Vgl. J. Früchtl, *Ästhetische Erfahrung und moralisches Urteil. Eine Rehabilitierung*, Frankfurt a. M. 1996, S. 392–405; A.

H. Goodbody, *Nature, Technology and Cultural Change in Twentieth-Century German Literature. The Challenge of Ecocriticism*, Basingstoke 2007, pp. 36–49. なおグッドボディの研究は、ドイツの「エコロジカルな美学」におけるベーメ兄弟の立場を理解するためにも有益である。

（7）「普遍的知覚論」については、次の文献も参照されたい。Vgl. G. Böhme, *Aisthetik. Vorlesungen über Ästhetik als allgemeine Wahrnehmungslehre*, München 2001.（『感覚学としての美学』井村彰・小川真人・阿部美由起・益田勇一訳、勁草書房、二〇〇五年）

（8）「雰囲気」については、次の文献が有益である。Vgl. G. Böhme, *Atmosphäre. Essays zur neuen Ästhetik*, Frankfurt a. M. 1995; Böhme, *Anmutungen. Über das Atmosphärische*, Ostfildern vor Stuttgart 1998.（『雰囲気の美学——新しい現象学の挑戦』梶谷真司・斉藤渉・野村文宏編訳、晃洋書房、二〇〇六年）

（9）なお「エコロジカルな自然美学」によれば、自然は人間の文化や技術に対立するものとして理解されるわけではない。むしろ自然は、「社会的に構成された自然（sozial konstituierte Natur）」として理解される。そのため「エコロジカルな自然美学」の内容は、「他者」として自然を承認すべきとする『理性の他者』の議論から大きく異なる。この「社会的に構成された自然」にかんしては、第五章および以下の文献を参照されたい。Vgl. G. Böhme und E. Schramm (hrsg.), *Soziale Naturwissenschaft. Wege zu einer Erweiterung der Ökologie*, Frankfurt a. M. 1985.

（10）「エコロジカルな自然美学」の評価については、次の文献を参照されたい。Vgl. T. Chandler, Reading Atmospheres: The Ecocritical Potential of Gernot Böhme's Aesthetic Theory of Nature, in: *Interdisciplinary Studies in Literature and Environment*, Vol. 18, 2011, pp. 553–568.

（11）Vgl. R. Groh und D. Groh, Natur als Maßstab — Eine Kopfgeburt, in: *Merkur. Deutsche Zeitschrift für europäisches Denken*, 47. Jahrg., 1993, S. 965–979. なおグローたちは、本章で検討している『エコロジカルな自然美学のために』以後のG・ベーメの諸著作をもとに、「エコロジカルな自然美学」を批判している。しかし「エコロジカルな自然美学」について、ベーメの構想は一貫しており、著作間で大きな変化は見られない。それゆえ、グローたちの批判の射程は『エコロジカルな自然美学のために』にも及ぶと理解できる。

(12) この規範的な含意について、B・フォン・ヴォルフ－メッテルニヒは次のように説明している。すなわち、美感的な領域に実践的で倫理的な重要性を認めて、美学の観点から実践哲学を再生する試みは、たしかに魅力的である。しかしこのベーメの試みは、美学に対する過大な要求に他ならない。というのは、自然美の経験が実践的な自然関係の模範となりえないからである。筆者の見るかぎり、この評価は「エコロジカルな自然美学」について妥当である。Vgl. von Wolff-Metternich, *a. a. O.*, S. 46f.

(13) なおR・グローおよびD・グローによる「エコロジカルな自然美学」批判として、さらにもう一つの論点が指摘できる。グローたちによれば、「エコロジカルな自然美学」は「自然の全体」にかんして、美学と形而上学との境界を曖昧にしている。一方で「エコロジカルな自然美学」は、自然の「美感的経験」を自然全体の知覚として理解するかぎり、形而上学的でなければならない。他方で「エコロジカルな自然美学」は、「身体的で感性的な経験」の理論であるかぎり、自然全体が感性的な知覚にとって到達できないことを認めなければならない。そのため「エコロジカルな自然美学」は、次のいずれかの選択肢を選ばなければならない。すなわち、「身体的で感性的な経験」の限界を超えて形而上学へと至る理論であることを表明するか、あるいは「美感的」な自然経験の対象である「自然の全体」を放棄するか、いずれかである。この批判はベーメとの論争を巻き起こしたが、本書の主題から逸脱するため別の機会に検討したい。Vgl. Groh und Groh, *a. a. O.*, S. 974f.; G. Böhme, Naturästhetik ohne Natur? Eine Erwiderung auf Ruth und Dieter Groh, in: *Merkur. Deutsche Zeitschrift für europäisches Denken*, 48. Jahrg., 1994, S. 183–185.

(14) なお筆者の立場とは異なり、カントの趣味論を感性論として評価する研究もある。小田部胤久「カント『判断力批判』における「構想力」と「内官」再考——感性論としての美学への一つの寄与」、日本美学会編『美学』、第六五巻二号、二〇一四年、一—一二頁を参照されたい。また「エコロジカルな自然美学」そのものの意義や制限については、本書の考察範囲を超え出るため別の機会に検討したい。

(15) 自然美に対する知性的な関心について、ベーメの解釈の妥当性は別の機会に検討することにしたい。というのは、いわゆる関心論の解釈が、趣味論の解釈とは異なる文脈に属しており、それ自身で別個の考察を要求するからである。なお知性的な関心については、さしあたり次の文献を参照されたい。Vgl. A. M. Baxley, The Practical Significance of Taste in Kant's *Critique of Judgment*. Love of Natural Beauty as a Mark of Moral Character, in: *The Journal of Aesthetics and Art Criticism*, Vol. 63, 2005, pp. 33–45.

(16) Vgl. G. Böhme, Die schöne Natur und die gute Natur, in: ders., *Für eine ökologische Naturästhetik*, Frankfurt a. M. 1989, S. 42–45.

(17) なおG・ベーメはまた、カントの「美感的判断力の批判」を次のように批判的に解釈している。すなわちカントは、美しいものの学ではなく判断力の理論として、「美学」を論じている。そのためこの「美学」は、美の経験を論じるのではなく、むしろ趣味判断の分析を含んでいる。また「美感的判断力の批判」は、カントが他の著作で他の目的のために展開した図式によって、どこまでも規定されている。この図式とは、判断表ないしカテゴリー表の図式であり、分析論と演繹論、弁証論および方法論という図式である。これらの図式は、美の経験を暴力的に規定している。だがこの暴力性は、美の経験がこれらの図式の枠組みを踏み越える点に示されている。このようにベーメは、カントが判断の論理的機能をもとに、美の経験を分析したことを批判している。筆者の見解では、こうした解釈が生じる理由は、カントが美の経験を語るために固有の概念枠をもたなかったことにある。もっとも、判断の論理的機能をとおした解明が、美の経験を暴力的に規定しているという点については、より慎重な検討を要すると思われる。Vgl. G. Böhme, Die Gegenwart des Schönen und die Kultivierung des Lebens, in: ders., *Kants Kritik der Urteilskraft in neuer Sicht*, Frankfurt a. M. 1999, S. 13.

(18) たとえば、A・バズの解釈は、趣味判断を経験的諸法則の体系化と密接に関係させている。バズによれば、自然の合目的性は主観的原理として、経験的諸法則の体系化を可能にする。ところで趣味判断の対象は、経験的諸法則の体系化にかんして、認識上の必要性を満足させるものではない。しかし、この趣味判断の対象は、経験的諸法則の体系化が可能であることを示唆している。というのも認識判断は、諸直観を概念のもとに包摂して、これらの直観を統一する。これに対して趣味判断は、概念が存在しないにもかかわらず諸直観を統一する。そのため趣味判断の対象は、経験的諸法則が体系化できることを間接的に示すからである。筆者の見解では、バズの解釈は、経験的諸法則の体系化をもとに、趣味判断を認識の可能性に関係づけるものである。Vgl. A. Baz, Kant's Principle of Purposiveness and the Missing Point of (Aesthetic) Judgements, in: *Kantian Review*, Vol. 10, 2005, pp. 7–13. また次の文献も参照されたい。Vgl. H. Ginsborg, Reflective Judgment and Taste, in: *NOÛS*, Vol. 24, 1990, pp. 63–78.

（19） 趣味判断にかんするカントの論述は、趣味判断と認識判断との関係をめぐる誤解を生じさせている。この誤解について、J・M・バーンスタインの説明は有益である。バーンスタインによれば、認識論あるいは道徳をモデルに趣味判断の論証を展開すれば、論証のための戦略がすべて壊れてしまう。あるいは、認識や道徳的実践に趣味判断を従属させれば、趣味判断の自由な満足がまったく失われてしまう。しかしながら、真や善の問題から趣味判断を分離すれば、趣味判断の意味がほとんど理解できなくなってしまう。こうした状況が、趣味判断を認識判断ないし実践的判断に同化しかねない、カント自身の動揺を説明している。Vgl. J. M. Bernstein, *The Fate of Art. Aesthetic Alienation from Kant to Derrida and Adorno*, Pennsylvania 1992, pp. 27–28.

（20） Vgl. F. Hughes, On Aesthetic Judgement and our Relation to Nature: Kant's Concept of Purposiveness, in: *Inquiry*, Vol. 49, 2006, pp. 547–572.

（21） なおヒューズは、「範例的な描出（exemplary exhibition）」だけでなく、「範例的な表象（exemplary presentation）」や「象徴的な再現（symbolic representation）」、「象徴的な描出（symbolic exhibition）」、「明示（revelation）」など、類似の表現を数多く使用している。しかもこれらの表現は、その意味が明確に区別されないまま用いられている。そこで論点を明確にするため、筆者は「範例的な描出」に表現を統一した。Vgl. Hughes, *ibid*.

（22） なおA・リューガーとS・エヴレンは、自然美が自然の体系性の「象徴」であるという解釈を提起しており、ヒューズの解釈と多くの論点を共有する。またP・M・マシューズは、趣味判断と自然の合目的性の原理との関係を次のように解明している。すなわち、第一に、趣味判断に含まれる心の状態は、概念による対象の規定に対して好都合な状態である。第二に、趣味判断の対象は、自然の体系へと適合するような種類の対象を「実例」として提示する。Vgl. A. Rueger and S. Evren, The Role of Symbolic Presentation in Kant's Theory of Taste, in: *British Journal of Aesthetics*, Vol. 45, 2005, p. 239; P. M. Matthews, *The Significance of Beauty. Kant on Feeling and the System of the Mind*, Dordrecht/Boston/London 1997, pp. 53–80.

(23) 合目的性の原理について、ヒューズの解釈はK・デュージングの研究に基づいている。デュージングによれば、趣味判断の原理は、体系化にかんする合目的性の原理から区別される、「われわれの把握力に対する自然の一般的合目的性（allgemeine Zweckmäßigkeit）」の原理である。Vgl. K. Düsing, *Die Teleologie in Kants Weltbegriff*, Bonn 1968, S. 81–85.

(24) なお『判断力批判』のなかで、カントはもっぱら芸術作品の産出に関連させて、美感的理念を説明している。そのためカントの説明は、内容的に理解すれば、自然美には関係しないように思われる。しかしながら、美感的理念にかんするカントの説明は芸術美に限定されず、むしろ自然美にも妥当する。というのは、芸術美のみならず自然美もまた、美感的理念を「表現する」からである。カントによれば、「美は（自然美であれ、芸術美であれ）総じて美感的諸理念の表現と呼ぶことができる。ただ異なるのは、美術では、この理念は客観にかんする概念によって誘発されなければならない。だが美しい自然では、対象が何であるべきかにかんして概念をもたず、与えられた直観に対するたんなる反省は、あの客観がその表現と見られる理念の喚起と伝達とに十分である、ということだけである」（V, 320）。またこの問題については、次の研究を参照されたい。Vgl. Rueger and Evren, *ibid.*, p. 243; K. F. Rogerson, *The Problem of Free Harmony in Kant's Aesthetics*, New York 2009, pp. 23–24.

(25) Vgl. A. Rueger, The Free Play of the Faculties and the Status of Natural Beauty in Kant's Theory of Taste, in: *Archiv für Geschichte der Philosophie*, Bd. 90, 2008, S. 298–322.

(26) なおリューガーによれば、ここで直観の多様の統一は、構想力が概念的に規定された直観を素材として使用することを排除しない。むしろ直観の配列と結合こそが、規定された概念によって導かれない作用に他ならない。この配列と結合は、理性の諸原理、すなわち未規定の理性理念にしたがって遂行される。たとえば、「鉤爪に電光をもつジュピターの鷲」（V, 315）について言えば、「鷲」や「電光」そのものは対象の規定された表象である。だが構想力は、「天帝」という理性理念にしたがって、この「鷲」や「電光」という直観を配列し結合する。こうして「鉤爪に電光をもつジュピターの鷲」という表象が、「天帝」の理性理念を描出する美感的理念を与えるのである。

Vgl. Rueger, *a. a. O.*, S. 307.

(27) 筆者の理解では、構想力による概念Cおよび概念Fの描出は次のように図説できると思われる。

図式
＝
概念C ― 構想力による直接的描出 ― 直観
＝
概念F ― 構想力による間接的描出 ― 美感的属性
（＝概念Cと概念Fの類縁性を表現する形式）

(28) なお「象徴的描出」にかんしては、次の文献を参照されたい。Vgl. H. E. Allison, *Kant's Theory of Taste. A Reading of the Critique of Aesthetic Judgment*, Cambridge 2001, pp. 254-264. また象徴の観点から『判断力批判』を考察したものとして、小田部の研究がある。象徴を概念史的に研究しつつ、小田部はバウムガルテンからヘーゲルまでの美学について、その変容過程を解明している。その際に小田部は、象徴概念の展開に対するカントの重要性を認めて、一つの章を割いて『判断力批判』を考察している。小田部によれば、カントは象徴を理念の感性化として把握することで、象徴を美学の内部に置き入れたのである。小田部胤久『象徴の美学』、東京大学出版会、一九九五年、七二―一〇八頁を参照されたい。この小田部の研究から筆者は多くの示唆を得ている。

(29) なおリューガーは、規定されない概念の描出として、趣味判断における構想力と悟性の調和を理解しようとする。だがこうした見解には、趣味判断は趣味のみを必要とし、美感的理念の産出にかかわる天才を必要とするわけではない、という反論が可能であろう（Vgl. V, 311）。カントによれば、「美のためには、諸理念が豊かで独創的であることは必ずしも必要ではなく、むしろ構想力が自由でありながら悟性の合法則性に適合することこそ、必ず必要なことである。というのも構想力は、どれほど豊富であっても無法則な自由であれば、その豊富さは無意味なものだけを生み出す。だがこれに反して判断力は、構想力を悟性に適合させる能力だからである」（V, 319）。そのため、このカントの説明を文字通りに認めれば、趣味判断において構想力が美感的理念を産出すると理解することは、誤解であることになるだろう。リューガーはこの反論を予想して、天才概念が広い意味では趣味を含意すると主張している。Vgl. Rueger, *a. a. O.*, S. 314ff. また「美感的判断力の批判」における趣味と美感的理念との関係については、次のC・ハムの研究を参照されたい。Vgl. C. Hamm, Freies Spiel der Erkenntniskräfte und ästhetische Ideen, in: S. Bacin, A. Ferrarin, C. La Rocca, M. Ruffing (hrsg.), *Kant und die Philosophie in weltbürgerlicher Absicht. Akten des XI. Internationalen Kant-Kongresses*, Bd. 4, Walter de Gruyter, Berlin/Boston 2013, S. 85–95.

(30) なおリューガー自身も認めるように、構想力と悟性の調和はまた、構想力による直観の多様の把捉と「悟性」の未規定的な概念との合致としても特徴づけられる。言い換えれば、構想力はまた、規定されていない悟性概念を象徴的に描出することが可能である。というのは、美感的理念が、規定された概念との一致を超えて、「さらに内容豊かな未発展の素材」(V, 317) を悟性に与えるからである。すなわち美感的理念は、規定された概念のうちに決して総括されないほど、「多くを考えさせるきっかけ」(V, 315) を悟性に与えるからである。だがこうした解釈は、いわゆるカント美学の形式主義と矛盾するように思われるかもしれない。しかしながら、P・ガイヤーも指摘するように、カントの趣味論は、趣味判断における表象の役割をすべて否定する「実質的な形式主義」を含むわけではない。Vgl. Rueger, *a. a. O.*, S. 310; P. Guyer, Formalism and the Theory of Expression in Kant’s Aesthetics, in: *Kant-Studien*, 68. Jahrg., 1977, S. 46–70.

(31) なお「象徴的描出」について、J・H・ザミットーの説明は有益かつ示唆的である。ザミットーは、カントの「象徴主義 (symbolism)」を『判断力批判』の倫理的転回の時期に位置づけ、次のように説明する。すなわちカントの「象徴主義」は、理性の超感性的理念に対して「直観的な表現 (intuitive expression)」を見出そうとする試みである。この試みは、「超感性的なもの」と直観的な対象との関係を確保する、類比の手続きを含んでいる。この「象徴主義」では、「超感性的なもの」と直観的な対象との関係が問われており、感性的な対象によって「超感性的なもの」を呼び覚ますことが問題である。また象徴が呼び覚ますものとは、道徳的で超感性的な主観性に他ならない。Vgl. J. H. Zammito, *The Genesis of Kant’s Critique of Judgment*, Chicago/London 1992, pp. 269–275. また人倫性の象徴としての美については、次の文献を参照されたい。Vgl. W. Vossenkuhl, Schönheit als Symbol der

Sittlichkeit. Über die gemeinsame Wurzel von Ethik und Ästhetik bei Kant, in: *Philosophisches Jahrbuch*, 99. Jahrg., 1992, S. 91–104; P. Guyer, The Symbol of Freedom in Kant's Aesthetics, in: H. Parret (hrsg.), *Kants Ästhetik. Kant's Asthetics. L'esthétique de Kant*, Berlin/New York 1998, S. 338-355; S. Kemal, The Practical Postulates of Freedom and Beauty as a Symbol of Morality, in: Parret (hrsg.), *a. a. O.*, S. 356-373.

(32) ここで自然とは、第一義的には「人間性の超感性的基体」(V, 340) に基づくので、構想力の働きを含む「内的自然」を意味する。しかし構想力と悟性の調和が、外部の自然の表象を契機とするかぎり、この自然はまた「外的自然」をも意味する。このことは、人倫性の象徴としての美を説明する際に、カント自身が外的自然の可能性に言及していることからも明らかである。すなわち「判断力は、主観におけるこの内的可能性のゆえに、主観と合致する自然の外的可能性のゆえにも、主観自身の内および外にあるものに、つまり自然でもなく自由でもないが、しかしそれでも自由の根拠と、すなわち超感性的なものと結びついているあるものに関係づけられていることが分かるのである」(V, 353)。このように「美感的判断力の批判」において、内的自然のみならず外的自然もまた主題化されている。したがって、「美感的判断力の批判」が内的自然を主題化し、「目的論的判断力の批判」が外的自然を主題化するという理解は、『判断力批判』の思想を単純化し歪曲するものである。

(33) なお自然美が理念のために使用されることについては、カントの説明を参照されたい。すなわち、「詩芸術は心を強める。それというのも、詩芸術は心に、自由で自立的な、自然規定に依存しない心の能力を感じさせるからである。この能力は、自然がそれ自身では感官に対しても悟性に対しても提示しないさまざまな見方にしたがって、自然を現象として観察し判定する能力である。それゆえこの能力は、自然を超感性的なもののために、いわば超感性的なものの図式として使用する能力である」(V, 326)。

(34) また「自然美の解釈学」の根拠として、次のカントの説明を参照されたい。「美しい自然における魅力は、きわめてしばしば美しい形式といわば融合して見出されるが、この魅力は、光の変様（彩色における）に属するか、それとも音の変様（音調における）に属するかのいずれかである。というのも、この両者は、たんに感官感情を許すだけでなく、諸感官のこうした変様の形式に対する反省も許す唯一の感覚であり、こうしていわば、自然がわれわれに語りかけ、またいっそう高次の意味をもっているように見える言語をそれ自身のうちに含む唯一の感覚だからである。たとえば、百合の白い色は心を無垢の理念に調和させるように思われ、また、赤から紫までの七色の順序にしたがって、（一）崇高、（二）大胆、（三）率直、（四）親切、（五）謙譲、（六）不屈、（七）柔和の理念に調和させるように思われる。鳥のさえずりは、悦びや自分の生存に満ち足りていることを告げている。これが自然の意図であるかどうかはともかく、われわれは、少なくともこのように自然を解釈する」（V, 302）。このように、自然は高次の意味をもつ言語であり、反省的判断力は、理念のもとでこの言語を解釈するのである。なおG・ベーメは、こうした「自然の言語」の思想が『判断力批判』における「異物（Fremdkörper）」であると主張し、その意義を認めていない。これに対してH・ベーメは、『判断力批判』に「自然の記号学」が存在することを示唆している。Vgl. G. Böhme, Wodurch die Natur in ihren schönen Formen figürlich zu uns spricht, in: ders., *Kants Kritik der Urteilskraft in neuer Sicht*, Frankfurt a. M. 1999, S. 44–53; H. Böhme, Denn nichts ist ohne Zeichen. Die Sprache der Natur: Unwiederbringlich? Zoon logon echon, in: ders., *Natur und Subjekt*, Frankfurt a. M. 1988, S. 49–52. さらに「自然の言語」にかんしては、小田部胤久「自然の暗号文字と芸術　自然哲学と芸術哲学の交叉をめぐるカント・シェリング・ノヴァーリス」、松山壽一・加國尚志編著『シェリング自然哲学への誘い』、晃洋書房、二〇〇四年、六八―七三頁も参照されたい。小田部は、暗号文字としての自然がより高次の意味を語りだすのは、「道徳的存在としての人間が自然をそのように解釈するからなのである」と指摘している。筆者から見れば、これは「自然の解釈学」を認める主張に他ならない。

（35）　Vgl. A. Kern, *Schöne Lust. Eine Theorie der ästhetischen Erfahrung nach Kant*, Frankfurt a. M., 2000, S. 97–117. なおケルンによれば、「美感的判断力の批判」は二つの独立したモデルを含む。第一のモデルは、美しいものの「判定」を問題にし、美感的な快という特殊的なものを規定する。第二のモデルは、美しいものの「意味」を問題にし、この「意味」に向けられた解釈過程として「美感的経験」を解明する。そのため「美感的判断力の批判」は、美感的対象にかんする二重の考察に分離せざるをえない。またケルンは、芸術美に限定して「美感的意味の理論」を論じている。

（36） なお美感的理念の教説にかんして、R・A・マックリールは「美の解釈（interpretation of beauty）」の理論を展開している。マックリールによれば、美感的理念は理性理念を象徴的に描出して、「経験の解釈」を可能にする。この「美の解釈」の理論は、筆者の見解では、次の三点に整理できる。第一に、構想力の機能は「間接的な仕方で見ること（indirect mode of seeing）」を意味する。『純粋理性批判』においてカントは、現前しない対象を直観する能力として構想力を定義している。そのため構想力は、現前するものを現前しないものに関連づける能力である。したがって構想力の機能は、現前しないものをとおして「間接的な仕方で見ること」を意味する。だが構想力は、現前しない対象を直観するだけでなく、また理念を描出する能力でもある。第二に、構想力による「象徴的描出」の機能は、理性理念を「間接的な仕方で表現すること（indirect modes of expressing）」を意味する。描出とはあるものの意味を表示することである。『純粋理性批判』において図式は、純粋悟性概念を経験の対象に適用可能にするため、この純粋悟性概念を描出する「直接的な仕方」である。この図式は、純粋悟性概念に「指示的な意味（referential meaning）」を与える、意味論的規則と見なすことができる。これに対して『判断力批判』では、「象徴的描出」は「意義（significance）」と呼ばれる、「非指示的（nonreferential）」な類型の意味を与える。この「象徴的描出」は、構想力が直接的に感性化できない理性理念を「間接的な仕方で表現すること」を意味する。第三に、美感的理念による理性理念の「象徴的描出」は、自然を凌駕する事物の「反省的解釈」を可能にする。構想力は、美感的理念によって理性理念を象徴的に描出するかぎり、二重の意味で「間接的」である。すなわち構想力は、心的イメージによって直接的に知覚できないものを補足しなければならない。他方で構想力はまた、経験の通常の「読解（reading）」では直接的に理解できないものを補うために、「間接的な解釈戦略」を採用しなければならない。こうして、図式が自然の規定的な「読解」を可能にするのに対し、「象徴的描出」は自然を凌駕する事物の「反省的解釈」を可能にするのである。この「美の解釈」の理論は、美感的理念の解釈学的含意を解明した点で、本書の不可避の前提条件と見なすことができる。もっとも筆者は、自然を凌駕する事物の解釈に美感的理念の解釈学的含意を限定する立場には賛成しない。Vgl. R. A. Makkreel, *Imagination and Interpretation in Kant. The Hermeneutical Import of the Critique of Judgment*, Chicago/London 1990, pp. 118–129.

(37) なおK・H・シュヴァーベは、美感的反省について次の見解を提起している。すなわちカントは、直観の多様を概念のもとに従属させることとして、美感的反省を理解するわけではない。むしろカントは、可能な意味連関の「多様な解釈（vielfältiges Ausdeuten）」としてこの反省を理解している。美感的反省では、諸対象は多様な意味連関のうちにあり、この意味連関のうちでまた観照されるのである。シュヴァーベの見解は、美感的反省の解釈学的含意を指摘した点で、本書にとって重要である。Vgl. K.-H. Schwabe, Kants Ästhetik und die Moderne. Überlegungen zum Begriff der Zweckmäßigkeit in der *Kritik der Urteilskraft*, in: Ders. und M. Thom (hrsg.), *Naturzweckmäßigkeit und ästhetische Kultur. Studien zu Kants Kritik der Urteilskraft*, Sankt Augustin 1993, S. 49.

(38) なお筆者の反論が妥当であるとすれば、ベーメによるカント批判について、残された論点にも反論可能であると思われる。第一節で論じたように、ベーメは自然と人間社会との対立を前提して、知性的関心にかんするカントの議論を批判していた。ベーメによれば、自然美に知性的関心をもつことは、「自然らしさ」を理由として、文明化された人間が自然を道徳的に評価することを意味する。というのも自然は、人間が社会のうちで苦労して獲得しなければならないものが、おのずから実現可能であるという理想を目覚めさせるからである。しかしカントによれば、自然美に対する知性的関心は、人間社会と関係づけられた間接的な関心ではない。むしろ知性的関心は、道徳的な心術への素質を推測させる（Vgl. V, 299ff.）。そのためベーメによるカント批判は、自然概念の領域と自由概念の領域を媒介する「移行」の議論を考慮せず、文明化されない素朴な自然と文明化された人間社会との対立に依拠したものにすぎない。このように、「自然と自由」という二つの概念領域を「自然と社会」の対立に還元してしまう点で、ベーメは知性的関心の議論を誤解したと言うことができる。

さらに自然と人間社会の対立について、M・トムによる以下の指摘は示唆的である。トムによれば、人間が歴史のなかで自然から遠ざかることは不可避である。だがそれは同時に、「芸術という模範」をとおして新たに自然と関係することを要求している。自然から遠ざかることは、自然を失うことや自然から疎外されることを意味するわけではない。むしろそれは文化の獲得に他ならない。歴史の過程について、カントはルソーとは異なる点を強調している。すなわち、自然から遠ざかり疎外されることはたしかに認められる。しかしそれは、決定的なこととはかぎらない。自然からの疎外は、人間が文化的能力および道徳的能力を展開するために必要な犠牲である。この疎外は、より高次の段階において自然を再獲得することを妨げないのである。Vgl. M. Thom, Natur – ästhetische Kultur – Humanitätsförderung, in: K.-H. Schwabe und ders. (hrsg.), *Naturzweckmäßigkeit und ästhetische Kultur. Studien zu Kants Kritik der Urteilskraft*, Sankt Augustin 1993, S. 22.

第三章　崇高の判断と自然の他者性

一　崇高論にかんするH・ベーメの批判的見解

本章で筆者は、カントの崇高論が「自然支配の計画」に属するという、H・ベーメの批判的見解に反論する。この反論をとおして筆者はまた、構想力によって総括できない自然を理解する「崇高な自然の解釈学」の意義を解明する。

すでに述べてきたように、ベーメ兄弟は、カントの理論哲学が「外的自然支配の理論」であり、また実践哲学が「内的自然支配の理論」であると批判した。この「外的自然支配の理論」にかんして、またベーメたちは、カントが崇高論によって理性的主観の自己肯定を可能にしたと批判している。ベーメたちによれば、この崇高論は自然に対する畏敬や讃嘆を含まず、「理性を肯定する」ために崇高を定式化している。この批判的見解は次のように整理できる。(1)

すなわち、『実践理性批判』のなかで、カントはすでに崇高にかんする議論を展開している。この崇高論は伝統的な思考とは異なり、対象ではなく主観のうちに崇高を位置づける。というのは、カントは現象の領域と物自体の領域を区別する。この区別によってカントは、自分が理性的主観として崇高であることが可能になる、英知的な領域を獲得したからである。またフロイトの精神分析の観点から見れば、理性的主観は「超自我（Über-Ich）」に対応しており、道徳的意志の卓越性や良心の全知も、いわゆる「第一次ナルシシズム備給（primärnarzißtische Besetzungen）」から派生している。そのため、カントの崇高論も「ナルシシズム論」として把握できる。[2] 言い換えれば、崇高という感情の「力動論（Dynamik）」の根底には、自然の力や大きさに対する「対抗恐怖症的な反転（kontraphobische Verkehrung）」が見出される。こうして、「ナルシシズム的」な主観が理性のうちに崇高を位置づけるかぎり、崇高にかんする議論は自然に対する畏敬や讃嘆をまったく含んでいない。むしろこの議論は、たんに「理性という能力を肯定する」ために、まさに崇高を定式化するのである。

　このように、カントの崇高論は自然ではなく理性的主観をもっぱら崇高と見なす。だが精神分析の観点から見れば、理性的主観のうちに崇高を位置づける議論の根底には、「ナルシシズム」つまり「自己愛」が存在する。[3] それゆえ、カントは荒々しい自然に対する「恐怖症」を克服するために、この自然から理性的な自己へと「反転した」にすぎないのである。したがってカントの崇高論は、実のところ、理性の能力を肯定するための議論であり、自然に対する畏敬や讃嘆を含んでいない。ところでH・ベーメは、『判断力批判』における崇高論を論じながら、これらの見解をさらに展開している。そこで本章では、H・ベーメによる崇高論の批判について、その妥当性を検討しつつ筆者の立場から反論してみたい。

　さてベーメによれば、カントにとって崇高は、自分が理性的主観であることを意識する経験である。そのため自然それ自体ではなく、自然が主観に作用した「結果」が崇高と見なされる。だが精神史的研究が解明したように、崇高は十八世紀にはじめて美的な討議の対象となり、まさに「支配されざる自然」を主題化した。この歴史的背景を考慮すれば、カントの崇高論は自然に対する「不安」を克服するために、構想されたことになる。だが「不安」を克服することは、理性による「自然支配の計画」に基づいている。この批判は、筆者の立場から見れば、およそ次の三点に整理できる。(4)

第一に、カントにとって崇高は、経験的主観が崩壊する経験であるとともに、理性的主観として自己を意識する経験でもある。また崇高は、生命力の阻止と流出という感情の運動に基づいている。この運動の根拠は、きわめて粗野でもっとも無規則な無秩序と荒廃のうちで自然を示す、客観の無形式のうちにある。客観の無形式に依拠した感情の運動として、崇高は「大きな感情的不一致（Dissonanzen）」の経験であり「危険」の経験である。具体的に言えば、混沌として知覚された自然が、主観の秩序を侵害して崩壊させるような経験である。だが感性的な知覚の能力を超え出る混沌は、主観の意識作用によって距離を置かれて、むしろ「否定的な刺激（Negativ-reiz）」として使用される。言い換えれば、感性的な自我の弱さを経験することが、理性的主観として自己を意識する過程の動因となるのである。(5)

第二に、カントは、崇高論を「自然美学（Ästhetik der Natur）」として理解する。だがそれは、次のような特別な仕方をとおしてである。すなわち、自然そのものが崇高と見なされるのではなく、自然が主観に作用した「結果」が崇高と見なされるという仕方である。この「結果」は「大きな自然」や「力ある自然」を契機として、主観がその不可侵の英知性を意識した状態に他ならない。これに対して、崇高の伝統的な諸形式はもはや重要でない。カントは崇高の伝統的な諸形式をほとんど放棄している。すなわちカントにとって、「聖なるもの」や

「神の威厳」は崇高の「模範（Paradigma）」ではない。というのは、十八世紀末には、「過去の超人間的な諸力」がもはや「不安」の対象として反省されないからである。またこの「超人間的な諸力」は、そのおかげで人間が現存できる「審級」として、崇拝される必要がなくなったからである。

第三に、カントにとって、自然は崇高の「模範」である。だがこの自然は、近代以前には崇高と見なされることがなかった。むしろ自然は恐ろしく、嫌悪すべきものであった。ところが十八世紀になると、崇高は美的な討議の中心となり、美とは異なる自然の側面を主題化する。というのも崇高によって、「自然支配の計画」の最前線、すなわち「いまだ支配されざる自然」の領域が論じられるからである。カントの実例から推測できるように、「美しい自然」は安全で小さな空間に囲まれており、「すでに支配された自然」である。だが「崇高な自然」は危険で、その大きさによってあらゆる表象を打ち砕く。そのため「崇高な自然」は、まさに「支配されていない自然」に他ならない。しかし、「支配されていない自然」は「不安」を呼び起こす。というのは、この「自然」に対して「人間の主権（humane Souveränität）」が屈服するように思われるからである。したがってカントの崇高論は、想像による作用をとおして、自然が引き起こす「不安」を克服する試みである。(6)

このようにベーメは、カントの崇高論の精神史的動機を解明して、この動機が「自然支配」の計画に基づくことを批判する。カントにとって崇高は、経験的主観が「崩壊する経験」であるとともに、理性的主観として自己を「意識する経験」でもある。だがカントは、自然が主観に作用した「結果」を崇高と見なす仕方で、「自然美学」として崇高論を把握している。というのは、自然ではなく主観を崇高と見なすことで、自然によって引き起こされる「不安」が克服可能になるからである。したがってカントの崇高論は、「支配されざる自然」に対する「不安」の克服をめざす意味で、理性による「自然支配の計画」に動機づけられている。(7)

それでは、崇高論にかんして、ベーメによる批判はどこまで妥当であろうか。筆者の立場から見れば、この批判は崇高の次のような把握に基づいている。すなわちカントは、自然そのものを崇高と見なすのではなく、自然が主観に作用した「結果」を崇高と見なす。(8)この「結果」は、自然によって引き起こされ、主観が理性的存在者としての自分自身を意識した状態である。だがこうした崇高の「主観化」によって、理性的主観の優位を認めて自然を従属させることが可能になる。カントによれば、たしかに崇高は自然の諸物のうちではなく、理性的主観の理念のうちに見出される。すなわち、崇高は「自然の諸物のうちに求められうるのではなく、もっぱらわれわれの諸理念のうちにのみ求められうる」(V, 250)。したがって、こうした崇高の「主観化」が、理性的主観が自然に優越することを意識させる。また自然を服従させることも、理性的主観にとって可能になるのである。

しかし筆者の見解によれば、こうした崇高の把握には大きな誤解が認められる。そこで筆者は本章において、次のような議論を展開して、ベーメによる崇高論の批判に反論する。第二節では、力学的崇高の議論をとおして、ベーメによる批判の妥当性を検討する。第三節では、崇高という感情の固有性を示して、この批判が妥当でないことを明らかにする。第四節では、崇高論にかんして、自然概念の領域から自由概念の領域への「移行」を解明する。第五節では、崇高論の解釈学的可能性について考察する。第六節では、「崇高な自然」の美感的反省を「崇高な自然の解釈学」として解明する。これらの議論によって、筆者は「崇高な自然の解釈学」の立場から、ベーメによる崇高論の批判に反論していく。

二　力学的崇高と理性的主観の優越性

すでに論じたように、ベーメにとって崇高は、自然が混沌として知覚され、主観の秩序を崩壊させる経験である。だが主観の秩序を崩壊させる自然、すなわち支配されず主観に抵抗する自然は、もっぱら「力学的崇高」における自然に他ならない。というのも、「支配と抵抗」という概念が、自然に対する力学的な関係に由来するからである。それゆえ厳密には、崇高論にかんするベーメの把握は、カントの力学的崇高の議論に基づくと言うことができる。そこで本節では論点を限定して、この力学的崇高の議論をもとに、ベーメによる批判の妥当性を検討してみたい。

周知のように、カントは「力としての自然」という観点から、力学的崇高を説明している。力学的崇高では、自然の力の抵抗しがたさが、自然の力から独立したものとして人間を判定する能力を呼び覚ます。このカントの説明は、次のような四つの論点に整理できる（Vgl. V, 260ff.）。

第一に、「力（Macht）」とは、大きな障害に卓越する能力である。この力は、力をもつものの抵抗にすら卓越するならば、「威力（Gewalt）」と呼ばれる。ところで自然は、人間に対して「威力をもたない力」と見なされるならば、力学的に崇高である。また力学的に崇高であると判定されるべきならば、自然は「恐怖を引き起こすもの」としても表象されなければならない。というのは、力が「抵抗の大きさ」によってのみ判定されるからである。人間が抵抗しようとするものは禍悪であり、人間がそれに抵抗できないと知れば、それは恐怖の対象である。そのため自然は、「恐怖の対象」として把握されるかぎりで、力と見なされ力学的に崇高であると判定されることができる。

第二に、人間は、自然を前にして恐怖することなく「恐るべきもの（furchtbar）」と見なすことができる。すなわち、自然に抵抗しようとする場合を思い浮かべるが、すべての抵抗が無駄であるにちがいない。そうした仕方で自然は判定されることができる。だが自然に対して「現実に恐怖を抱くこと」は、崇高の判断を不可能にする。恐怖を抱く人間は、この自然を見ることを避けてしまう。また自然に対する戦慄のうちに、満足を見出すこともできないであろう。不安が止むことからは快適さが生じ、たしかにこの快適さは喜びである。しかしこの喜びは、自然の危険からの解放によって生じるにすぎない。そのためこの喜びは、自分の身を同じ危険にさらさないという決意を伴っている。

第三に、「恐るべき自然」の眺めは崇高である。自然のうちには、急峻な張り出した岩石、電光と雷鳴とともに大空に湧き上がる雷雲、破壊的な威力のかぎりを尽くす火山、惨憺たる荒廃を残す暴風、怒濤逆巻く大洋、水流の高い大瀑布が存在する。これらの自然の力と比較すれば、人間の抵抗の能力はまったく虚しい。しかし人間が安全な場にいるならば、自然の眺めは「恐るべきもの」と見なすことができる。この眺めは、それが恐るべきものであるほど、ますます人間の心を引きつける。こうした場合に、自然はまさに崇高と呼ばれる。というのは、この自然が、人間のうちにまったく別種の「抵抗の能力」を発見させ、自然の全威力に匹敵しうるという「勇気」を与えるからである。

第四に、自然の力の抵抗しがたさは、自然存在者としての人間に対して「自然的な無力（physische Ohnmacht）」を認識させる。しかしこの抵抗しがたさは同時に、自然の力から独立したものとして人間を判定する能力と、自然に優る人間の「卓越性」とを明らかにする。自然的な自己の保存は、外的自然によって脅かされ危険にさらされることがある。だが自然的な自己とは異なる自己の保存が、この卓越性によって可能になる。[9] 言い換えれば、人間はたしかに外的自然の威力に屈服しなければならない。しかし人間にかんして、「人格のうちなる人間性」は貶められることが決してない。こうして自然は、美感的判断のうちで、恐怖を引き起こすかぎり崇高と判定されるのではない。むしろ自然は、人間の「卓越性」を呼び起こすという理由から、崇高であると判定されるのである。

このように、美感的判断において自然は、人間に対して威力をもたない力と見なされるならば、力学的に崇高であると判定される。この自然は、威力をもたない力と見なされるならば、恐るべきものである。「恐るべき自然」の眺めは崇高である。だがそれは、この自然が人間のうちに別種の「抵抗の能力」を発見させるからである。言い換えれば、自然の力の抵抗しがたさは、自然の力から独立したものとして人間を判定する能力と、自然に優る人間の「卓越性」とを明らかにする。こうして自然は、人間の「卓越性」を呼び起こすという理由で、崇高であると判定されるのである。

これら力学的崇高の説明を考慮すれば、ベーメによる批判はたしかに妥当であるように思われる。というのも自然は、自然の力に依存しないものとして人間を判定する能力と人間の卓越性を呼び起こすことを理由として、崇高であると判定される。自然が崇高と呼ばれるのは、自然がこれらの能力や卓越性を感じさせる事例であるからに他ならない。すなわち崇高の根拠は、自然の力の「抵抗しがたさ」ではなく、人間の「独立性」を判定する能力と人間の「卓越性」にある。これはまさに崇高の「主観化」に他ならない。このように、自然ではなく人間に崇高の根拠を帰属させることで、自然の崇高さが人間の抵抗の能力に還元されていると把握できるからである。[10]

こうした把握の実例も、先行研究から挙げることができる。たとえば、それはJ・クーレンカンプフの解釈である[11]。クーレンカンプフは、カントが自然ではなく理性的主観を崇高と見なすことを批判的に解釈した。クーレンカンプフによれば、カントは自然の崇高さを「非本来的」と見なすが、この自然に直面して感じられる「不安に満ちた快（Angstlust）」を適切に説明できないままである。カントが自然ではなく理性的主観を崇高と見なすことには、現象の「無力化（Entschärfung）」と「崇高な自然」の「ある種の懐柔（Domestizierung）」が認められる。この「無力化」と「懐柔」は次のように説明できる。すなわち自然の威力は、現実にそれにさらされたならば、人間を滅ぼすことが間違いないであろう。だが人間は、道徳的人格としての「独立（Unbetroffenheit）」と「不滅（Unzerstörbarkeit）」に立ち返れば、この威力から即座に逃れることができる。筆者の立場から見れば、こうした「崇高な自然」の「無力化」や「懐柔」は、自然の崇高さを理性的主観のうちに還元することに他ならない。したがって、自然ではなく理性的主観を崇高と見なす「主観化」によって、「崇高な自然」は理性的主観に従属させられる。そしてそのかぎりで、ベーメによる批判は妥当であるように思われるのである。

三　崇高の感情と道徳的感情

ベーメによる崇高の把握は、崇高の「主観化」をとおして理性的主観が自然に優越し、この自然を服従させることが可能になる、という解釈に基づいていた。しかも力学的崇高の議論は、こうした解釈を正当化するように思われた。というのは、自然ではなく理性的主観を崇高と見なすことで、自然の崇高さが理性的主観のうちに還元されていると把握できるからである。しかし筆者の見解では、ベーメの把握は誤解であると言わざるをえない。

崇高の根拠を理性的主観に関連づければ、ただちに「崇高な自然」が理性的主観のうちに還元されるというわけではない。このことは、崇高の「感情」をもとに説明できる。まずカントによれば、崇高の感情は道徳的感情と密接に関係している。この関係は次のように説明できる（Vgl. V, 265）。

すなわち、崇高の感情が可能であるためには、「諸理念に対する心の感受性（Empfänglichkeit）」が必要である。というのも、自然がこれらの理念に不適合である局面にこそ、感性に対して威嚇的なものが成り立つからであり、この威嚇的なものが同時に魅力的でもあるからである。というのは、この威嚇的なものが、理性が感性にふるう威力であり、「実践理性」の領域に適合するよう感性を拡張するからである。またこの威嚇的なものが、感性に対して深淵である無限を感性に望み見させるからである。そのため、「人倫的諸理念」が発達していなければ、崇高はたんに威嚇的に見えるにすぎない。というのも崇高の判断は、「実践的諸理念に対する感情の素質」、つまり「道徳的感情の素質」に基づくからである。

このように、崇高の判断の根底には「道徳的感情の素質」が存在する。その意味で、崇高の感情と道徳的感情との結びつきは明白である。しかし注意すべきは、崇高の感情が道徳的感情と決して「同一ではない」ことである。これらの感情の差異について、P・M・マシューズの研究は筆者にとって示唆的である。マシューズによれば、崇高の感情は、道徳的判断における主観の状態と類似した主観的状態に基づいている。だがこの主観的状態は、道徳的判断の場合とは異なり、実践理性による意志規定によって生じるわけではない。またこの主観的状態には、実践理性による意志規定よりも「広い含意」が認められる。そのため崇高の感情は、道徳的意志に基づく行為にかかわる道徳的感情ではない。マシューズの研究は、本書にとって重要な論点を挙げれば、次の三点に整理できる。(12)

第一に、『実践理性批判』のなかでカントは、善意志が実践理性にのみ基づいて行為する意志であることを明らかにした。この意志の原理は、実践理性に由来する道徳法則である。道徳法則にしたがうかぎり、感性的欲求は意志の規定根拠であることができない。むしろ実践理性は、道徳法則をとおして二つの仕方で感性を支配する。すなわち、一方で実践理性は、道徳法則と衝突する欲求を打ち倒す。他方で実践理性は、道徳法則に先行する自愛としてのうぬぼれを打ち倒す。そのため、感性的欲求に対する道徳法則の価値を認識した「根本的な状態」が存在する。この状態の主観的な意識が道徳的感情と呼ばれる。この道徳的感情は、感性的欲求とうぬぼれを打ち倒した結果として、「苦痛」という「否定的感情」を含んでいる。うぬぼれを打ち倒すことの感情が「謙抑」である。しかしこの謙抑はまた、道徳法則に対する「尊敬」を呼び起こす。この「尊敬」が「肯定的感情」と呼ばれる。[13]

第二に、崇高の感情は、道徳的判断における主観の状態と類似した主観的状態に基づいている。この主観的状態とは、感性に対して理性が優越した状態である。だが道徳的判断における主観の状態と、崇高の判断の基礎である主観的状態との間には二つの「根本的な相違」が認められる。まず崇高の判断では、この主観的状態は実践理性による意志規定によって引き起こされるわけではない。崇高の判断では、構想力は理性に適合しようとして、能力の限界まで自らを働かせる。だがこの構想力の限界が、超感性的存在者としての理性的主観を同時に意識させる。また感性に対する理性の優越性は、道徳的判断よりも崇高の判断の場合に「より広い意味」をもつ。すなわち道徳的判断では、実践理性が道徳法則によって感性的な意志を支配する。これに対して崇高の判断では、主観の「超感性的自然」が、主観の「感性的自然」と構想力を含めた諸能力一般に卓越するのである。[14]

第三に、趣味判断は認識一般に対して合目的的であり、崇高の判断は道徳的実践に対して合目的的である。すなわち、趣味判断にかんして、反省の状態は認識一般に対して合目的的である。というのは、この反省の状態が構想力と悟性の調和に他ならず、「認識の可能性」を示唆するからである。また同じことは崇高の判断にも当てはまる。言い換えれば、崇高の判断における反省の状態は、構想力と理性が「主観の道徳性」に適合した状態である。すると崇高の感情は、道徳的行為に必要な諸能力の一般的関係に基づくように思われる。しかし崇高の感情は、道徳的行為から生じる道徳的感情と同一ではない。道徳的感情は、実践理性が意志を規定する場合に生じる。これに対して崇高の感情は、構想力がそれ自身に不適合な対象に出会った場合に生じる。したがって崇高の判断について言えば、理性の卓越性は、理性が構想力ないし感性を規定することで引き起こされるのではない。むしろこの卓越性は、構想力が対象に不適合であることの感情によって引き起こされる。[15]

このようにマシューズは、崇高の感情と道徳的感情との差異を明らかにした。具体的に説明すれば、たしかに崇高の感情と道徳的感情は、いずれも感性に対する理性の優越性に基づいている。しかし崇高の感情について言えば、この優越性は実践理性による意志の規定によって引き起こされるわけではない。むしろこの優越性は、「構想力の限界」をとおして意識されるにすぎない。この優越性はまた、感性的欲求に対する「実践理性の支配」を意味するわけでもない。この優越性は、主観の感性的自然と構想力を含めた諸能力一般に対する「実践理性の卓越性」を意味するにすぎない。したがって、崇高の感情は道徳的感情とは明らかに異なるのである。

こうして、崇高の感情と道徳的感情との差異を考慮すれば、自然の崇高さが理性的主観のうちに還元されるわけではないことが明白になる。道徳的感情は、たしかに実践理性による意志の規定に基づいている。しかし崇高の感情は、美感的判断力による認識諸能力の反省に基づいている。そのため、主観の感性的自然と構想力を含む諸能力一般は、実践理性によって「規定されないまま」である。感性的自然と構想力を含む諸能力一般は、反省において「未規定のまま」であり、「構想力の限界」をとおして理性的主観を意識させる。このことは、理性的主観を崇高と見なす場合、理性の存在が「構想力の限界」をとおして感じ取られることを意味する。言い換えれば、崇高の感情が可能であるためには、たしかに理性が存在していなければならない。しかし理性は、崇高の判断のうちで構想力を規定するわけではない。むしろ理性の存在は、「構想力の限界」のうちで間接的に感じ取られるだけである。したがって、構想力の限界が理性の存在をはじめて感じさせるかぎり、構想力の対象である「崇高な自然」は、理性的主観のうちに還元されることができない。「崇高な自然」は、理性的主観を崇高と見なす場合にも感性的主観に現前していなければならない。というのは、「崇高な自然」が現前せず、その存在がいわば「リアル」に感じられなければ、構想力は限界に至らず、理性の存在を感じさせることも不可能だからである[16]。

四　崇高論における自然概念の領域から自由概念の領域への「移行」

これまでの議論を考慮すれば、カントの崇高論について、ベーメによる批判が誤解に基づくことは明白であろう。ベーメによれば、崇高の「主観化」によって、理性的主観の優位を認めて自然を従属させることが可能になる。というのは、自然ではなく理性的主観を崇高と見なすことで、自然の崇高さが理性的主観のうちに還元されていると把握できるからである。しかし筆者の立場から見れば、こうした把握は誤解に他ならない。というのは、「構想力の限界」が理性の存在を感じさせるかぎり、構想力の対象である「崇高な自然」は、理性的主観のうちに還元できないからである。言い換えれば、「崇高な自然」は、理性的主観を崇高と見なす場合にも、感性的主観に現前している必要があるからである。したがって、自然ではなく主観のうちに崇高の根拠を見出すことは、理性的主観が自然を従属させることを可能にするわけではない。

それでは、理性的主観のうちに還元できないとすれば、「崇高な自然」はどのような存在として把握されるのだろうか。このことは、『判断力批判』の中心課題である、自然概念の領域から自由概念の領域への「移行」の議論をもとに解明できる。第一章のなかで筆者は、この「移行」を次のように説明した。すなわち、理論理性としての悟性が可能にする現象の世界と、実践理性としての理性が可能にする「超感性的なもの」の世界とは、まったく異なる領域として分離されたままである。しかし実践理性によって課せられた究極目的は、自然のうちで実現されるべきである。そこで反省的判断力は、この究極目的の実現を保証するために、自然の合目的性の原理によって「移行」を可能にする。言い換えれば、反省的判断力は合目的性の原理をもとに、自然概念の領域から自由概念の領域へと「移行」を可能にするのである。ところが崇高論については、この「移行」がまったく未解明のまま残されている。というのは、カント自身が崇高論における「移行」をほとんど説明せず、『判断力批判』研究もこの問題をこれまで看過してきたからである。そこで筆者は、「崇高な自然」の把握にとって必要なかぎりで、この「移行」を解明してみたい[17]。

カントによれば、崇高の概念は自然の合目的性を指示しない。しかしだからといって、崇高論が自然概念の領域から自由概念の領域への「移行」に無関係であるわけではない。崇高の概念は、自然の諸直観の「可能な使用」のうちで合目的性を指示する。そのため崇高論では、この自然の諸直観を使用することで、はじめて「移行」が可能になる。このように「移行」を把握する場合、C・プリースの研究をどうしても参照する必要がある。というのは、筆者の知るかぎり、崇高論における「移行」の研究が、まさにプリースとともに始まったからである。プリースは崇高について、自然概念の領域から自由概念の領域への「移行」を次のように解明した。すなわち崇高は、感性的なものから「超感性的なもの」へ「移行」するように予め決定されている。というのも、崇高のうちでは、「超感性的なもの」が感性的なものの観点から思考されるからである。このプリースの研究は、本書にとって重要な論点を挙げれば、次の四点に要約できる。[18]

第一に、崇高のうちでは、主観の「使命（Bestimmung）」が自然の対象の「規定（Bestimmung）」として把握される。それはある種の「詐取（Subreption）」つまり取り違えによる。この「詐取」は、たとえそれと認識されたとしても、消滅することがないように思われる。[19] すなわち崇高論には、自然の対象の規定として崇高を把握する根拠が見出される。その根拠を挙げれば、カントは実際に「崇高な対象」について説明している。あるいは「崇高な自然」は、「その直観がこれらの無限性という理念を伴うような、自然の諸現象のうちでは、自然は崇高である」（V, 255）と定義される。さらにカントは、「心のうちに見出される崇高性」（V, 245）にかんして、対象がこの崇高性の描出に役立つと説明している。こうした説明や定義は明らかに、主観から自然の対象へと、カントが崇高を「ふたたび転移していること（Rückübertragung）」を推測させる。

第二に、美だけでなく崇高にかんしても、認識諸能力の調和は主観的なままであり、対象について何も表現していない。いずれの場合でも対象は最終的に重要ではなく、むしろ対象が合目的的に使用されるにすぎない。もっとも、美および崇高にかんしてある区別が認められる。すなわち、崇高の快の契機は対象に対応しておらず、主観によって賦与されるだけである。あるいは崇高では、認識諸能力は対比によってのみ調和的であると表象される。だが、崇高の快の契機が主観によって賦与されるとしても、必ずしも主観の感情だけが崇高として特徴づけられるわけではない。自然の対象は、「無限の能力」である理性と比較すれば、なるほど小さいと評価される。

しかしこの自然に対する「否定的関係（negative Rückbezug）」がなければ、崇高の「より高次の合目的性」（V, 245）は思考できないからである。この「より高次の合目的性」は、自然から理性へと観点を変更した局面で発見される。

第三に、この「より高次の合目的性」を考慮すれば、次のことが想定される。それは、この「合目的性」が純粋に主観的な水準で、経験の体系的統一にかんする思考を基礎づけ促進することである。というのは、反目的的と思われる「崇高な自然」のうちで「より高次の合目的性」が認められることは、自然の合目的性という主観的原理を想定するよう鼓舞するからである。またこの「より高次の合目的性」が認められることは、経験の体系的統一が可能であることを予期させるからである。こうして「より高次の合目的性」をとおして、形式について経験の体系から逸脱したものが克服される。そのため、経験の体系的統一にかんしてカントの思考の根底にあるのは、まさにこの「より高次の合目的性」に他ならない。

第四に、感性的なものから「超感性的なもの」へ到達することだけを考慮すれば、崇高は前者から後者へ「移行」するよう予め決定されている。[20] というのも、崇高のうちでは、「超感性的なもの」が感性的なものの観点から思考されるからである。崇高において構想力は、その挫折をとおして理性の存在を美感的に証明する。すなわち、構想力は主観の感性的局面として、同一の主観の超感性的局面を示唆する。あるいは主観の「使命」と自然の「規定」との「詐取」を考慮すれば、自然は「超感性的なもの」を指示することになる。これを言い換えれば、自然現象を機縁として「超感性的なもの」の可能性がまさに思考されるのである。その際に自然は「超感性的なもの」の「記号（Zeichen）」に他ならない。[21] だがそれは、自然が「超感性的なもの」の象徴であるという意味においてではない。むしろ自然が主観のうちに「超感性的なもの」を呼び起こすからである。これをカントは、自然が「超感性的使用」に役立つと把握した。だが構想力は挫折せざるをえず、理念を描出することができない。そのため崇高には、理念の描出として自然を把握する可能性のみならず、理念が描出できないことを強調する可能性も認められる。こうして崇高は、「感性的なもの」と「超感性的なもの」との区別を否定せず、前者から後者への「移行」を可能にする。[22]

このようにプリースは、崇高論における自然概念の領域から自由概念の領域への「移行」を解明した。自然の諸直観を使用することで、崇高は「感性的なもの」から「超感性的なもの」への「移行」を可能にする。というのは、主観の感性的局面としての構想力が、同一の主観の超感性的局面を示唆するからである。さらに「詐取」によって崇高は、自然が主観の超感性的な使命を呼び覚ます可能性を明らかにする。それは崇高において、自然が「超感性的使用」に役立つものとして把握されるからである。

筆者の立場から見れば、プリースの研究は、崇高論を『判断力批判』の「主要部門」として再評価するものである。これまで崇高論は、自然の合目的性の美感的判定にかんする「たんなる付録」(V, 246)として、副次的に考察されることが少なくなかった。そのため崇高論は、『判断力批判』全体の議論から切り離され、もっぱら独立の主題として研究されてきた。だがプリースの研究によって、はじめて崇高論が、自然概念の領域から自由概念の領域への「移行」の一部として把握されたのである。そこで、プリースの研究に依拠しつつ、崇高による「移行」を考慮すれば、崇高論における自然は次のように理解される。すなわち、自然概念の領域から自由概念の領域への「移行」にとって、「崇高な自然」はまさに必要不可欠である。というのは、この「崇高な自然」を契機として、自由概念の領域に属する「超感性的なもの」の可能性が思考されるからである。「崇高な自然」は、主観のうちに「超感性的なもの」を呼び起こす。それゆえ、「崇高な自然」は「超感性的なもの」の記号である。

もっとも、筆者の洞察によれば、プリースが暗黙のうちに前提したことがある。それは、感官の対象である自然が「超感性的なもの」の「記号」であるのは、まさしく反省的判断力の解釈作用による、ということである。反省的判断力によって、「崇高な自然」は「超感性的なもの」との関係に置き入れられる。そして「崇高な自然」は、たんなる感性的な対象であることを超えて、「超感性的なもの」の理念のもとで理解される。こうした理解の仕方は、反省的判断力の解釈作用に基づく意味で、「解釈学的理解」と呼ぶことができる。後述するように、筆者の見解では、「崇高な自然」の反省とは「崇高な自然」の解釈に他ならない。そこで次節では、この自然の解釈そのものを解明するために、崇高論の解釈学的研究を検討しなければならない。

五　「崇高な反省」と解釈作用

前節ではプリースの研究に依拠して、自然概念の領域から自由概念の領域への「移行」を解明した。またこの解明をとおして、「崇高な自然」の解釈がはじめて主題化された。それでは、反省的判断力が「崇高な自然」を解釈するとは、具体的にどのようなことを意味するのだろうか。崇高論における自然の解釈について、その意味を解明しようとすれば、K・ピロウの解釈学的研究を検討しなければならない。というのは、主題を芸術に限定したとはいえ、ピロウが崇高論の「解釈学的含意」を明らかにしたからである。ピロウによれば、偉大な芸術作品は豊かな内容を含んでおり、その意味の全体は決して把握できない。だがこの意味を把握する試みは、芸術作品に対する「解釈的応答」として、崇高論における構想力の機能をもとに定式化できる。このピロウの見解は、筆者にとって重要な論点にかぎれば、次の五点に要約できる。(23)

第一に、芸術作品にかんする美感的判断は二つの契機を含んでいる。それは、作品の「美しい形式」を反省する趣味判断であり、また作品の「崇高な内容」を把握する崇高の判断である。[24] これらの契機のうち、崇高の判断は美感的理念にかんする教説と結びついている。もっとも、美感的理念が呼び起こす主題的内容は、美感的判断の形式によって表象されるかもしれない。だが「美しい形式」が美感的理念を表現するという事実は、美感的理念の主題的内容が、この形式にかんする美感的判断によって評価されることを含意するわけではない。すなわちカントは、美感的理念の主題的内容が趣味判断の対象であることを示唆していない。この美感的理念の内容は、むしろ崇高の判断の対象と見なすべきである。というのは、この内容にかんする観照が、「崇高な挑発の経験（experience of sublime agitation）」として特徴づけられるからである。

第二に、美感的理念について、その主題的内容の反省は「崇高な反省」と呼ぶことができる。崇高と芸術作品における美感的理念の描出は、いずれも美感的反省のうちで「理念の働き」を要求する。崇高にかんして、理性が要求する総体性の理念は、構想力による描出の限界を超え出ている。またカントによる美感的理念の説明は、まさしく崇高との類似性を示している。すなわち構想力は、理性理念を描出しようと努力するが実現できない。こうした、理性理念の描出をめざす構想力の直観が、美感的理念に他ならない。そのためカントは、理性理念とともに美感的理念を「無制限（boundless）なもの」として把握する。このことはすでに、崇高の要素が美感的理念に存在することを示唆している。[25] また崇高も美感的理念もともに、構想力の挫折を契機として「圧倒された（being overwhelmed）」という感情を呼び起こす。したがって、美感的理念の主題的内容について言えば、美感的反省と崇高は深く関係している。

第三に、崇高における構想力の働きは、美感的理念にかんして意味の拡張を促進する活動である。カントによれば、美感的理念は理性との関係のうちで、何らかの概念と結びついている。だが美感的理念の無制限な内容は、ある特定の概念による総括を拒絶する。そのため美感的理念にかんして、「崇高な反省」の役割は概念を美感的に拡張することにある。この拡張は、崇高の判断のうちで構想力がなす「ある種の美感的把捉と美感的総括」として解釈できる。美感的理念は、多種多様な示唆と含意を与えることで、多くの類縁的な表象を構想力にもたらす。そこで構想力は、これらの類縁的な表象を「統一された全体として」総括しようと試みる。しかし美感的理念の無制限な豊かさは、この構想力による総括をすぐさま圧倒してしまう。こうして構想力は、規定された概念による総括が不可能であればあるほど、美感的理念にかんして多様な意味の拡張を促す。

第四に、概念による総括が不可能であるため、構想力は美感的理念を「合目的的な全体」として表象しようと試みる。この構想力の試みは、意味の把握という観点から見れば、美感的理念の「解釈」に他ならない。ところで解釈とは従来、「全体に目を配りながら意味を読み取る過程」として理解されてきた。こうした理解を考慮すれば、美感的理念に対する構想力の応答は、この解釈の過程をまさしく具体的に表現している。すなわち、芸術作品の美感的属性は、示唆的な素材を提供することで、多様な意味の拡張を促進してくれる。そこで構想力は、この素材を全体的に理解しようとして「創造的（creatively）」に作用する。この「創造」の過程において、構想力は芸術作品が示唆するものを「全体」として表象しようと試みる。こうした構想力の表象が美感的理念と呼ばれる。したがって美感的理念は、構想力による「創造」の過程の結果と見なすことが可能である。

第五に、崇高の判断の核心には、規定された概念に基づかない「合目的的統一」が認められる。だがこれは、美感的理念の解釈が原理的に完結しえないことを含意する。美感的理念の反省において構想力は、この理念がもたらす多様な思想や示唆を有意味な「全体」として総括しようと試みる。しかしこうした構想力の試みは、規定された芸術作品の意味や芸術家の意図によって制約されるわけではない。むしろ美感的理念そのものが、芸術作品に対する「反省的応答」の産物に他ならない。このことは、「崇高な反省」のうちで芸術作品に認められる意味が固定化せず、つねに新たな解釈に「開かれたまま（open-ended）」であることを含意する。言い換えれば、「崇高な反省」は、規定的に統一された全体として芸術作品の意味を把握しようと試みる。だがこの試みは成功することなく、たえず挫折せざるをえない。むしろ「崇高な反省」は、美感的理念にかんして、芸術作品の多様な意味に対する「部分的で不完全な洞察」を提供する。したがって芸術作品の意味の解釈は、原理的に完結できない過程であるとともに、つねに新たな解釈を許容する過程である。

以上のように、ピロウは「崇高な反省」について、その解釈学的含意を解明した。この解釈学的含意を要約すれば、美感的理念は素材として多種多様な諸表象を与えてくれる。そこで構想力は、意味ある全体としてこれらの表象を総括しようと試みる。だが美感的理念は限りなく豊かであるために、構想力による総括は挫折せざるをえない。すなわち構想力は、規定された概念によって総括を完結させることができない。もっとも、全体の意味を予期しながら多種多様な表象を総括し続けることは、「美感的理念の解釈」と呼ぶことができる。芸術作品の反省において、構想力は作品の全体的な意味を予期しながら、諸部分の総括を繰り返していく。ピロウによれば、これが芸術作品における「美感的理念の解釈」に他ならない[26]。このようにピロウは、崇高論に含まれる解釈学的含意を明らかにした。これまで崇高論の研究は、もっぱら対象の大きさや力の経験を重視し、反省における解釈の契機を看過してきた。そうした状況を考慮すれば、ピロウの見解は、崇高論の解釈学的研究として高く評価できる。さらに言えば、このピロウの見解には、構想力および美感的判断力の解釈機能への優れた着眼が認められる。

それでは、こうした解釈学的含意は、外的自然の反省についても見出されるのだろうか。上述のように、ピロウは芸術作品の反省について、「美感的理念の解釈」を認めている。しかしカントの説明によれば、美感的反省は芸術作品だけを対象にするわけではない。また崇高の判断も、偉大な芸術作品の判定に限定されるわけではない。むしろ崇高の判断は、もっぱら外的自然にかんする美感的判定として考察されている。さらに美感的理念は、自然によって与えられる素材から構想力が産出する表象であり、芸術美のみならず自然美によっても表現される（Vgl. V, 320）。したがって、ピロウが把握した「美感的理念の解釈」は、芸術作品のみならず外的自然の反省にも妥当すると見なすべきであろう。ピロウに倣って言えば、外的自然の反省のうちで、構想力は自然の全体的な意味を予期して諸部分の総括を試みていく。だが外的自然の多様性や豊かさは、構想力による総括の試みを挫折させてしまう。そのため構想力による総括は完結せず、自然はたえず新たな把握に開かれている。このように、自然の全体的な意味を予期して総括を繰り返すことが、外的自然を契機とした「美感的理念の解釈」に他ならないであろう。

しかし筆者の立場から見れば、ピロウの優れた見解にも大きな誤解が認められる。すなわちピロウは、美感的理念の反省が崇高の判断の形式を受け入れると把握する点で、構想力の働きを誤解している。たしかに構想力は、美感的理念にかんしても崇高にかんしても、「超感性的なもの」の理念を描出するとされる（Vgl. V, 316, 250, 268）。そのため両者の間には、たしかに形式的な類似性が存在する。しかしながら、両者を比較すれば、構想力の働きがまったく異なることは明らかである。(27) 具体的に言えば、美感的理念は悟性にとっての過剰として「超感性的なもの」を示唆する。多種多様な含意をもたらす美感的理念は、特定の悟性概念のもとに包摂することが不可能である。だが美感的理念にかんして、構想力は豊かな素材を悟性に提供するため「合目的的」である

(Vgl. V, 316f.)。これに対して崇高では、構想力の総括はある対象の大きさや力にかんして挫折する。そのため構想力は、それ自体として見れば「反目的的」に他ならない(Vgl. V, 245)。むしろ構想力の挫折は、理性の側から見て「超感性的なもの」を指し示すだけである。言い換えれば、構想力はそれ自身の能力の限界に直面して、「否定的な仕方」で「超感性的なもの」を指示するにすぎない。したがって、美感的理念にかんする反省は、崇高の判断の形式を受け入れることが不可能である。[28] このように構想力について、ピロウの見解には大きな誤解が見出される。そこで次節では、ピロウの見解とは異なる仕方で、「崇高な自然」の反省における解釈学的含意を明らかにする。

六 「否定的描出」と「崇高な自然の解釈学」

それでは「崇高な自然」の反省にかんして、どのような点に解釈学的含意を見出すことができるだろうか。すでに第一章のなかで、筆者は「自然の解釈学」という立場を提示していた。すなわち「自然の解釈学」とは、反省的判断力の対象である自然にかんして、諸表象を理念の「象徴的描出」として理解する、美感的および目的論的な反省に他ならない。この「自然の解釈学」は、理念のもとで自然を象徴的に理解する手続きである。だが以下で論じるように、理念の「否定的描出」とその解釈学的含意を考慮すれば、「崇高な自然」の反省は「崇高な自然の解釈学」として定式化できる。

崇高論の解釈学的含意について、まずカント自身の説明が重要な示唆を与えてくれる。カントによれば、崇高とは「その表象が心を規定して、自然の到達しがたさを諸理念の描出として考えさせる」(V, 268) 自然の対象である。言い換えれば、「崇高な自然」を表象しようとすれば、理性が構想力に関係することは不可避である。「崇高な自然」の反省において、心は構想力の表象を理性理念に適合させようと努力せざるをえない。だがこうした努力と、構想力が理性理念に適合できないという感情は、反省する主観から見れば、「自然そのものをその総体性のうちに、ある超感性的なものの描出として考えるように」(ibid.) 強いるのである。だが「崇高な自然」にかんして、自然を理性理念の描出として考えることが可能であろうか。第一章および第二章で論じたように、カントは『判断力批判』のなかで、本来ならば感性化できないはずの理念を感性化する、新たな方法を採用した。その方法が、「図式的描出」とは異なる「象徴的描出」であった (Vgl. V, 351f.)。すなわち「図式的描出」は、悟性概念に対応する直観をアプリオリに与える機能である。これに対して「象徴的描出」は、感性的直観が適合できない理性の理念に、ある種の直観を与える機能に他ならない。「図式的描出」は概念を直接的に感性化するが、「象徴的描出」は理念を間接的に感性化する。しかし、いずれの描出も「崇高な自然」については不可能であろう。「崇高な自然」は、理念の「図式的描出」として考えることができない。というのは、自然のうちに、空間および時間にかんして無条件的なものが存在しないからである。また「崇高な自然」は、理念の「象徴的描出」として考えることもできない。「崇高な自然」について言えば、構想力は諸表象を総括できず、理念の描出がまったく不可能な状態にあるからである。

このように崇高論では、図式的であれ象徴的であれ、構想力は理性理念を描出できない。しかしながらこのことは、あらゆる描出が不可能であることを帰結するわけではない。筆者の見解によれば、崇高論にかんして、構想力の機能はまさに「否定的 (negativ)」な描出として理解できる (Vgl. V, 274f.)。すなわち、構想力は感性的なものを超えることができず、その限界に到達せざるをえない。だが構想力はその制限が除去されることで、逆説的にも自分が限界づけられていないと感じる。そのため、構想力が感性的なものから分離することは、また理性の理念の描出でもある。こうして構想力の描出は、「否定的描出」として把握できることになる。[29]

この「否定的描出」については、すでに優れた先行研究が存在している。A・ベルティネットの研究は、この「否定的描出」の観点から崇高論を解明したものである。ベルティネットによれば、崇高にかんして理念は、「描出不可能なもの」として「描出される」ことで、まさに理念として描出される。このベルティネットの見解は、筆者にとって重要な論点を挙げれば、次の三点に整理できる。[30]

第一に、崇高にかんして、美感的な量評価には構想力による把捉と総括が必要である。把捉は限りなく進むことができるが、総括については確実に限界がある。言い換えれば、美感的な量評価には、決して超えることのできない最大値が存在する。こうして総括できない対象は、構想力にとって「反目的的なもの」として現れる。このことは、『純粋理性批判』における三重の総合の理論によって説明できる。[31]すなわち、構想力による把捉と総括は、把捉の総合と再生の総合に対応している。もっとも崇高の場合には、概念における再認識の総合が欠けたままである。そのため対象は、まさに「形式なきもの」として直観されることになる。

第二に、美感的な量評価にかんして、構想力は総体性を描出することができない。というのは、構想力による総括には限界があり、総体性の描出はまさに不可能だからである。しかしながら、こうした構想力の不適合が、主観のうちなる「超感性的能力の感情」を呼び起こす。すなわち構想力は、対象を全体として描出することができない。この構想力の不適合が、絶対的総体性の「描出の不可能性」を描出し、無限なものを与えられたものとして思考する「理性の要求」を描出する。描出能力としての構想力は、描出を完成させようと無限に努力し続ける。というのは構想力が、一つの直観のうちで総括を要求する理性を満足させないからである。しかし理性は、構想力の側からの肯定的な描出には満足できない。そのために、理性が総体性の能力として新たに設定される。したがって、構想力が挫折する場合に、理性が避けがたく関与することになる。

第三に、崇高は判断として把握され、崇高の感情も反省的判断力によって規則づけられている。そのため、無限なものにかんして総括の挫折を感じる事実は、理性の作用である「総体性の思想」を含意することになる。すなわち構想力は、無限なものを描出しようとして挫折する。この挫折が崇高の第一の契機であり、反目的的であるので不快をもたらす。だがこの挫折から、「理性の呼び起こし（Erwecken）」が論理的に帰結する。この「呼び起こし」が崇高の第二の契機であり、合目的的であるので新たに快をもたらす。この崇高の第二の契機は、「論理的」と呼ぶことのできる仕方で、その第一の契機から帰結する。というのは、崇高の判断が、反目的的である特殊な主語を合目的性という普遍的な述語へと関係づける、「として構造（als-Struktur）」をもつからである。絶対的総体性が「描出不可能なもの」として描出されるかぎり、この総体性を描出しようとして「挫折した描出」が理念の描出に他ならない。こうして理念は、「描出不可能なもの」として描出されることで、まさに「理念」として描出されるのである。

このように、ベルティネットは「否定的描出」の機能を解明した。要約すれば、美感的な量評価において、構想力は諸表象を総括しようとして努力するが挫折してしまう。だがこの挫折が、絶対的総体性の描出の「不可能性」を描出するとともに、無限なものを与えられたものとして思考する「理性の要求」を描出する。あるいは、構想力の挫折をとおして、理性が論理的に呼び起こされる。というのは、崇高は判断である。この判断をとおして、構想力の活動が理性に対して合目的なものとして捉え返されるからである。言い換えれば、崇高の判断をとおして、挫折したはずの描出が理念の描出として新たに「理解され直す」からである。

筆者の立場から見れば、ベルティネットの研究は、崇高論における理念の描出を解明したものとして評価できる。これまで描出については、美にかんする象徴的描出だけが論じられ、崇高はほとんど考察されてこなかった。リオタールの研究など、ごく少数を除けば、崇高論における理念の描出は忘却され、あるいは象徴的描出と同一視されてきたのである。そうした状況を踏まえれば、ベルティネットによる「否定的描出」の解明が、崇高論の研究に対する重要な寄与であることは間違いない。そこで「否定的描出」の機能を考慮すれば、「自然の解釈学」が「崇高な自然」の反省にも妥当することは明らかである。上述のように、崇高とは「その表象が心を規定して、自然の到達しがたさを諸理念の描出として考えさせる」(V, 268) 自然の対象である。このことは構想力について、自然の諸表象の総括が不可能であることが、まさに理念の描出として理解されることを意味する。言い換えれば、「崇高な自然」は、構想力が描出不可能なものを描出しようとする努力に対する、「実例による説明」に他ならない。このように「崇高な自然」が、構想力によって総括できない「総体性」にかんして、「描出不可能な理念」を描出するものとして理解されることには、たしかに解釈学的含意が見出される。というのは、「総体性」としての「崇高な自然」に対して、理念のもとで特定の「意味」が与えられるからである。「崇高な自然」は、構想力にとって反目的的であり、総括できないので形式を欠いたまま残されていた。ところがこの「自然」が、総括できないという点で、「描出不可能な理念」の描出として理解され直すのである。こうして筆者の見解では、崇高の判断における自然の美感的反省は、「崇高な自然の解釈学」として定式化することができる。すなわち、この「崇高な自然の解釈学」は、描出不可能な理性理念の「否定的描出」として、構想力が総括できない自然の諸表象を理解する美感的反省である。

七 「崇高な自然の解釈学」と自然の他者性

以上の考察によって筆者は、「崇高な自然の解釈学」という立場から、ベーメによる崇高論の批判に次のように反論できる。上述のようにベーメは、カントの崇高論が、近代における「自然支配」の計画に属することを批判していた。すなわちカントは、対象としての自然それ自体ではなく、自然が主観に作用した「結果」を崇高と見なした。それゆえ、崇高の根拠は主観のうちにある。だがこの崇高の「主観化」によって、理性的主観に優位を認めて自然を従属させることが可能になる。というのは、自然ではなく理性的主観を崇高と見なすことで、自然の崇高さが理性的主観のうちに還元されていると把握できるからである。

しかし本章の考察によれば、こうした批判が誤解に基づくことは明白である。すでに第四節でも論じたが、筆者はベーメの批判に次のように反論できる。第一に、崇高の感情は道徳的感情とは異なり、美感的判断力による認識諸能力の反省に基づいていた。そのため、主観の感性的自然と構想力を含めた諸能力は、純粋実践理性によって規定されないまま残されている。感性的自然は未規定のまま反省され、構想力の限界をとおして理性的主観の存在を意識させる。このことは、理性的主観を崇高と見なす場合に、理性の存在が構想力をとおして感じ取られることを意味する。言い換えれば、理性の存在は、「構想力の限界」の意識のうちで間接的に感じられるのである。このように、「構想力の限界」が理性の存在を感じさせるかぎり、構想力の対象である「崇高な自然」は、理性的主観のうちに還元することが不可能である。すなわち「崇高な自然」は、理性的主観を崇高と見なす場合にも、感性的主観に現前していなければならない。というのは、「崇高な自然」がまさに現前していなければ、構想力はそもそも限界に至らず、理性の存在を感じさせることが不可能だからである。

第二に、崇高の判断における自然の美感的反省は、「崇高な自然の解釈学」として定式化された。この「崇高な自然の解釈学」は、描出不可能な理性理念の「否定的描出」として、構想力が総括できない自然の諸表象を理解する美感的反省である。ところで、構想力が総括できない自然の諸表象について、第五節で検討したピロウの見解から次のような含意を取り出すことができる。すなわち「崇高な反省」は、概念的に規定され統一された全体として、ある芸術作品の意味を把握することに挫折する。むしろこの「崇高な反省」は、たんに部分的で不完全な仕方で、芸術作品の意味を把握するにすぎない。そのため、偉大な芸術作品というものは概念による統一的理解を拒絶している。ピロウによれば、この芸術作品にかんする「崇高な反省」から、「異質な他者」に対する「解釈による応答（interpretive response）のためのモデル」が読み取られる。[32] これはまさに「崇高な反省」が、解釈すべき対象の「他者性」を露わにすることを意味している。このピロウの見解を考慮すれば、「崇高な自然」の反省は、「自然の他者性」を明らかにすると言うことができる。「崇高な自然」はそれ自身が「実例」として、構想力が描出不可能なものをあえて描出する努力を説明する。というのは、構想力がその努力にもかかわらず自然の諸表象を総括できないことが、「描出不可能な理性理念」の描出として理解されるからである。そのかぎりで「崇高な自然」は、構想力によって総括することもできなければ、悟性によって把握することもできない、「理念としての自然自体」（Vgl. V, 268）に他ならない。筆者の立場から言えば、この「理念としての自然自体」は、「崇高な自然」が「異質な他者」であることを含意している。[33] というのも、構想力にとってこの「自然」は、表象不可能であり形式を欠いたままである意味で、理性的主観のうちに還元できないからである。これらの含意を考慮すれば、「崇高な自然の解釈学」は、「崇高な自然」が通常の概念的把握を超えた「異質な他者」であることを明らかにする、と言うことができる。

したがって、本章の結論は次のように要約できる。第一に、カントの崇高論は、理性による「自然支配の計画」に属するわけではない。むしろそれは、「崇高な自然」が構想力によってもはや総括できないゆえに、この「自然」の他者性を自覚させる理論である。第二に、美感的判断力による「崇高な自然」の反省は、総括できない自然を理念の「否定的描出」として理解する、「崇高な自然の解釈学」を意味する。第三に、この筆者の見解が妥当であるとすれば、この解釈学的立場を採用することによって、崇高論における自然概念の領域から自由概念の領域への「移行」が、まさしく具体的に解明されたのである。

注

（1）Vgl. H. Böhme und G. Böhme, *Das Andere der Vernunft. Zur Entwicklung von Rationalitätsstrukturen am Beispiel Kants*, Frankfurt a. M. 1983, S. 215–224.

（2）「ナルシシズム論」にかんしては、次の文献を参照されたい。Vgl. S. Freud, Zur Einführung des Narzißmus, in: *Gesammelte Werke*, Bd. 10, Frankfurt a. M. 1963, S. 137–170.（「ナルシシズム入門」『エロス論集』中山元編訳、ちくま学芸文庫、一九九七年、二三一—二七三頁）

（3）なお崇高論の精神分析的解釈については、次の文献を参照されたい。Vgl. T. Weiskel, *The Romantic Sublime. Studies in the Structure and Psychology of Transcendence*, Baltimore/London 1976, pp. 83–106. 本文で述べたように、ベーメ兄弟はフロイトの精神分析の観点から崇高論を把握する。もっともこの精神分析的解釈の妥当性については、本書の主題から逸脱するため別の機会に検討したい。

（4）Vgl. H. Böhme, Das Steinerne. Anmerkungen zur Theorie des Erhabenen aus dem Blick des „Menschenfremdesten“, in: Ch. Pries (hrsg.), *Das Erhabene. Zwischen Grenzerfahrung und Größenwahn*, Weinheim 1989, S. 119–127. なおこの論文でのベーメの意図は、カントの批判哲学からロマン主義に至る崇高論の展開を追跡して、崇高概念の新たな意義を解明することにある。この新たな意義とは、理性的主観の自己保存ではなく、「自己の限界づけ（Selbstbegrenzung）」と「他者の承認（Anerkennung des Anderen）」という意味で、崇高が理解されるべきことである。ベーメはティークやノヴァーリスなど、もっぱらロマン主義の思想家に依拠して崇高概念を解明しており、カントの崇高論には批判的である。本章での考察は、こうした一面的な崇高理解を修正するものである。

（5）なおG・ベーメは、カントが崇高の経験を自己経験として証明しようとしたため、経験的対象に対する身体的で自然的な関係を看過したと批判している。Vgl. G. Böhme, Pyramiden und Berge, in: *Kants Kritik der Urteilskraft in neuer Sicht*, Frankfurt a. M. 1999, S. 106–107.

（6）カントの崇高論についてH・ベーメの批判は、崇高の美学の精神史にかんするC・ベーゲマンの研究に依拠している。ベーゲマンによれば、十八世紀における自然経験の変化にかんして、自然支配の進展こそが、外的自然に崇高という感情を抱くための条件である。すなわち自然は、人間に敵対せず恐怖を引き起こさない場合にかぎり、美感的に享受できるようになる。筆者の立場から見れば、このベーゲマンの見解は次の四点に整理できる。第一に、十八世紀以前には、外的自然は恐怖を呼び覚ますとともに美的な性質を欠くものとして経験されていた。だが十八世紀になると、外的自然はまったく別の仕方で経験されることになった。それまで自然は、恐怖を与えるという理由から避けられてきた。だがこの自然が、幅広い日常文化的な関心と新たな価値評価を得たのである。また崇高概念を外的自然に適用することは、十八世紀の革新的な出来事である。この適用は、自然経験の変化に基づくだけでなく、むしろ崇高概念の完全な「再構造化（Umstrukturierung）」に基づいている。第二に、この「再構造化」について、崇高概念の「脱修辞学化（Entrhetorisierung）」と、「心理学化」ないし「主観化」を指摘できる。十八世紀になると、崇高概念はもはや修辞学上のカテゴリーとして把握されなくなった。むしろ崇高概念は、実在の対象へと拡張的に適用されたのである。さらに崇高概念は、対象のみならず対象によって呼び覚まされる感情にも関係づけられた。第三に、十八世紀後半における新たな自然経験は、その条件や機能にかんして歴史的および社会的に媒介されている。自然を訪れることは、文明として形成された生活条件からの脱出として理解された。そのため「近代の文明化の過程」こそが、新たな自然経験の要求とこの要求を実現する可能性の原因である。この文明化の過程は、個人とその内的自然および外的自然を分裂させる。こうして文明化の過程は、増大する不満と、失われた自然との出会いを求める「補償的な必要（das kompensatorische Bedürfnis）」を呼び起こした。第四に、近代の自然科学は、個人と自然との分裂の「根拠」であると同時に「兆候」でもある。だが自然科学は、自然現象に対する新たな関心を呼び起こすことにも寄与する。もっとも「自然に対する支配」こそが、自然との分裂を可能にするとともに、自然の美感的享受の「必要不可欠な条件」である。自然が美感的に享受できるのは、自然が人間に敵対しない場合に限られる。あるいは、人間が恐怖でもって自然に応答しない場合に限られる。したがって、「自然支配の計画」を含む近代の文明化によって、自然を崇高と見なす経験が可能になったのである。このようにベーゲマンは、近代における自然支配の進展から、自然を崇高と見なす経験の成立を説明している。

このように十八世紀において、恐怖を呼び覚ます自然が崇高の対象となる。こうした自然の美学化は、自然経験の変化だけでなく、「脱修辞学化」と「主観化」という崇高概念の「再構造化」に基づいている。だがこの美学化はまた、近代の文明化によって歴史的および社会的に媒介されている。言い換えれば、自然を崇高と見なす経験は、近代の文明化に含まれる自然支配によって条件づけられているのである。ベーメによる崇高論の批判は、このベーゲマンの見解に依拠している。

しかし筆者の立場から見れば、ベーゲマンの見解は、ベーメが崇高論を批判する根拠となりえない。その理由を挙げれば、ベーゲマンは、自然を崇高と見なす新たな自然経験にかんして、その成立条件を精神史的に解明した。そしてベーゲマンは、この条件が近代の文明化、とりわけ自然支配の進展であることを明らかにした。これに対してベーメは、この自然経験の理論的反省であるカントの崇高論が、想像の作用をとおして自然が引き起こす不安を克服する試みであると批判した。言い換えれば、ベーゲマンにとって自然支配は、十八世紀になって成立した、新たな自然経験の「前提条件」である。だがベーメにとって自然支配は、カントが崇高論を形成した「動機」に他ならない。したがって、ベーメによる崇高論の批判は、ベーゲマンの見解から帰結しないはずである。Vgl. C. Begemann, *Furcht und Angst im Prozeß der Aufklärung. Zu Literatur und Bewußtseinsgeschichte des 18. Jahrhunderts*, Frankfurt a. M. 1987, S. 97–112. また次の文献も参照されたい。Vgl. C. Begemann, Erhabene Natur. Zur Übertragung des Begriffs des Erhabenen auf Gegenstände der äußeren Natur in den deutschen Kunsttheorien des 18. Jahrhunderts, in: *Deutsche Vierteljahrsschrift für Literaturwissenschaft und Geistesgeschichte*, 58. Jahrg., 1984, S. 74–110; S. H. Monk, *The Sublime. A Study of Critical Theories in XVIII-Century England*, Ann Arbor/Toronto 1960.

（7）なおC・ティースは、カントの崇高論のうちに自然に対する「道具的理性」の優位が見出されると主張する。ティースによれば、崇高から生じるのは、「内的自然および外的自然の抑圧」という自然支配の理念である。Vgl. C. Thies, Beförderung des Moralischen durch das Ästhetische? Überlegungen im Anschluss an Kants *Kritik der Urteilskraft*, in: V. Gerhardt und R.-P. Horstmann und R. Schumacher (hrsg.), *Kant und die Berliner Aufklärung. Akten des IX. Internationalen Kant-Kongresses*, Bd. 3, Berlin/New York 2001, S. 637. また自然支配の時代における崇高の問題については、次の文献を参照されたい。Vgl. Z. Mahayni, Das Erhabene in der Erfahrung der Berge. Überlegungen zum Erhabenen im Zeitalter technischer Naturbeherrschung, in: *Weimarer Beiträge. Zeitschrift für Literaturwissenschaft, Ästhetik und Kulturwissenschaft*, 47. Jahrg., 2001, S. 256–267.

（8）G・ベーメもまた、崇高の「主観化」を次のように指摘している。すなわち、主観は対象が崇高であると判断するわけではない。むしろ崇高であるのは、主観自身に他ならない。ベーメによれば、主観が対象に直面して経験するのは、主観の感性と経験的な現実存在を超える「高揚（Erhebung）」に他ならない。というのも主観は、自分が理性の能力をもつことを認めて、英知的存在者としての自分自身を認識するからである。Vgl. G. Böhme, *a.a.O.*, S. 83f.

（9）なお牧野英二によれば、自己保存の概念は二義的である。すなわちこの概念は、一方で道徳的な自己保存を意味するが、他方で物理的な自己保存をも意味する。筆者もこの見解が妥当であると考える。牧野英二『崇高の哲学情感豊かな理性の構築に向けて』、法政大学出版局、二〇〇七年、一七六―一八一頁を参照されたい。

（10）C・プリースは、崇高概念にかんして、十八世紀から十九世紀に展開された解釈を「形而上学的解釈（metaphysische Lesart)」と呼んでいる。この「形而上学的解釈」によれば、崇高とは、感性を超越した調和的な「高揚の感情」を意味する。さらにプリースは、この「形而上学的解釈」の歴史を詳細に説明している。この説明は、筆者が理解するかぎり、およそ次の七つの論点に整理できる。第一に、シラーは、崇高の感情を芸術に関係づけることで、崇高を対象化した。またシラーは、数学的崇高よりも力学的崇高を優先し、「より高次の美」のうちで美と崇高を止揚することを示唆している。第二に、ヘルダーは、カントによる美と崇高の区別を批判した。ヘルダーは、崇高を対象化するだけでなく、調和的かつ肯定的な意味で理解する。こうしてヘルダーは、数学的崇高と力学的崇高の分離を批判して、力学的崇高だけを認めている。それによって「形而上学的解釈」が助長された。第三に、シラーやヘルダーは、「より高次の美」のために、美と崇高の区別の「平準化（Einebnung）」を主張していた。この「平準化」は、シュレーゲル兄弟のロマン主義のうちで体系的に仕上げられた。だが成立期の観念論の関心と目標は、美と崇高の総合だけではなかった。その関心と目標は、芸術における感性的なものと「超感性的なもの」の総合、あるいは有限なものと無限なものの総合でもあった。第四に、A・W・シュレーゲルは、有限なものが無限なものの象徴であることを認めた。このことは、崇高を美のうちに取り込むこと、すなわち自立した美的カテゴリーとしての「崇高の終焉」を意味する。シェリングにおいても、崇高は否定的性格を失った。その結果、崇高の固有性を犠牲にして美と崇高の融合が生じることになった。第五に、ヘーゲルは、崇高を美の前段階として説明することで、崇高概念の受容を決定的に特徴づける解釈を遂行した。ヘーゲルの美学のうちでは、崇高は微々たる役割しか果たすことができない。言い換えれば、崇高は、象徴的な芸術形式に従属させられた。ヘーゲルは、精神的なものの基礎として、崇高を理性および精神の側に位置づけた。その結果として、感性的なものの関与が崇高の感情から失われたのである。第六に、ショーペンハウアーもまた、形而上学的な意味で崇高を規定した。崇高は、文字通りの意味で「高揚」として理解された。この高揚のうちで主観は、感性界との接触をすべて失うことになった。第七に、F・T・フィッシャーのもとで崇高は、美の形而上学における「美的な下位カテゴリー」に位置づけられた。フィッシャーは、段階的に最高の崇高へと上昇してゆく三種類の崇高を区別する。最高の崇高は、否定的な極と肯定的な極をもつ。これらの極は、自然と精神との矛盾を表現せず、むしろ精神の「それ自身との戯れ」を意味する。

そのため自然は、崇高のうちで、もはやどのような役割も果たさないのである。こうして「形而上学的解釈」は、フィッシャーの「美の形而上学」のうちで暫定的な結末を迎える。筆者の見解によれば、ベーメによる崇高論の批判は、この「形而上学的解釈」をまさに前提としている。Vgl. C. Pries, *Übergänge ohne Brücken. Kants Erhabenes zwischen Kritik und Metaphysik*, Berlin 1995, S. 15–26.

(11) Vgl. J. Kulenkampff, Kant über das Erhabene, in: H. Lenk und R. Wiehl (hrsg.), *Kant Today / Kant aujourd'hui / Kant heute. Results of the IIP Conference. Actes des Entretiens de l'Institut International de Philosophie. Karlsruhe / Heidelberg 2004*, Berlin 2006, S. 191f. またJ－F・リオタールの解釈も参照されたい。リオタールは、崇高論には崇高な対象が存在せず、むしろ感情だけが存在することを指摘している。Vgl. J.-F. Lyotard, Das Interesse des Erhabenen, in: C. Pries (hrsg.), *Das Erhabene. Zwischen Grenzerfahrung und Größenwahn*, Weinheim 1989, S. 111.

(12) Vgl. P.M.Matthews, Kant's Sublime: A Form of Pure Aesthetic Reflective Judgment, in: *The Journal of Aesthetics and Art Criticism*, Vol. 54, 1996, pp. 168–170, 175–176.

(13) 「尊敬」の感情については、『実践理性批判』での次の説明を参照されたい。「ところで、自己尊重がたんに感性に基づくかぎり、この自己尊重にむかう性癖はまた、道徳法則が断ち切ろうとする傾向性に属する。こうして道徳法則はうぬぼれを打ち倒す。だがこの道徳法則は、それ自身においても積極的なものである。すなわち、知性的原因性の形式、つまり自由の形式である。それゆえこの道徳法則は、主観的な敵対者に対立して、すなわちわれわれのうちなる傾向性に対立して、うぬぼれを減殺し、同時に尊敬の対象である。この道徳法則は、そのうえさらにうぬぼれを打ち倒す、すなわち謙抑にさせることによって、最大の尊敬の対象である」(V, 73)。

(14) P・クラウザーは、『実践理性批判』と『判断力批判』における尊敬概念の関係を次のように説明している。すなわち、『判断力批判』のなかでカントは、「われわれの能力が、われわれに対して法則である理念の達成に不適合であるという感情」(V, 257) として尊敬を定義している。だが『実践理性批判』での尊敬は、道徳法則が主観を拘束することの意識によって産出された感情である。道徳法則への服従は、主観の傾向性を打ち砕くとともにうぬぼれを謙抑にする。この結果は苦痛に類似している。しかしこの結果は、道徳性に対する障害を取り除き、道徳法則が傾向性に優越することを意識させる。そのため、道徳法則への服従は肯定的感情の根拠でもある。このように理解すれば、『判断力批判』での尊敬と『実践理性批判』での尊敬との「類比的関係（analogy）」は厳密ではない。前者の尊敬は、たんに肯定的感情の段階における、理性的存在者の優越性の不明瞭な意識を含む過程である。これに対して後者の尊敬は、意識の段階でまったく明瞭であり、理性的自己の優越性の知識を含む。しかしながら、両者の間には「類縁的関係（affinity）」の要素が存在する。それは、両者の尊敬が否定的感情から肯定的感情への「心的運動」を含むことである。実際に両者にかんして、肯定的感情の最終的な根拠は、感性に対する理性の優越性である。筆者の立場から見れば、クラウザーの説明は、崇高の感情と道徳的感情との差異および類似性を解明したものとして理解できる。Vgl. P. Crowther, *The Kantian Sublime. From Morality to Art*, Oxford 1989, p. 125.

（15）なお崇高の判断にかんして、クラウザーの説明は示唆的である。この説明は、筆者が理解するかぎり、次の四点に整理できる。第一に、カントの崇高論は、主観的合目的性の概念について困難を含む。具体的に言えば、趣味判断に主観的合目的性を与えるのは次の事実である。すなわち趣味判断における快が、認識一般に対する諸能力の調和から生じる事実である。しかし崇高の判断は、理性のより高次の目的に対して主観的に合目的的なものとして把握される。第二に、崇高の判断における主観的合目的性の正当化は、『判断力批判』全体の技巧的な枠組みに依拠している。カントによれば、道徳的目的の実現は創造の究極目的である。もしそうであるならば、理性的存在者にかんする構想力の不適合は、それでもこの道徳的目的と完全に調和する。実際に崇高の判断のうちで、感性的存在者としての人間は超感性的次元によって謙抑にさせられる。そのかぎりで、この謙抑に基づく感情は間接的に道徳的な意義をもつ。第三に、『判断力批判』全体の枠組みは、構想力と理性が対立をとおして調和する仕方を明らかにする。しかしこれは、主観的合目的性についてカントが説明したことのすべてではない。というのもこの説明は、崇高の判断が間接的に道徳的な意義をもつことを確立したにすぎないからである。崇高の判断は、自然および主観的合目的性を含む。だがこの事実は、崇高の経験に積極的に寄与しないように思われる。道徳法則は、尊敬の感情のうちで、感性的存在者としての人間を謙抑にさせる。それと類似した仕方で、崇高の判断のうちで理性は構想力に勝利する。このようにして、構想力に対する理性の勝利が示されたにすぎない。このことは、崇高論全体のもっとも根本的な問題である。第四に、道徳性との関係で合目的的であるのは、概念ではなく感情である。カントにとってこの事実が、崇高の判断が主観的に規定されており、したがって美感的であることを保証する。だが批判哲学全体の観点から見れば、このことがもっとも不十分にしか論じられていない。もしも美感的なものが感情に特有の様態であるべきならば、その基準は論理的でなければならない。言い換えれば、崇高の感情を引き起こす根拠は、尊敬の感情を引き起こす道徳法則によって説明できてはならない。むしろこの根拠は、崇高の感情に固有なものとして確立されなければならない。しかしカントは、崇高の感情の固有性を確立できていない。筆者から見れば、クラウザーの説明は、崇高の感情の把握にかんする困難を指摘したものとして理解できる。Vgl. P. Crowther, *ibid.*, pp. 131–132.

（16）なおアドルノは、崇高が自然支配に反対することを次のように説明している。すなわち、「崇高は自然を前にして感じられるものとされることによって、自然そのものが主観的な構造理論にしたがって崇高なものとなり、崇高な自然を前にした自省（Selbstbesinnung）は自然との和解を若干とはいえ、先取りするものとなる。もはや精神によって抑圧されることがない自然は、野生状態と君臨する主観との放埒な連関であることをやめ、そうした状態から解放される。こうした解放は自然が復帰したものであるが、たんなる現存在とは正反対のものであるこうした復帰こそが、崇高にほかならない。崇高なものは力や偉大さといった支配的特徴をもちながらも、支配に反対する」。T. W. Adorno, *Ästhetische Theorie*, Frankfurt a. M. 1970, S. 293.（『美の理論』大久保健治訳、河出書房新社、二〇〇七年、三三五―三三六頁）筆者の立場から見れば、アドルノの説明は、ベーメの解釈に対する反論として読み直すことができる。またアドルノの崇高論にかんしては、次の文献が有益である。Vgl. W. Welsch, Adornos Ästhetik: Eine implizite Ästhetik des Erhabenen, in: C. Pries (hrsg.), *Das Erhabene. Zwischen Grenzerfahrung und Größenwahn*, Weinheim 1989, S. 185–213.

（17）なお崇高にかんするカントの議論は、自然概念の領域から自由概念の領域への「移行」に無関係であると思われるかもしれない。というのは、自然の合目的性の美感的判定について、崇高論が「たんなる付録」と見なされるからである。カントによれば、崇高論を「たんなる付録」と見なす根拠は次のとおりである（Vgl. V, 246）。第一に、自立的な自然美は「自然の技巧」を明らかにする。そのため自然美は、メカニズムとしての自然の概念を、技術としての自然という概念へと拡張する。これに対して「崇高な自然」のうちには、自然の特殊な客観的原理と、これらの原理に適合した自然の諸形式へ導くものはまったく存在しない。むしろ「崇高な自然」には、きわめて粗野でもっとも無規則な無秩序と荒廃だけが認められるにすぎない。第二に、崇高の概念は、自然そのもののうちで合目的的なものを指示するわけではない。むしろこの概念は、自然の諸直観の可能な使用のうちでのみ、合目的的なものを指示する。しかもそれは、自然にはまったく依存しない合目的性を主観のうちで感じさせるためである。したがって崇高の根拠は、自然の表象のうちへと崇高性をもちこむ考え方のうちにある。こうして崇高論は、自然の合目的性の美感的判定にかんして「たんなる付録」と見なされる。このように、「崇高な自然」に合目的性が認められないため、崇高論は合目的性の原理による「移行」とは無関係であるように思われるかもしれない。しかし筆者の立場から言えば、こうしたカント理解は誤りであり、カントの真意を誤解するものである。むしろ崇高論については、固有の「移行」を認めることが可能である。なおD・ルースの研究は、自然と自由の媒介という観点から崇高を把握しており、崇高論における「移行」を理解する上で貴重な示唆を含んでいる。Vgl. D. Loose, The Dynamic Sublime as the Pivoting Point between Nature and Freedom in Kant, in: ders. (ed.), *The Sublime and Its Teleology. Kant-German Idealism-Phenomenology*, Leiden/Boston 2011, pp. 53–78.

(18) Vgl. Pries, *a. a. O.*, S. 83–92. なおプリースの研究に決定的影響を与えたのがJ－F・リオタールである。リオタールは、感性と理性に対する二重の挑発として崇高の感情を解明している。リオタールによれば、崇高の感情は、感性と理性の限界に対する二重の挑発である。すなわち構想力は、それが描出できるものの限界において自らに暴力を加えることで、「もはや描出できない」ということを描出する。他方で理性も、感性的直観のうちで理念に対応した対象を見出すことができない、という批判的な限界に違反しようとする。このように感性と理性について、思考はそれ自身の有限性に挑戦している。したがって、崇高のうちで感じられるのは、まさに「無限性への欲望(désir d'illimitation)」に他ならない。リオタールは、この「無限性への欲望」をめぐる思考に批判的思考の本質を見ている。Vgl. J.-F. Lyotard, *Leçons sur l'analytique du sublime (Kant, Critique de la faculté de juger, §§ 23–29)*,

Paris 1991, pp. 69–76; *Die Analytik des Erhabenen (Kant-Lektionen, Kritik der Urteilskraft, §§ 23–29)*, München 1994, S. 63–70. またリオタールによる崇高論の解釈にかんしては、次の文献も参照されたい。Vgl. M. I. Peña Aguado, *Ästhetik des Erhabenen. Burke, Kant, Adorno, Lyotard*, Wien 1994, S. 91–116; G. Böhme, Lyotards Lektüre des Erhabenen, in: *Kants Kritik der Urteilskraft in neuer Sicht*, Frankfurt a. M. 1999, S. 64–82.

（19）なお「詐取」について、プリースはE・カッシーラーの解釈に依拠している。Vgl. E. Cassirer, *Kants Leben und Lehre*, Berlin 1921, S. 353.（『カントの生涯と学説』門脇卓爾・高橋昭二・浜田義文監修、岩尾龍太郎・小泉尚樹・銭谷秋生・高橋和夫・牧野英二・山本博史訳、みすず書房、一九八六年、三五〇頁）また次の文献も参照されたい。Vgl. W. Bartuschat, *Zum systematischen Ort von Kants Kritik der Urteilskraft*, Frankfurt a. M. 1972, S. 135f.

（20）崇高による「移行」が可能であれば、なぜ崇高論は「たんなる付録」と見なされたのか、疑問に思われるかもしれない。プリースによれば、それは崇高による「移行」が「きわめて不安定（äußerst instabil）」であることに由来する。というのは、この「移行」が否定的な仕方で遂行され、つねに主観的であり続けるからである。崇高による「移行」は、構想力と理性の「抗争」にしたがって、この二つの能力を異質なままに残しておく。『純粋理性批判』での「抗争」もまた、力学的アンチノミーの場合、抗争する党派を並存させるだけである。それぞれの党派は、その立場から見れば正当である。崇高についても事情はまさに同じである。崇高による「移行」は、構想力と理性の「抗争」を未解決のままに残し、むしろそれを別の立場へと到達するために使用する。こうした「移行」は、カントがもっぱら考えていた「移行」とは異なる。このようにプリースは、崇高による「移行」の固有性を指摘している。Vgl. Pries, *a. a. O.*, S. 91f. また崇高による「移行」については、以下のザミットーの文献も参照されたい。ザミットーによれば、『判断力批判』の成立史において、崇高論は「倫理的転回」の時期に位置づけられる。Vgl. J. H. Zammito, *The Genesis of Kant's Critique of Judgment*, Chicago/London 1992, pp. 275–283.

（21）なお構想力の挫折による理性の存在証明について、ズィロペイディスの研究は有益な示唆を与えてくれる。ズィロペイディスによれば、構想力は一つの直観のうちで、無限の大きさを総括することに挫折する。だが構想力のこの挫折が、理性理念にかんする崇高な無限性を意識させてくれる。言い換えれば、構想力が諸表象を総括できないことが、「われわれのうちに超感性的能力が存在することの記号（sign）」、つまり「理性の存在の記号」として理解される。筆者の立場から見れば、こうした理解はプリースの見解を補強するものである。Vgl. G. Xiropaidis, Negative Presentation. The Role of the Imagination in the Mathematically and the Dynamically Sublime, in: K. Goudeli, P. Kontos and I. Patellis (eds.), *Kant. Making Reason Intuitive*, Hampshire/New York 2007, pp. 172–182.

（22）プリースによれば、崇高による「移行」は二つの条件のもとで可能である。第一に、崇高の感情は、尊敬という道徳的感情と同一視されてはならない。第二に、構想力と理性の関係は、垂直的な「上昇（Erheben）」ではなく水平的な「並存（Nebeneinander）」として考えられなければならない。すなわち崇高では、感性的な契機がともに考慮されなければならず、自然に対する関係が消滅せず残存していなければならない。そのため感性的な契機が、崇高の感情の超感性的局面において失われず、不快の感情として存在し続けることが不可欠である。というのは、感性から切り離された崇高は、尊敬という道徳的感情と同一化され、自然との関係を喪失させるからである。筆者の把握によれば、プリースは崇高における感性的契機の重要性を指摘している。Vgl. Pries, *a. a. O.*, S. 88.

（23）Vgl. K. Pillow, Sublime Reflection, in: *Sublime Understanding. Aesthetic Reflection in Kant and Hegel*, Cambridge/London 2000, pp. 67–97.

（24）なお芸術作品を崇高と判断することには、次のような疑問が思い浮かぶかもしれない。第一に、芸術作品は大きさが限定されており、無限性を暗示できないと思われる。だがピロウは、構想力による総括の限界に注目することで、この疑問に解答できると主張する。ピロウによれば、構想力による総括が挫折するのは、構想力を圧倒するほど大きなものや微細なもの、あるいは複雑なものに出会う場合である。そのため、芸術作品の微細さや複雑さにかんする反省も、作品を総括しようとする構想力の努力を圧倒することが可能である。第二に、芸術作品は目的によって規定されるため、崇高の感情を呼び起こすことができないと思われる。だがピロウは、芸術作品の合目的性とこの作品の反省を区別することで、この疑問に答えている。ピロウによれば、芸術作品はたしかに目的によって特徴づけられる。しかしこの作品にかんする美感的判断は、目的の概念によって規定される必要がない。すなわち人間は、芸術家の意図や目的を認識した上で、芸術作品を鑑賞するわけではない。芸術作品の美感的反省もまた、作品の意図や目的を認識していることを要求するわけではない。それゆえ、芸術作品もまた崇高の感情を引き起こすことが可能である。これらの論点について、筆者はピロウの見解が妥当であると考える。Vgl. Pillow, *ibid.*, pp. 73–77.

(25) 美感的理念における崇高の要素については、以下のマックリールの研究も参照されたい。マックリールの見解では、美感的属性の豊かな領野を考慮すれば、美感的理念の体験は崇高として解釈できる。Vgl. R. A. Makkreel, On Sublimity, Genius and the Explication of Aesthetic Ideas, in: H. Parret (hrsg.), *Kants Ästhetik / Kant's Aesthetics / L'esthetique de Kant*, Berlin/New York 1998, S. 615–629.

(26) 「美感的理念の解釈」について、ピロウの研究は有益な示唆に満ちている。そのためこの研究は、筆者が第二章で解明した「自然美の解釈学」を把握する上で、参照すべき論点を数多く含む。

(27) Vgl. H. E. Allison, *Kant's Theory of Taste. A Reading of the Critique of Aesthetic Judgment*, Cambridge 2001, pp. 340–341.

(28) なおピロウの見解に対して、U・アバーチは次のように反論している。第一に、芸術作品の内容を総括する場合、構想力はその限界に直面して挫折するわけではない。むしろ構想力は、経験を凌駕するものに諸表象を変換して、豊かな素材を悟性に与えることができる。第二に、崇高にかんして、構想力は諸表象の総括の限界に導かれる。だが美感的理念は、構想力を限界まで駆り立てることがない。というのは、美感的理念が構想力の産物であるからである。第三に、芸術作品について、カントは理性と構想力の関係に言及していない。そのため芸術作品の評価には、理性と構想力ではなく、むしろ悟性と構想力だけが必要である。筆者の立場から言えば、第一および第二の論点は反論として妥当である。だが第三の論点については、アバーチ自身に誤解が見られる。Vgl. U. Abaci, Kant's Justified Dismissal of Artistic Sublimity, in: *The Journal of Aesthetics and Art Criticism*, Vol. 66, 2008, pp. 244–245.

(29) 「否定的描出」については、以下のリオタールの見解が参考になる。リオタールによれば、構想力による描出は、「錯乱（Wahnsinn）」のうちで心を奪われる場合に、根本的な尺度を超えて拡張される。すなわち理性は、制限を破り無限なものの描出を試みるように、構想力を勇気づける。この試みは「否定的描出」となって終わる。だがこの描出は、「何も描出しないこと」でもなければ「無を描出すること」でもない。この描出は、感性的なものにかんして否定的であるが、同時に一つの描出様式である。Vgl. J.-F. Lyotard, *Leçons sur l'analytique du sublime (Kant, Critique de la faculté de juger, §§ 23–29)*, Paris 1991, pp. 185–188; *Die Analytik des Erhabenen (Kant-Lektionen, Kritik der Urteilskraft, §§ 23–29)*, München 1994, S. 170–173.

（30） Vgl. A. Bertinetto, Negative Darstellung. Das Erhabene bei Kant und Hegel, in: *Internationales Jahrbuch des deutschen Idealismus*, Bd. 4, 2006, S. 130–139. なおベルティネットは、もっぱら数学的崇高にかんしてその解釈を展開している。しかし筆者から見れば、このベルティネットの解釈は力学的崇高についても妥当すると言うことができる。

（31） 『純粋理性批判』第一版でカントは、三つの総合作用によって認識が成立するさまを説明している（Vgl. A 95ff.）。それは第一に、多様を見渡して直観を統一する、直観における把捉の総合である。第二に、連想の法則の根底にあって現象の再生を可能にする、構想力における再生の総合である。第三に、把捉し再生した諸表象の同一性を保証する、概念における再認識の総合である。これらは三重の総合の理論と呼ばれ、『純粋理性批判』の書き換え問題とともに、これまで議論の対象となってきた。ベルティネットは、この理論に依拠して崇高論を解釈している。

（32） Vgl. Pillow, *ibid.*, p. 2.

（33） 牧野英二によれば、崇高論は他者性を経験するための一般的なモデルを提供している。すなわち、崇高の経験のなかで立ち現れる「他者」は、およそ日々の生活では通常経験できない「他者」である。それは通常の理解を超えたもの、生活実践の場での合理性を超えたものであるから、「異質な他者」としてもはや通訳できないものである。したがって、崇高なものに直面することは、通常の概念的把握を超えた他者に直面することであり、それはまず「不快なもの」や「苦痛」として感じられる。この見解から筆者は多くの示唆を得ている。牧野、前掲書、四二頁を参照されたい。また自然の他者性については、次の文献も有益である。Vgl. S. Majetschak, Der Stil der Natur im Erhabenen – Über den systematischen und den spekulativen Sinn der kantischen ›Analytik des Erhabenen‹, in: T. Borsche, J. Kreuzer, H. Pape, G. Wohlfart (hrsg.), *Zeit und Zeichen*, München 1993, S. 89–104.

第四章　目的論的判断と自然の自立性

一　自然目的論にかんするH・ベーメの批判的見解

本章で筆者は、カントの自然目的論が「生ける自然」の可能性を認めていないという、H・ベーメの批判的見解に反論する。この反論をとおして筆者はまた、有機的な自然を理解する「有機的自然の解釈学」の意義を解明する。

すでに述べてきたように、ベーメ兄弟は、カントの理論哲学が「外的自然支配の理論」であり、また実践哲学が「内的自然支配の理論」であると批判した。この「外的自然支配の理論」にかんして、ベーメたちは悟性による自然支配の思想を批判している。ベーメたちによれば、カントは「悟性は自然に法則を指示する」と主張することで、悟性による自然支配を定式化した。筆者の立場から見れば、この批判的見解は次の三点に整理できる。(1)

第一に、カントは『純粋理性批判』のなかで、悟性が自然の「立法者」であり自然の諸法則の源泉であると主張している。というのは、そもそも悟性が「自然それ自体」の法則を認識できないからである。そこで、悟性が法則を指示できない自然に直面して、カントは「虚構」に訴えざるをえない。カントにとってこの自然は、あたかも悟性のために作られているかのように、見なされなければならない。すなわち「生ける自然」は、あたかも高次の悟性が構成したかのように、見なされなければならない。こうした「虚構」によって、カントは自分の立場をなんとか維持しようとする。しかしながら、自然を悟性に従属させるゆえに、この「虚構」は「自然支配の要求」を表現している。

第二に、「悟性は自然に法則を指示する」という主張は、自然に対する全体的な「支配要求」を表現している。法則を指示する悟性は、たんに条件を設定して自然を支配するだけではない。この悟性はまた、自然がおのずから振る舞うような法則を指示する。そのためカントは、自然が悟性の法則を打ち破り、この法則に抵抗する可能性を思考できない。むしろ自然に対する悟性の支配は、さらに自然の「内部」へと推し進められている。言い換えれば、カントが定式化した自然支配は、自然の「知性的な我有化（intellektuelle Aneignung）」についてのみ妥当する。それらを考慮すれば、カントの超越論的観念論は、「自然それ自体」が存在する事実を忘却させるゆえに、「自然を抑圧する理論」に他ならない。

第三に、悟性は自然に法則を指示するために、「自然それ自体」の統一性を否定しなければならない。すなわち悟性は、自然そのものの統一を解体しなければならず、自然自身の体系的で生態学的な連関を解消しなければならない。こうした解体や解消の結果として、悟性は「抵抗を欠いた」表象の多様を受け取ることができる。それゆえ悟性は、表象としての自然に法則を指示するだけである。あるいは、カントが語る自然は「表象のうちなる自然」に他ならない。この表象のうちなる自然は、「総合された自然」であり「再構成された自然」である。

しかしながら、表象によって「再構成された自然」は、現実に与えられるままの「自然それ自体」ではないのである。

このように悟性は、条件を設定して自然を支配するだけでなく、自然がおのずから振る舞うような法則を指示する。悟性の法則は自然の可能性の条件である。そのため、自然が悟性の法則に反する可能性は考えられない。すなわち、自然とは「表象のうちなる自然」であり、悟性は「総合され再構成された自然」だけを対象とするのである。筆者の把握によれば、ベーメ兄弟は「自然それ自体」を認める実在論の立場から、カントの超越論的観念論を批判している。ベーメ兄弟にとって、悟性が自然に法則を指示すると考えるならば、自然の体系的連関や生態学的連関は忘却されてしまう。これはまさに「理性の他者」の立場からの批判に他ならない。ところでH・ベーメは、カントの自然目的論にかんして、これらの批判的見解をさらに展開している。そこで本章では、H・ベーメによる自然目的論の批判について、その妥当性を検討しつつ筆者の立場から反論してみたい。

さてH・ベーメは、ニュートンの実験哲学に対するゲーテの批判をもとに、カントの自然目的論を「間接的」に批判している。すなわちカントは、ニュートンの自然科学を認識論的に基礎づけている。そのためカントは、「生ける自然」の可能性を認めることができなかった、というのである。このカント批判は、筆者の立場から見れば、次の三点に要約できる。[2]

第一に、ベーメによれば、ゲーテは、ニュートンの自然科学が自然を認識する仕方に疑念を抱いていた。というのは、この自然科学が、「技術的に産出された現象」を手がかりにして、自然を認識するからである。ニュートンの自然科学は、装置を介して行われる自然観察と、探究されるべき現象の「方法的産出」とともに開始された。その結果として自然は、もはや人間の感官に現れるままではなく、装置によって「技術的に産出された現象」をもとに認識される。

第二に、ニュートンの自然科学は、人間によって作られていない領域としての自然、アリストテレス的な「自然（physis）」の意味での自然を認識できない。ニュートンの実験は、それが探究の対象を「製作する」かぎり、そもそも技術に他ならない。その意味で、ニュートンの自然科学は、技術の観点から自然を提示せざるをえない。しかし、このように技術のもとで自然を提示するためには、「自然から原理的に距離をとること」が必要不可欠である。こうしてベーメによれば、ニュートンの自然科学が獲得する知識は、自然からの分離や方法的に要求される「自然からの疎外」の結果である。

第三に、ゲーテはこうしたニュートンの自然科学を批判した。だがこの批判はまた、カントの自然目的論に対する批判を含意している。というのは、ニュートンの自然科学を批判することで、ゲーテはある自然概念を再生しようと試みている。それはまさに、カントの批判哲学によって「抑圧され忘却された自然概念」に他ならないからである。[3] すると、ニュートンの自然科学を批判する際に、カントは認識批判をとおして「生ける自然」を抑圧した、とゲーテが考えたことは間違いない。その意味で、ゲーテにとってカントの自然目的論は、「生ける自然」の可能性を認めることができない理論であった。

このように、ベーメはゲーテの思想に依拠しながら、カントの自然目的論を批判している。すなわち、ニュートンの実験哲学を批判することで、ゲーテは人間によって作られていない領域としての自然を対象とした。というのもゲーテが、ニュートンとは異なる仕方で実験を理解することで、「生ける自然」という概念を認めていたからである。[4] これに対してカントは、ニュートンの自然科学を認識論的に基礎づけている。そのためカントは、自然目的論を展開したにもかかわらず、「生ける自然」の可能性を認めることができなかった。むしろカントは、

「機械」に準ずる仕方で自然を理解しており、機械論的な自然観を主張したのである。したがってカントの自然目的論も、ニュートンの実験哲学と同様に、技術の観点から自然を把握するというのである。

筆者の立場から見れば、カントの自然目的論について、ベーメは機械論的な自然観が見出されることを批判している。この機械論的な自然観は、啓蒙のプロジェクトの批判に関連して、これまでさまざまな仕方で語られてきた。そのなかで、とりわけベーメの批判的見解は、「生ける自然」を認める点に特徴がある。すなわち、「生ける自然」を認める立場からすれば、カントはもっぱら「死せる自然」を論じているにすぎない、というのである。これはまさに、カントの自然観や生命観の再検討を要求するものである。しかし筆者の把握によれば、カントの自然目的論について、ベーメの見解には大きな誤解が認められる。そこで筆者は本章において、次のような議論を展開して、自然目的論にかんするベーメの批判的見解に反論する。第二節では、目的論的判断の議論をもとに、この批判的見解が妥当でないことを明らかにする。第三節では、有機的な自然にかんするカントに固有の見解を示す。第四節では、啓蒙期の生気論との対比をとおして、カントの自然目的論を特徴づける。第五節では、有機的な自然の目的論的反省を「有機的自然の解釈学」として解明する。第六節では、この「有機的自然の解釈学」に基づいて、自然概念の領域から自由概念の領域への「移行」の議論を解明する。これらの議論をとおして、本章では「有機的自然の解釈学」の立場から、ベーメの批判的見解に反論する。なお本章の最終節では、第一章からの議論を踏まえて、『判断力批判』の体系性にかんする筆者の見解を総括する。

二　目的論的判断と機械論的な自然観

それでは自然目的論について、ベーメの批判的見解はどこまで妥当であろうか。本節では、目的論的判断の解明をとおして、この批判的見解の妥当性を検討していく。まずカントによれば、目的論的判断、とりわけ有機的な自然にかんする目的論的判断は次のように説明される（Vgl. V, 359f.）。すなわち、第一に、特殊な諸法則のもとにある自然について、主観的合目的性を想定することには十分な理由がある。この想定が必要であるのは、自然が反省的判断力によって把握されるためであり、また特殊な諸経験が一つの自然の体系を形成できるためである。そこで主観的合目的性を想定した場合に、自然美の可能性を認めることができる。この自然美は、あたかも判断力のために準備されていたかのように、反省的判断力に適合した諸形式を含んでいる。そのため自然美について、美感的に判断できる。第二に、これに対して有機的な自然について言えば、その可能性は「目的による原因性」によってのみ理解される。しかし、実践理性の目的でもなく自然にも属さない目的が、特殊な種類の原因性を形成する可能性はアプリオリに想定できない。またその可能性は、経験によって証明することもできない。それゆえ、この可能性が証明できるとすれば、次のような目的論が前提とされなければならない。それは、客観的な根拠から自然を認識するのではなく、むしろ主観のうちで諸表象を連結する主観的な根拠との類比によって、自然を把握する目的論である。

以上を要約すれば、反省的判断力は、自然の合目的性をアプリオリに想定できる。それは、特殊な諸法則にしたがう自然を把握し、特殊な諸経験に基づいて自然を体系化するためである。また反省的判断力は、この想定のもとで自然美の可能性を把握できる。これに対して、有機的な自然の可能性は、「目的による原因性」をとおしてのみ把握される。もっともこの目的は、実践理性の目的でも自然自身の目的でもない。むしろ反省的判断力は、類比によって有機的な自然を把握するために、「目的の概念」を使用するのである。そのため目的論的判断とは、目的の概念との類比にしたがって自然を把握する判断である。

こうした説明を考慮すれば、目的論的判断は機械論的な自然観にまったく関係しないと思われるであろう。ところが、目的論的判断については、ベーメによる批判を認める研究者が存在している。その代表であるP・マクローリンは、目的論的判断が機械論的な自然観を正当化するという大胆な解釈を提起した。マクローリンによれば、人間悟性はそもそも自然を機械論的に説明しなければならない。しかし、有機的な自然は機械論的に説明できず、むしろ目的論的に判断されなければならない。もっとも目的論的判断は、人間悟性とは「別の悟性」の「技術産物」として、この有機的な自然を把握することを意味する。するとカントは、たんに悟性による自然一般の機械論的説明を認めるだけではない。むしろカントは、また「別の悟性」による有機的な自然の機械論的把握を想定することで、全体として機械論的な自然観を形成したのである。このマクローリンの見解は、筆者にとって重要な論点にかぎれば、次の二点に整理できる。[5]

第一に、人間悟性はその特有性から、自然を機械論的に説明しなければならない。機械論的な説明とは、ある全体を独立した諸部分の性質に還元することである。そのため人間悟性にとって、特殊な概念を普遍的な概念のもとに包摂することは、ある存在者の全体を諸部分に還元することと同じである。また人間悟性の特有性を考慮すれば、この悟性とは異なる「直覚的悟性（ein intuitiver Verstand）」を思い浮かべることができる。この「直覚的悟性」にとって、特殊な概念を普遍的な概念のもとに包摂することは、ある存在者の諸部分から全体へとただちに遡ることに等しい。すると人間悟性と「直覚的悟性」との対比が明らかになる。すなわち、およそ自然を説明する場合に、人間悟性は諸部分を検討して、思考のうちで全体を観念的に再構築する。だが「直覚的悟性」は、まさに全体を直観的に把握しつつ、思考のうちで諸部分を観念的に分離し孤立させるのである。(6)

第二に、有機的な自然は自然一般とは異なり、その諸部分が全体によって因果的に条件づけられている。しかし人間悟性はその特有性から、全体によって諸部分が因果的に産出されることを思考できない。こうした因果的な産出が思考可能であるのは、全体が「理念」である場合、つまり全体の表象が諸部分の産出を導く場合だけである。しかしながら、全体の表象が諸部分の産出を導く場合に、人間にとって可能な唯一の事例は、「技術」による対象の産出に他ならない。それゆえに、ある全体の理念をもち、この理念を技術による対象の産出に適用する、「目的をもった技術者」が前提として認められなければならない。すると有機的な自然は、人間悟性ではなく「直覚的悟性」によって構想された、「技術の産物」として把握されなければならなくなる。というのは、人間悟性にとって、諸部分が全体に因果的に依存することは、これより他の仕方では思考できないからである。(7)

このように、マクローリンによれば、自然一般が機械論的に説明されるとともに、また有機的な自然も機械論的に把握されなければならない。すなわち、人間悟性はその特有性から、自然を機械論的に説明しなければならない。また有機的な自然は機械論的に説明できないが、むしろ「直覚的悟性」によって構想された「技術の産物」として把握されなければならない。(8) こうしてカントは、人間悟性による機械論的な説明を認めるとともに、「直覚的悟性」による機械論的な把握を想定した。言い換えれば、カントは全体として機械論的な自然観を形成したというわけである。したがって、もしもマクローリンの解釈が妥当であるとすれば、前節で論じたベーメの批判的見解もまた認めなければならないと思われる。

しかし筆者の立場から見れば、マクローリンの解釈には次のような誤解が存在する。すなわち目的論的判断は、たしかに技術の実践に由来する目的の概念を使用する。しかし目的論的判断は、「直覚的悟性」によって構想された「技術の産物」として、有機的な自然を把握するわけではない。有機的な自然は、その可能性が目的原因の原因性によってかろうじて理解される。この原因性による理解が困難である理由は、有機的な自然が人間の「技術の産物」でもなければ、理性をそなえた「知性的な存在者」でもないことにある。むしろ目的論的判断は、有機的な自然を類比によって把握するために、目的の概念を使用するにすぎないのである。そのため目的の概念との類比は、「直覚的悟性」の「技術の産物」として有機的な自然を把握することを意味するわけではない。というのは、そもそも「技術の産物」として把握するならば、有機的な自然はその「外部」に原因をもつことになり、もはや「自然の産物」と見なすことが不可能になるからである。こうして、有機的な自然の「外部」にその原因性を認めるかぎり、マクローリンの解釈は誤解であると言わなければならない。[9] したがって、マクローリンの解釈が妥当でないならば、ベーメによる批判も誤りであることになろう。言い換えれば、自然目的論が技術の観点から自然を把握するという、ベーメの批判的見解もまた誤解と見なさなければならない。[10]

三　有機的な自然と「生ける自然」

前節で論じたように、カントは全体として機械論的な自然観を認めていたわけではない。だがベーメの見解によれば、カントは「生ける自然」の可能性を認めることができなかったと批判される。そこで本節以下では、ベーメの批判的見解に対する反論を補強すべく、有機的な自然が「生ける自然」を意味するかどうかを解明してみたい。結論を先取りすれば、「目的論的判断力の批判」において、カントは有機的な自然が機械論的に説明できないことを認めている。しかしカントは、この自然のうちに「生命が存在すること」を肯定するわけではない。言い換えれば、カントは「生ける自然」の存在を認めるわけではないのである。だがもちろん、これはベーメの批判的見解が妥当であることを意味しない。まず本節では、有機的な自然が機械論的に説明できない根拠を解明する。またそれにもかかわらず、有機的な自然に生命が認められない根拠を明らかにする。

さてカントによれば、有機的な自然は機械論的に説明することができない。すなわち、「メカニズム（Mechanismus）」という原理に依拠するかぎり、悟性は「草の葉一枚」の産出でさえ説明できない（Vgl. V, 400, 409）。その根拠を理解するためには、「メカニズム」の概念を解明しなければならない。『判断力批判』において、この「メカニズム」の概念には三つの意味が認められる[11]。第一に、「メカニズム」の概念は、独立した諸部分の性質による、ある全体の産出を意味する（Vgl. V, 408, XX, 247）。この意味によれば、「メカニズム」による説明とは、独立した構成要素である諸部分の集合として、ある全体としての対象を説明することである。第二に、この概念は「作用原因」を意味する（Vgl. V, 360）。これは第一の意味における「メカニズム」ではない。というのは、先行する原因から必然的に帰結するものとして、ある対象を説明することは、独立した構成要素である諸部分によって、この対象を説明することとは異なるからである。第三に、この概念は「物理的な作用原因」を意味する（Vgl. XX, 235）。この意味で「メカニズム」による説明とは、力学の法則である「物質と運動の普遍的法則」によって、物質としての対象を説明することである。そして、この「物質と運動の普遍的法則」による説明こそが、『判断力批判』での「メカニズム」の中心的な意味に他ならない[12]。

このように、第三の意味での「メカニズム」を考慮すれば、有機的な自然が説明できないことは明白である。

カントによれば、有機的な自然は、類としてのみならず個体としても「自分自身を産出する」ことができる。またこの自然の諸部分でさえも、自分自身を産出することが可能である。[13] これら有機的な自然に固有の産出関係は、自然が自ら「二重の意味で原因および結果である」（Vgl. V, 370f.）関係として規定される。そのため有機的な自然は、その固有の産出関係から「メカニズム」による説明の領域を超え出ている。というのは、「物理的な作用原因」としての「メカニズム」は、ある原因によって自然の産出を説明する。しかしこの「メカニズム」では、「結果」としての自然が類あるいは個体として「原因」でもあることを説明できないからである。こうして有機的な自然は、それに固有の産出関係をもとに、機械論的に説明できないことになる。[14]

そうすると、有機的な自然は機械論的に説明できないので、「生ける自然」を意味すると思われるかもしれない。あるいは、有機的な自然について、その固有の産出関係は「生命」によってのみ説明可能であると思われるかもしれない。しかしながらカントは、有機的な自然のうちに生命が存在することを認めない。すなわち、カントは生命を「実践的な能力」として理解するため、「生ける自然」を認めることができない。批判期のカントにとって生命とは、「内的原理に基づいて、行動へと自分を規定する実体の能力」（IV, 544）であり、[15] また「欲求能力の法則にしたがって行為する、ある存在者の能力」（V, 9）である。こうした生命の概念は、物質としての自然の定義に明らかに合致しない。それゆえカントは、有機的な自然に生命を認める立場を「物活論（Hylozoismus）」と見なして厳しく批判するのである。[16] この物活論の批判は、次のように要約できる（Vgl. V, 374f., 394f.）。

第一に、物活論は、物質そのものに生命が内在することを認める立場と、「世界霊魂（Weltseele）」を認める立場に区別できる。なお「世界霊魂」とは、物質に生命を与える内的原理であると考えられている。前者の物活論は、物質に生命を付加することで、「生ける物質（lebende Materie）」の可能性を主張する立場である。だが後者の物活論は、物質に対して、この物質とは異種的でありながら物質と交わっている霊魂を連れ添わせる。それゆえ「世界霊魂」を認める物活論は、「生命を与えられた物質（belebte Materie）」の可能性を肯定する立場である。

第二に、物質に生命が内在することを認める物活論は、「生ける物質」という概念が矛盾を含むので無意味である。『自然科学の形而上学的原理』によれば、力学の第二法則は、物質のあらゆる変化が「外的原因」をもつと定義されている（Vgl. IV, 543f.）。つまり、この法則は「慣性の法則」である。「慣性の法則」によれば、物質の慣性とは、物質が「生命をもたないこと（Leblosigkeit）」に他ならない。というのは生命とは、ある種の仕方で行動するように、内的原理に基づいて自分自身を決定する能力を意味するからである。したがって、物質に生命を認める物活論は、「慣性の法則」に矛盾することを理由として拒絶されなければならない。

第三に、「世界霊魂」を認める物活論は、生命を与えられた物質の可能性が経験のうちで明らかにされるかぎりでのみ、かろうじて「仮説として」認められるにすぎない。しかしこの物活論は、物質の可能性を説明するために、生命の存在を認めることが許されない。というのは、有機的な自然を物質の生命から説明しようとして、この生命をふたたび有機的な自然のうち以外では認めないとすれば、この物活論は説明のうちで循環を犯すことになるからである。したがって、「世界霊魂」という生命を与える内的原理を認める物活論もまた、物質の可能性を説明しようとするかぎり拒否されなければならない。

このように、カントはいずれの物活論も厳しく批判する。すなわち物活論は、生命が物質に内在することを認める立場であれ、「世界霊魂」を認める立場であれ、妥当な理論として採用できない。そのためカントは、有機的な自然のうちに生命が存在することを否定する。言い換えれば、カントは、有機的な自然が「生ける自然」であることを認めない。[17]こうした「生ける自然」の否認は、自然概念の領域と自由概念の領域を峻別する、カントのいわゆる「二元論」に基づいている。自然と自由を明確に区別するかぎり、物質に生命が内在することは認められない。しかしながら、カントによる「生ける自然」の否認は、有機的な自然が「たんなる物質」に還元されることを意味するわけではない。有機的な自然は、もちろん機械でもなければ物質の集合でもない。むしろカントは、有機的な自然の特有性をとおして、自然と自由という二つの領域の媒介を試みるのである。有機的な自然について、この媒介という含意は自然目的論の解明をとおして明白になる。そこで次節では、「生ける自然」を認める生気論との比較をとおして、カントの自然目的論の基本特徴を明らかにする。

四 「啓蒙の生気論」とカントの自然目的論

すでに論じたように、カントは有機的な自然が機械論的に説明できないと考えた。それにもかかわらず、カントは有機的な自然に生命を認めるわけではない。それではカントにとって、有機的な自然はどのような自然であることを意味するのか。この有機的な自然の意味を解明するため、本節ではP・H・ライルが定式化した「啓蒙の生気論（Enlightenment Vitalism）」という思想の考察を試みる。さらにこの思想を手がかりに、カントの自然目的論の基本特徴を明らかにする。ライルによれば、「啓蒙の生気論」とは、「生ける自然」という生気論的な自然観を唱えた啓蒙思想である。この思想の要点は、筆者が理解するかぎり、次の三点に整理できる。[18]

第一に、「啓蒙の生気論」は、機械論的な自然哲学を疑うことで形成された啓蒙思想である。一六八〇年代から一七四〇年代にわたる啓蒙の前期は、形式的で数学的な推論の方法と想定を自然現象の説明に組み入れる、機械論的な自然哲学が優勢であった。しかし一七五〇年代になると、この自然哲学の想定が疑われるとともに批判された。この批判は、「体系の精神（spirit of systems）」や、現実にかんして整合的なイメージを構成する抽象的な推論に反対して、知識や自然、人間性など、啓蒙の中心概念の再定式化を要求したのである。その結果として、新たな計画が啓蒙期の自然哲学者に課された。この計画とは、理性の能力を制限し「認識論的な謙虚さ」を認めることであり、また自然の「複雑性」を強調し熟慮することであり、さらには自然を「歴史化」することであった。したがって「啓蒙の生気論」とは、これらの計画を推し進めた啓蒙思想である。また「啓蒙の生気論者」とは、自然史や化学の領域で、また医学を含む生命科学の諸領域で、これらの計画を実行した思想家たちによって構成される集団である。その構成員には、ビュフォン、ヘルダー、ゲーテ、フンボルト兄弟をはじめとして、ドーバントン、ロビネ、ブルーメンバッハ、フォルスター、キールマイヤーを含めることができる。

第二に、「啓蒙の生気論」は、機械論的な自然哲学に抗いながら、生気論的な自然観を形成した思想である。「啓蒙の生気論者」にとって、機械論的な自然哲学における致命的な欠陥は、この自然哲学が「生ける物質（living matter）」の存在を説明できないことであった。この機械論的な自然哲学は、精神と物質を根源的に分離してしまう。その結果として、精神と物質との関係は、機会原因論や予定調和が示すように、もっぱら神の介入によってのみ説明可能になった。これに対して「啓蒙の生気論者」は、「生ける物質」のうちに目的論的な「活動的諸力」の存在を認めて、精神と物質の分離を架橋しようと試みたのである。この「生ける物質」は、自己運動あるいは自己有機化の内在的な原理を含むと見なされ、そうした運動や有機化は、物質自身のうちにある「活動的諸力」に由来すると見なされた。こうして「啓蒙の生気論者」は、「選択的親和力（elective affinities）」や「生命原理（vital principles）」、「共感」や「形成衝動」といった生命力に基づいて、生気論的な自然観を形成したのである。[19]

第三に、「啓蒙の生気論」は、自然の「解読方法」として記号論を導入した思想である。自然に生命力を認めたことは、自然哲学的な探究や説明の方法について、その再評価を必然的に引き起こした。さらに「生ける物質」の概念は、観察者と観察対象との厳密な区別を解消することになった。というのは、両者がともに、「生ける物質」のより大きな結合作用のうちで関係づけられるからである。関係や諸力の共同作用、相互作用が、物質を定義する原理としての集合や因果的関係に取って代わった。「生ける物質」の世界は、あらゆる形態の「生ける物質」に影響し、この物質を共感的な相互作用のうちで結合する諸関係の全体によって構成されている。だが「啓蒙の生気論」は、生命力が伝統的な意味における「隠れた能力（occult powers）」であり、直接的には不可視であることを認めていた。すなわち、生命力は外に現れる記号によって知られる。だが記号の意味は間接的に把握できるだけである。すると「自然の真実」は、物体の内部に潜んでいると考えられ、直接観察できるものは、表面的なものと見なされることになった。こうして「啓蒙の生気論」は、自然を解読する方法として記号論を導入したのである。[20]

このように「啓蒙の生気論」は、生気論的な自然観を形成し、精神と物質の分離を克服しようとした思想である。「啓蒙の生気論」は、物質のうちに生命力の存在を認めて、機械論的な自然哲学では統一できなかった自由と決定論を媒介しようと企てた。そしてこの媒介を行う方法が、自然の「解読方法」としての記号論であった。こうして記号論をとおして、「生ける自然」は「自由と決定論が溶け合う場所」となり、道徳の領域に由来する「隠喩」によって記述されたのである。[21]

さて筆者の立場から見れば、「啓蒙の生気論」という思想は、啓蒙思想の把握にとってとりわけ重要である。

というのは、この「啓蒙の生気論」の存在が、機械論的な自然哲学とロマン主義の自然哲学という解釈上の枠組みを破壊するからである。これまで啓蒙思想を解釈する際には、機械論的な自然哲学とロマン主義の自然哲学が対立する二つの立場と見なされてきた。そして両者の中間にある立場は、「原ロマン主義（Proto-Romanticism）」や「反啓蒙（Counter-Enlightenment）」と呼ばれる「過渡的」な立場であると見なされた。その結果として、折しも両者の中間にある立場の本来の意図が、解釈上の枠組みのために正しく評価されなかったのである。これに対して「啓蒙の生気論」は、機械論的な自然哲学でもロマン主義の自然哲学でもない、固有の啓蒙思想として定式化された。それによって、ビュフォンやヘルダーなど、これまで「原ロマン主義者」や「啓蒙の敵対者」と見なされてきた思想家たちの意図が、ようやく理解可能になったのである。

それでは、「啓蒙の生気論」と対比すれば、カントの自然目的論はどのように把握できるだろうか。[22] 筆者の見解によれば、たしかにカントは、機械論的な自然哲学に対する懐疑を「啓蒙の生気論者」と共有している。しかしカントの自然目的論は、「生ける物質」の可能性を認めず、「活動的諸力」が存在することも認めていない。そのためカントにとって、有機的な自然は、「物質の生命」という存在論的な原理に基づくわけではない。むしろ有機的な自然は、目的論的判断力という主観の認識能力に基づいて反省されるだけである。このことは、反省的判断力の「自己自律（Heautonomie）」によって説明できる（Vgl. V, 185f., XX, 225）。すなわち、認識能力としての反省的判断力は、自然の合目的性という原理を立法するので自律的である。もっとも反省的判断力は、悟性や実践理性などの認識能力とは異なる意味で、とりわけ自律的であると言うことができる。具体的に言えば、悟性の自律は、客観的に妥当する、自然の理論的諸法則を立法することに基づいている。また実践理性の自律は、同じく客観的に妥当する、実践的諸法則を立法することに基づいている。ところが反省的判断力は、自然に対しても自由に対しても立法的ではなく、むしろ「自分自身に対して」立法的であるにすぎない。というのは、反省的判断力が客観的に妥当する原理をもたず、たんに自然を反省するために「主観的に妥当する原理」を立法するからである。したがってカントの自然目的論は、「啓蒙の生気論」のように、「物質の生命」という存在論的な原理から自然を説明するわけではない。むしろこの自然目的論は、反省的判断力の主観的原理によって、有機的な自然を認識論的に反省するだけである。

このように反省的判断力は、自然の合目的性という主観的原理にしたがって、有機的な自然を認識論的に反省する。このことはまた、主観の概念を自然に「転用する」ことで、有機的な自然を理解することを意味している。有機的な自然についてカントが直面した困難は、この自然がそもそも、人間と同種的な存在者でないにもかかわらず、意志や目的をもって作用しているように見えることであった。一七八八年に執筆されたカントの論文『哲学における目的論的原理の使用について』によれば、有機的な自然は、「そのうちに含まれているすべてのものが、目的であり手段であるという仕方で関係し合うことによってのみ、可能であるような存在者」(VIII, 181)として定義される。そのため、有機化を引き起こす根本力は、その作用の可能性の根底に目的を置く「目的にしたがう作用因」(ibid.)として考えなければならない。ところが人間は、そうした根本力を、その規定根拠にかんして、経験をとおして「自分自身」のうちでのみ知っている。その根本力とは、技術作品という目的をもった産物が可能であることの原因である、「悟性」と「意志」に他ならない。しかしながら、有機的な自然のうちに「悟性」や「意志」の存在を認めることはできない。そのため、「その存在者もしくはそれにそなわる原因のうちにあるはずの目的や意図がないにもかかわらず、自分自身から合目的的に作用する」(ibid.)ような存在者の能力は「虚構」にすぎないのである。そこでカントは考察を発展させ、『判断力批判』においては、この困難を次のように解決した。すなわち有機的な自然は、たとえその可能性が目的や意図に基づいていないとしても、主観に帰属する「目的の概念」を象徴的に描出する存在者として理解できる。したがってカントは、有機的な自然が人間と同種的であることを認めるわけではない。むしろカントは、「目的の概念」を感性化する存在者として、この自然を仮説的に理解できると考えたのである。

五　目的論的反省と「有機的自然の解釈学」

前節での考察から、カントの自然目的論は次のように把握されたはずである。すなわち、この自然目的論は、目的の概念を象徴的に描出する存在者として有機的な自然を理解する。この見解を根拠づけるために、本節では目的論的反省を取りあげて、その解釈学的含意を明らかにしたい。

さて目的論的判断力は、自然の合目的性という原理のもとで、有機的な自然を認識論的に反省する。それでは、目的論的判断力の反省のうちに、有機的な自然の理解にかんする解釈学的含意が見出されるであろうか。カントによれば、目的論的判断力は、自然産物として認識される存在者を、それにもかかわらず「目的」として判断する。言い換えれば、目的論的判断力は、ある自然産物を「自然目的」として判断する。[23] だがこの目的論的判断が可能であるためには、次の三つの条件を満たさなければならない（Vgl. V, 372ff.）。

第一に、ある自然産物を自然目的として判断するために、諸部分は全体への関係によってのみ可能でなければならない。すなわち、諸部分の現存在と形式は、全体に対する関係によってのみ可能であることが要求される。というのは、この自然産物がたんなる結果ではなく目的として、この産物の部分をアプリオリに規定しなければならないような、ある理念のもとに包括されているからである。もっとも、このような仕方で可能であると考えられるかぎり、この自然産物は理性的原因の産物にすぎない。つまりそれは技術の産物である。

第二に、ある自然産物は、全体への関係によって可能でありながらも、技術の産物であってはならない。そうだとすれば、この自然産物の原因はそれ自身のうちに存在しなければならない。言い換えれば、この自然産物の諸部分は、それぞれ互いに諸部分の形式の原因であり結果であることで、ある全体のもとでの統一へと結合されなければならない。また全体の理念は、こうした仕方でのみ、すべての部分の形式および結合を規定できる。だが全体の理念は、原因として諸部分を規定するわけではない。むしろこの理念は、自然産物のうちに含まれる多様なものすべての形式および結合にかんして、その体系的統一の「認識根拠」として機能する。

第三に、ある自然産物を自然目的として判断するために、こうして最終的に次のことが要求される。すなわち、この自然産物の諸部分は、その形式および結合にかんして相互に産出し合い、それ自身の原因性に基づいて一つの全体を産出しなければならない。だが全体の理念は、ふたたび逆にある原理によって、この全体の原因でなければならない。したがって、ある自然産物について、その作用原因の連結は、目的原因による結果としても判定できなければならない。言い換えれば、諸部分による全体の産出は、同時に「全体の理念」のもとでの結果であると判定可能でなければならない。

以上を要約すれば、ある自然産物を目的論的に判断する条件は、次のとおりである。すなわち、諸部分はその現存在と形式にかんして、「全体に対する関係」によってのみ可能でなければならない。だが「全体の理念」は、原因として諸部分を規定するのではない。むしろ「全体の理念」は、諸部分の形式および結合にかんする体系的統一の認識根拠である。こうして諸部分は形式および結合にかんして相互に産出し合い、一つの全体を産出しなければならない。しかし「全体の理念」は、再度この全体の原因でなければならない。そのため、諸部分の作用原因の連結は、同時に全体にかんする目的原因の結果として、判定可能でなければならない。

筆者の見解によれば、これらの条件を考慮すれば、目的論的反省には、全体と部分の「解釈学的循環」の構造が見出される。すなわち、有機的な自然は目的論的反省をとおして、「固有の時間」にしたがう自然として反省されている。というのは、有機的な自然にかんして目的原因の原因性が、「過去から現在への継起」および「現在から未来への予期」という時間関係を含意するからである。[24] 有機的な自然の諸部分は、たんに相互に作用して共時的な全体を産出するだけではない。これらの部分はまた、全体としての有機的な自然の「未来の状態」を予期している。言い換えれば、有機的な自然について、諸部分の現在の状態は、他の諸部分による作用の結果として理解されるだけではない。むしろこの現在の状態は、「未来」を志向するものとしても理解される。目的原因が結果から原因を規定するように、有機的な自然の「未来の状態」は、諸部分の現在の作用を前もって決定している。だがこの「未来の状態」もまた、現在の状態によって決定されているのである。そのため有機的な自然は、ある全体を「未来の状態」として予期しつつも、諸部分の「現在」の作用が全体を産出するという仕方で反省されている。このように、時間をとおした有機的な自然の生長は、全体と諸部分との循環をとおしてのみ把握できる。したがって、有機的な自然の目的論的反省には、全体と諸部分との「解釈学的循環」の構造が見出されるのである。[25]

もっとも、こうした解釈学的循環の構造だけが、目的論的反省にかんする解釈学的含意であるわけではない。目的論的反省には、また理性理念の「象徴的描出」について、前節で言及したような解釈学的含意が見出される。目的論的判断力は、目的の概念との類比にしたがって、たんに有機的な自然の探究を導くだけではない（Vgl. V,

375)。また目的論的判断力は、目的の概念を手がかりにして、有機的な自然の最高の根拠を「熟慮」できるとされる。しかもこの「熟慮」は、自然の根源的な根拠を認識するためでなく、むしろ実践理性のために遂行される。この「熟慮」にかんしては、K・デュージングの研究が重要な示唆を与えてくれる。デュージングによれば、目的論的判断力は、自然の「超感性的基体」へと有機的な自然を関係させる。そこで目的の概念をとおして表象される、自然の「超感性的基体」と、実践理性に由来する「超感性的目的」との間には「類縁性（Verwandtschaft）」が思考できる。そのため実践理性は、有機的な自然の存在に対して関心を抱かざるをえない。こうして、目的論的判断力の「熟慮」は、まさに理論的ではなく実践的な意味をもつのである。このデュージングの見解は、本節での課題を考慮すれば、次のような論点に整理できる。[26]

第一に、「自然目的」という目的の概念は、たんに有機的な自然を探究するための方法的前提であるだけではない。また目的論的判断力は、実践理性に由来する目的の概念との類比にしたがって、有機的な自然を反省する。だがこの反省は、自然の最高の根拠を「熟慮する」ことでもある。というのは、有機的な自然に見られる「技巧」と、実践理性によって規定される「人間の行為」との間に、驚くべき「類似性（Vergleichbarkeit）」が見出されるからである。そのため目的論的判断力は、目的の概念をもとに、有機的な自然を「超感性的基体」へと関係づける。

第二に、目的の概念によって表象される、有機的な自然の「超感性的原理」と、実践理性の「超感性的目的」との間には、ある「類縁性」が思考できる。この「類縁性」が根拠となり、「自然目的」の概念は、理論理性のみならず実践理性にとっても意味をもつ。有機的な自然の「超感性的原理」の解明では、実践理性の関心が示唆されている。すなわち実践理性は、有機的な自然の存在に関心をもつとされる。というのは実践理性が、「自然目的」として判断される有機的な自然のうちに、「超感性的目的」の実現の可能性を見出すからである。

筆者の立場から見れば、このデュージングの見解には、理性理念の「象徴的描出」にかんする解釈学的含意が見出される。具体的に言えば、実践理性は、その「目的」と有機的な自然の「原理」との「類縁性」から、この有機的な自然の存在に対して関心をもつ。というのも、実践理性が、いまや有機的な自然のうちに、その「目的」を実現する可能性を見出すからである。だが実践理性が、この可能性を見出すことができるのは、まさに有機的な自然が、「超感性的目的」の「象徴的描出」として理解されるからに他ならない。すなわち有機的な自然は、目的の概念にしたがって反省されることで、「超感性的目的」という理性理念の「象徴的描出」として理解される。[27]というのは、目的の概念にしたがう反省の規則と、実践理性の「超感性的目的」にかんする反省の規則との間に、「類似性」が認められるからである。あるいは、そもそも「自然目的」の概念が、有機的な自然の反省に対して、実践理性の目的の概念を「転用する」ことで可能になるからである。このように有機的な自然は、「超感性的目的」という理性理念の感性化として理解される。それゆえ目的論的反省には、有機的な自然の理解にかんする解釈学的含意が見出されるのである。

さて以上の考察を踏まえれば、有機的な自然の目的論的反省は、「有機的自然の解釈学」として把握できる。すでに筆者は第一章のなかで、「自然の解釈学」の立場を提示していた。すなわち「自然の解釈学」とは、反省的判断力の対象である自然にかんして、諸表象を理念の「象徴的描出」として理解する、美感的および目的論的な反省である。この「自然の解釈学」を考慮すれば、「有機的自然の解釈学」は次のように定式化できる。「有機的自然の解釈学」とは、有機的な自然を反省する規則と実践理性の「超感性的目的」を反省する規則との類似性をもとに、この「超感性的目的」の「象徴的描出」として有機的な自然を理解する目的論的反省である。「有機的自然の解釈学」にとって、有機的な自然の意味とは、この自然のうちで象徴的に描出される「超感性的目的」の理念に他ならない。つまり有機的な自然の意味は、自然を超えた「超感性的なもの」の理念である。こうして「有機的自然の解釈学」は、「超感性的なもの」の理念のもとで、有機的な自然を象徴的に理解するのである。

六　「有機的自然の解釈学」と自然概念の領域から自由概念の領域への「移行」

前節で論じたように、有機的な自然について、その目的論的反省は「有機的自然の解釈学」として定式化された。だが「有機的自然の解釈学」はまた、「自然全体」にかかわる象徴的理解によって、自然から自由への「移行」を遂行する。そこで本節では、自然全体の目的論的反省について、自然概念の領域から自由概念の領域への「移行」を解明してみたい。

さてカントによれば、有機的な自然の目的論的判断は、「一つの体系としての自然全体」という理念へと必然的に至る (Vgl. V, 377)。すなわち、有機的な自然はその可能性の根底に、「ある理念」を含んでいる。だが物質とは諸物が複数存在することであるから、この複数の存在はそれだけでは物質の合成にかんする統一を与えることができない。これに対して、有機的な自然の根底には、諸表象を絶対的に統一する「ある理念」が存在する。そこでこの絶対的な統一は、物質から合成されたものの諸形式について、その原因性の自然法則をアプリオリに規定する根拠であるべきならば、目的論的判断は「自然全体にまで」拡張されなければならない。というのは、有機的な自然を超感性的原理に関係づけるならば、自然全体も同じように、この原理によって判断される必要があるからである。[28] こうして自然全体が、目的の概念によって表象される超感性的原理に基づくと判断される。

それによって、目的論的判断も自然全体にまで拡張して適用されるのである。

もっとも、有機的な自然の目的論的判断は、自然全体の目的論的判断から区別されなければならない（Vgl. V, 378）。前者の判断は個体にかかわるが、後者の判断は全体にかかわる。言い換えれば、目的論的判断力は、有機的な自然を、その内的形式に基づいて「自然目的」と判断する。他方で目的論的判断力は、ある有機的な自然の現存を「自然の目的」と見なして、目的と手段の連関のもとで自然の全体について判断する。だが後者の判断は、そもそも自然の内部では完結できない。というのは、自然全体を目的論的に判断するためには、もはや他の自然の手段とならず、それ自身で「無条件的」と見なされる目的が必要である。しかしながら、多様な動植物が相互に目的であり手段であるように、自然の「無条件の目的」は自然のうちには存在しない。むしろこの「目的」は、自然を超えた自由の領域に求められる必要があるからである。つまり自然全体の目的論的判断は、自然の領域を超えた「自然の究極目的（Endzweck der Natur）」を必要とする。こうして目的論的判断は、自然全体の判断へと拡張されて、自然概念の領域から自由概念の領域への「移行」を遂行するのである。

すでに第一章で筆者は、自然概念の領域から自由概念の領域への「移行」を次のように説明していた。すなわち、理論理性としての悟性が可能にする現象の世界と、実践理性としての理性が可能にする「超感性的なもの」の世界とは、まったく異なる領域として分離されたままである。しかし理性の目的、すなわち道徳法則によって課せられた究極目的は、自然のうちで実現されるべきである。そこで反省的判断力は、この究極目的の実現を保証するために、自然の合目的性の原理によって「移行」を可能にする。言い換えれば、反省的判断力はその合目的性の原理をもとに、自然概念の領域から自由概念の領域へと「移行」を可能にするのである。それでは目的論的判断力について、この「移行」は具体的にどのように遂行されるのだろうか。

デュージングの見解によれば、この「移行」は、目的論的判断力が自然の合目的性の原理をとおして、外的自然の「超感性的基体」に規定可能性を与えることで遂行される。というのも、この「超感性的基体」の概念が、悟性によって規定されない現象の「超感性的基体」と、実践理性が道徳法則によって規定する「超感性的なもの」との統一を可能にするからである。[29] 基本的な論点にかぎれば、このデュージングの見解はたしかに妥当であろう。しかしこの「移行」の具体的な手続きは、十分に解明されないままであり、カント研究上の課題として残されてきた。そのため、この課題を解決すべく、近年も「移行」について研究がなされている。筆者の見解では、近年の研究はおおよそ二つの立場に分類できる。第一の立場によれば、目的論的判断力は、道徳的存在者としての人間が「自然の究極目的」であると見なす。そこで「移行」は、道徳法則によって命令される最高善から、この最高善が自然のうちで実現される可能性を推論することである。この第一の立場は、最高善の実現について、その可能性を保証する議論として「移行」を把握する。しかし筆者から見れば、こうした把握では、外的自然の「超感性的基体」にかんする議論が未解明のままである。また第二の立場によれば、目的論的判断力は、「究極目的」にむけて自然を創造した神という概念を要求する。そこで「移行」は、この創造神の概念によって、現象の根底にある「超感性的基体」と実践理性が規定する「超感性的なもの」とを統一することである。この第二の立場は、道徳神学による神の存在証明をとおして、「移行」が遂行されると把握する。[30] だが筆者から見れば、こうした把握は、神の存在証明の妥当性に依拠するだけでない。この把握はまた、自然目的論および道徳目的論にかんする議論を不要にしてしまう。このように近年の研究も、自然概念の領域から自由概念の領域への「移行」を十分に解明できないままなのである。

そこで筆者自身は、この「移行」について仮説を提示してみたい。筆者が注目するのは、自然目的論と道徳目的論との関係である。というのは、自然概念の領域から自由概念の領域への「移行」が、自然目的論から道徳目的論への「進展」として解明できるからである。この「進展」を把握する上で、A・ブライテンバッハの重要な研究を考察してみたい。ブライテンバッハによれば、自然は「究極目的」のもとでのみ、全体として目的論的に判断することが可能である。この「究極目的」とは、道徳的存在者としての人間に他ならない。だが人間が「究極目的」になるためには、道徳的存在者のために自然を産出した、「ある道徳的世界原因（eine moralische Weltursache）」が想定されなければならない。このブライテンバッハの見解は、筆者にとって重要な論点を挙げれば、次の三点に整理できる。(31)

第一に、自然全体の目的論的判断について、自然目的論と道徳目的論が区別されなければならない。一方で、自然目的論は自然神学へと至り、他方で、道徳目的論は道徳神学に至る。自然神学とは、経験をとおして認識される自然の諸目的から、自然の最上の原因とその諸特性を推論する試みである。また道徳神学とは、アプリオリに認識される理性的存在者の道徳的目的から、自然の最上の原因とその諸特性とを推論する試みである（Vgl. V, 436）。だが目的論的体系としての自然全体にかんして、この全体という理念の必然性を基礎づけることができるのは、自然目的論ではなく道徳目的論である。というのは、自然目的論にしたがうかぎり、自然の「究極目的」は推論できず、自然の目的論的体系も完結しないままである。それゆえ、むしろ自然のうちなる理性的存在者の「道徳的目的」からのみ、自然の「究極目的」および自然の第一原因を推論できるからである。

第二に、「究極目的」であることができるのは、自由で道徳的な理性的存在者としての人間だけである。自然の必然性から独立した行為者として、人間は理性的根拠にしたがって道徳的に行為する能力をもつ。この意味において、人間は目的自体として理解される。カントが自然の「究極目的」としての人間について語る場合に、自然の一部である人間は重要ではない。また人間の理論理性の能力や目的を設定する能力も重要ではない。むしろ重要であるのは、自由に目的を設定し理性を実践的に使用する、理性的存在者の能力である。というのは、人間が目的自体という道徳的な行為者として理解される場合に、人間自身が手段として役立つ、より高次の目的はもはや不要になるからである。したがって、自然が「究極目的」を認めるならば、この「究極目的」は「道徳的存在者」のうちにのみ見出される。こうして、道徳的存在者が自然の「究極目的」として前提される場合に、自然全体の目的論的判断が可能になる(32)。

第三に、カントは、自然の「究極目的」を問うことで、この「究極目的」を可能にする自然の諸条件を問題にしている。また自然の「究極目的」を問うことは、自然が道徳的行為の可能性にどのように寄与できるのかと問うことでもある。だが自然は、この可能性に影響を与えることができるためには、道徳的存在者の目的のために自然を産出する「道徳的世界原因」が想定されなければならない。あるいは、道徳的な意図をもって行為する、「知性的な世界原因」が想定されなければならない。さらにこの「世界原因」については、道徳的存在者の存在を可能にするように、自然を調整することが想定されなければならない。こうして、まさに自然を調整する「世界原因」が想定されることで、道徳的存在者としての人間が自然の「究極目的」となるのである。

このように、自然全体を目的論的に判断するためには、道徳的存在者が自然の「究極目的」として前提に認められなければならない。だがこの前提が可能であるためには、道徳的存在者のために自然を産出する、「道徳的世界原因」を想定しなければならない。このブライテンバッハの見解を考慮すれば、「移行」は次のように説明できるであろう。すなわち、目的論的判断力は、自然を産出する「道徳的世界原因」を想定することで、自然概念の領域から自由概念の領域への「移行」を可能にする。というのも、自然の根底に「道徳的世界原因」が想定されて、自然概念の領域と自由概念の領域との媒介が可能になるからである。したがってこの「移行」とは、目的論的判断力が「道徳的世界原因」を想定して、自然の「超感性的基体」に規定可能性を与えることに他ならない。目的論的判断力は、まさに道徳目的論をとおして、この「超感性的基体」を規定できるようにするのである。

もっとも筆者の立場から見れば、「移行」にかんする上記の解明は、目的論的判断力による「移行」過程を十分に解明できたわけではない。第一章で論じたように、反省的判断力は、感性的な諸表象を理性理念の「象徴的描出」として理解することで、「移行」を遂行する。言い換えれば、反省的判断力は、経験的諸法則にしたがう自然を理性理念の「象徴」として理解することによって、「移行」を成し遂げる。しかし上記の説明は、目的論的に判断される自然について、「象徴的描出」の議論を看過している。そこで筆者は、目的論的判断力による「移行」にかんして、「象徴的描出」の解釈学的含意を次のように把握する。[33] すなわち、目的論的判断力は、「究極目的」の理念のもとで自然全体を反省する。この反省をとおして、経験的諸法則にしたがう自然が「道徳性の理念」の象徴として理解される。言い換えれば、自然の目的論的で体系的な秩序が、「道徳的秩序」を象徴的に描出するものとして理解されるのである。というのは、究極目的にかんする反省の規則と、経験的諸法則にしたがう自然を反省する規則との間に、「類似性」が認められるからである。さらにこの理解をとおして、道徳的存在者としての人間は、経験的諸法則にしたがう自然のうちに、その「目的」を実現する可能性を見出すことになる。人間が道徳的に行為する可能性が、自然の象徴的理解をとおして仮説的に保証されるというわけである。したがって目的論的判断力は、道徳性の「象徴的描出」として自然を理解することで、自然概念の領域から自由概念の領域への「移行」を可能にするのである。

七　「有機的自然の解釈学」と自然の自立性

以上の考察によって筆者は、「有機的自然の解釈学」という立場から、ベーメによる自然目的論の批判に次のように反論できる。上述のようにベーメは、カントが「生ける自然」の可能性を認めないことを批判していた。すなわち、ゲーテはニュートンの実験哲学を批判して、人間によって作られていない領域としての自然を対象とした。というのもゲーテが、ニュートンとは異なる仕方で実験を理解することで、「生ける自然」の概念を認めていたからである。これに対してカントは、たしかに自然目的論を展開したけれども、「生ける自然」の可能性を認めることができなかった。むしろカントは、機械に準ずる仕方で自然を理解しており、機械論的な自然観を主張していたのである。こうしてカントの自然目的論も、ニュートンの実験哲学と同様に、技術の観点から自然を把握したのである。

しかし本章の考察によれば、こうした批判が妥当しないことは明白である。いまや筆者は、ベーメのカント批判に次のように反論できる。第一に、カントの自然目的論は、技術の観点から自然を把握するわけではない。マクローリンの解釈は、ベーメのカント批判をたしかに認めるものであった。マクローリンによれば、人間悟性は自然を機械論的に説明しなければならない。だが有機的な自然は機械論的に説明できず、むしろ目的論的に判断されなければならない。もっとも目的論的判断は、人間悟性とは別の悟性の「技術産物」として、この有機的な自然を把握することを意味する。するとカントは、たんに悟性による自然一般の機械論的説明を認めるだけではない。むしろカントは、別の悟性による有機的な自然の機械論的把握を想定することで、まさに機械論的な自然観を形成したというわけである。

しかしながら、筆者の立場から見れば、目的論的判断は、「直覚的悟性」によって構想された「技術の産物」として、有機的な自然を把握するわけではない。有機的な自然は、その可能性が目的原因の原因性によって理解される。この原因性による理解が困難である理由は、有機的な自然が人間の技術の産物でもなければ、理性をそなえた知性的な存在者でもないことにある。むしろ目的論的判断は、類比によって有機的な自然を把握するために、「目的の概念」を使用するにすぎない。そのため、「目的の概念」との類比は、「直覚的悟性」の「技術の産物」として有機的な自然を把握することを意味するわけではない。というのは、もしも「技術の産物」として把握すれば、有機的な自然はその「外部」に原因をもつことになり、もはや「自然の産物」と見なすことが不可能になるからである。

第二に、有機的な自然について、その目的論的反省は「有機的自然の解釈学」として定式化された。この「有機的自然の解釈学」とは、有機的な自然を反省する規則と実践理性の「超感性的目的」を反省する規則との類似性をもとに、この「超感性的目的」の「象徴的描出」として有機的な自然を理解する目的論的反省である。「有機的自然の解釈学」にとって、有機的な自然の意味とは、この自然のうちで象徴的に描出される「超感性的目的」の理念に他ならない。つまり有機的な自然の意味は、自然を超えた「超感性的なもの」の理念である。また目的論的反省の対象は、たんに有機的な自然のみならず、さらに自然全体にまで拡張された。目的論的反省は、自然にかんする目的論的な体系的秩序を、「道徳的秩序」を象徴的に描出するものとして理解する。というのは、経験的諸法則にしたがう自然を反省する規則と、究極目的について反省する規則との間に、「類似性」が認められるからである。こうして有機的な自然だけでなく、自然全体の目的論的秩序もまた、道徳的秩序を象徴的に描出するものとして理解されるのである。

ところで、第四節で論じたように、目的論的判断力は「自己自律的」である。すなわち、目的論的判断力は自然の客観的法則を立法せず、自分自身に対して自然の合目的性の原理を立法するだけである。しかも自然の合目的性は、自然を反省するための原理である。このことは、目的論的判断力が客観的原理によって自然を規定するのではなく、「主観的原理」に基づいて自然を反省することを意味する。言い換えれば、目的論的判断力は、「主観的原理」をもとにして、「超感性的目的」という理性理念の「象徴的描出」として有機的な自然を理解する。あるいは目的論的判断力は、道徳的秩序の「象徴的描出」として自然の目的論的秩序を理解する。このように、自然が「主観的原理」に基づいて反省され、理性理念との類比によって象徴的に理解されるかぎり、この自然には「自立性」が認められる。というのも、目的論的判断力は、この自然を客観的原理によって「規定しないままに」残しておくからである。この「自立性」とは、客観的原理によって構成されない、自然の「即自存在」に他ならない[34]。その意味で「有機的自然の解釈学」は、有機的な自然および目的論的自然に対して、客観的原理による規定から独立した「自立性」を認めるのである。

したがって、本章の結論は次のように要約できる。第一に、カントの自然目的論は、技術の観点から自然を把握するわけではない。むしろそれは、反省的判断力の「自己自律」に基づいて、自然の「自立性」を認める理論である。第二に、目的論的判断力による有機的な自然の反省は、実践理性の「超感性的目的」の「象徴的描出」としてこの自然を理解する、「有機的自然の解釈学」を意味する。またこの「解釈学」に基づいて、自然の目的論的秩序が道徳性の象徴として理解できるようになる。第三に、この筆者の見解が妥当であるとすれば、この解釈学的立場を採用することで、自然目的論における自然概念の領域から自由概念の領域への「移行」が、まさしく具体的に解明されたのである。

八 「自然の解釈学」と『判断力批判』の体系性

こうして本書は「自然の解釈学」を定式化して、『判断力批判』を体系的かつ統一的に解明したはずである。そこで本章の最後に、自然から自由への「移行」および「自然の解釈学」の観点から、第一章から第四章までの議論を総括してみたい。

第一章で論じたように、自然概念の領域と自由概念の領域の間には「裂け目」が存在する。すなわち自然概念の領域は、自由概念の領域に対して影響を及ぼすことが決してできない。それはあたかも、互いに異質な世界が存在するかのようである。しかし実践理性は、感性界における究極目的の実現を要求する。この実践的関心に基づくかぎり、自然と自由との「裂け目」は容認できない。そのため反省的判断力は、その固有の原理によって「移行」を試みるのである。この「移行」とは、自然と自由の直接的な結合ではなく、両者の合致の「思考可能性」を示すことにある。すなわち、自然の合法則性は、実現すべき究極目的の可能性と合致できる。このように自然が「思考されうること」の提示にある。

さらにこの「移行」は、上級認識能力とその原理、および原理が適用される領域の観点から説明される。まず反省的判断力は、悟性と理性という上級認識能力の媒介を可能にする。これは、判断力によって上級認識能力が媒介的に統一されることである。この媒介的統一は、伝統的論理学における認識諸能力の区別によってすでに準備されていた。だが実際に媒介を可能にしたのは、判断力という従属的な能力に「独自の原理」が見出されたことによる。また判断力の原理である自然の合目的性は、悟性の合法則性と理性の究極目的との媒介を可能にする。言い換えれば、自然の合目的性は、自然の合法則性の原理と自由に基づく究極目的の原理を媒介する、アプリオリな原理である。これらの原理に基づいて、また上級認識能力はその領域を形成することになる。この領域にかんして、自然と自由という二つの領域は、人間の技術を含む「自然の技術」によって媒介可能になる。これが、自然概念の領域と自由概念の領域との媒介的統一に他ならない。したがってカントは、上級認識能力の統一をもとに、自然の合目的性によって悟性と理性の諸原理を媒介することを構想した。そして諸原理を適用する領域から見れば、この媒介が自然概念の領域から自由概念の領域への「移行」になるのである。こうして自然の合目的性は、自然と自由の媒介的統一を可能にする。それは具体的に言えば、自然が諸理念の「象徴的描出」として理解できることを意味する。

そこで筆者の見解によれば、この「象徴的描出」の思想が「自然の解釈学」として定式化された。すなわち「自然の解釈学」とは、理念の「象徴的描出」として自然を理解する、美感的および目的論的な反省に他ならない。これらの反省は、客観的原理によって自然を規定せず、この自然をむしろ諸々の理念へと関係づける。そのため自然は、多様な「意味」のもとで理解されることが可能であった。さらに「自然の解釈学」は、「自然美の解釈学」、「崇高な自然の解釈学」、「有機的自然の解釈学」として具体的に解明された。その内容は次のように要約できる。

第一に、趣味判断における自然美の反省は、「自然美の解釈学」として定式化された。この「自然美の解釈学」とは、構想力と悟性との調和をもとにした自然美の解釈である。言い換えれば、「自然美の解釈学」は、理性理念の「象徴的描出」として自然美を解釈することに他ならない。だが自然美そのものは、構想力が美感的理念を産出する契機である。また美感的理念と理性理念は、「解釈学的循環」の関係にある。そのため自然美の解釈は、「無限の過程」を意味することが明らかになった。さらに注目すべきは、美感的理念を産出する構想力の働きであった。すなわち、構想力は自由に戯れ、理性理念の象徴として理解できる美感的理念を産出する。この美感的理念は、悟性概念によって汲み尽くしえない豊かな内容を含んでいる。そのため構想力は、さまざまな理性理念に照らして自然美を理解するための根拠になる。こうして「自然美の解釈学」は、構想力の自由な戯れに基づいて、「多様な意味」のもとで自然を象徴的に理解することが可能であった。

第二に、崇高の判断における自然の反省は、「崇高な自然の解釈学」として定式化された。この「崇高な自然の解釈学」は、理性理念の「否定的描出」として、構想力が総括できない自然を理解する。「崇高な自然」とは、感性化できない理性理念をあえて描出しようとする、構想力の努力の実例的説明である。というのは、構想力が総括できないことが、逆説的にも理性理念の描出として理解されるからである。構想力によって総括できない自然は、また悟性によっても原理的に把握できないままである。言い換えれば、この総括できない自然は、人間の認識能力によって把握できない「異質な他者」にとどまる。というのは、この自然は、構想力によって表象不可能であり形式を欠いたままである意味で、理性的主観のうちに還元できないからである。こうして「崇高な自然」は、理性的主観には把握できない「不可知の外部」が存在することを含意している。したがって、「崇高な自然の解釈学」において自然は、構想力と悟性による把握を超えた「異質な他者」であることが明らかになった。

第三に、目的論的判断における自然の反省は、「有機的自然の解釈学」として定式化された。有機的な自然を反省する規則と、実践理性の超感性的目的を反省する規則との間には、ある類似性が見出される。この類似性をもとに、「有機的自然の解釈学」は、超感性的目的の「象徴的描出」として有機的な自然を理解する。さらにこの「解釈学」は、自然の反省を拡張することで、道徳性の理念の「象徴的描出」として自然の目的論的秩序を理解する。ところで、目的論的判断における反省は、たんに主観的原理に基づくだけであり、客観的原理によって自然を規定するわけではない。有機的な自然および自然全体は、主観的に反省され、類比をとおして理念のもとで象徴的に理解される。そのかぎりで、これらの自然は、客観的原理による規定からの「自立性」という存在性格をそなえている。したがって、「有機的自然の解釈学」においては、有機的な自然および自然全体が、客観的原理による規定から独立した「自立的存在者」であることが解明された。

このように「自然の解釈学」によれば、多様な観点から自然を観照し考察することが可能になる。自然美は美感的理念の契機であり、汲み尽くすことのできない「多様な意味」を露わにする。また「崇高な自然」は、構想力や悟性によって把握できない「異質な他者」として現れる。さらにまた有機的な自然は自然全体とともに、客観的原理によって規定されない「自立的存在者」として立ち現れる。これらを考慮すれば、「自然の解釈学」は、自然の「他者性」を想起させると言うことができる。反省的判断力にとって自然とは、悟性による概念的把握の彼方にあって、象徴的な仕方でのみ理解される存在に他ならない。この自然は概念のもとに包摂し規定することができない。むしろこの自然は、反省の規則の類似性を頼りに、たんに間接的に理解されるにすぎない。そのため自然は、悟性概念による規定をすり抜け、そのつど解釈を要求する「不可解な謎」として立ち現れる。したがって最後に言えば、カントの批判哲学は、自然を「理性の他者」と見なして排除するわけでは決してない。むしろこの批判哲学は、理性にとって自然があくまで「他者」であることを想起させる哲学である。

注

（1） Vgl. H. Böhme und G. Böhme, *Das Andere der Vernunft. Zur Entwicklung von Rationalitätsstrukturen am Beispiel Kants*, Frankfurt a. M. 1983, S. 304–309.

（2） Vgl. Böhme, Lebendige Natur. Wissenschaftskritik, Naturforschung und allegorische Hermetik bei Goethe, in: *Natur und Subjekt*, Frankfurt a. M. 1988, S. 145–178. この論文でベーメは、認識にかんするカントの模範的思考が理論的にも実践的にも危機に陥っていると見なし、ゲーテの思想の再評価を試みている。ゲーテの思想の再評価については、G・ベーメの以下の文献も参照されたい。なおゲーテのカント理解の妥当性については、本書の考察範囲を超え出るため、別の機会に検討したい。Vgl. G. Böhme, Natur hat weder Kern noch Schale – Goethes Methode der Naturbetrachtung, in: K. Richter und G. Sauder (hrsg.), *Goethe. Ungewohnte Ansichten*, Sankt Ingbert 2001, S. 9–21.（「自然には核もなければ殻もない——ゲーテの自然観察の方法論」宮田眞治訳、『思想』、一九九九年、九〇六号、岩波書店、四三—五三頁）

（3） Vgl. H. Böhme, *a. a. O.*, S. 147f.

（4） ベーメによれば、ゲーテの自然概念はアリストテレスの「自然（physis）」概念に他ならない。すなわち、ゲーテにとって「生ける自然」は、まず感性的で身体的な主観に抵抗する自然である。また具体的に経験され、対象的に把握され直観されて、全体の連関のうちで反省される自然である。さらにまた、観察者の驚嘆と畏怖のうちで、自らを観察者に委ねる自然でもある。Vgl. Böhme, *a. a. O.*, S. 153f. なおゲーテの自然概念について、E・フェルスターの研究は有益な示唆を含んでいる。このフェルスターの研究は、筆者にとって重要な論点を挙げれば、次の三点に整理できる。第一に、「生ける自然」を理解するためには、概念がその対象の発展をともに遂行できるように、概念を運動させ変化させる可能性が見出されなければならない。すなわち、思考を直観へと沈潜させ、変態する対象とともに概念が発展するように、この概念を「彫塑的（plastisch）」ないし「流動的（flüssig）」にすることが必要である。第二に、概念を運動させ変化させることは、自然現象を観察する場合に、その現象に完全に慣れ親しみ、熟考によって自分のものにすることを意味する。また自然現象に完全に慣れ親しむためには、ある全体を描出すると同時により高次の秩序の現象と見なされる、連続的に系列をなす諸観察を行うことが重要である。あるいは、熟考によって自然現象を自分のものにするためには、自然が示す実例にしたがいながら、自分の思考でもって「運動的（beweglich）」かつ「造形的（bildsam）」に振る舞うことが必要である。第三に、自然現象を自分のものにするために、次のことが要求される。すなわち、現象の諸部分は、それぞれが展開していくように相互に関係づけられなければならない。その場合には、個々の諸部分の間で作用するような「諸々の形成力（bildenden Kräfte）」を熟考する必要がある。また熟考する思考は、自然現象のあらゆる部分で同時に活動していなければならない。つまり思考は直観的にならなければならない。こうして、諸部分の同時的な全体の思想と連続的に変化する諸部分の思想は、一つの「それ自身で生ける思想」にならなければならない。Vgl. E. Förster, Die Bedeutung von §§76, 77 der *Kritik der Urteilskraft* für die Entwicklung der nachkantischen Philosophie [Teil I], in: *Zeitschrift für philosophische Forschung*, Bd. 56, 2002, S. 182–187.

（5）Vgl. P. McLaughlin, *Kant's Critique of Teleology in Biological Explanation. Antinomy and Teleology*, Lewiston/Queenston/Lampeter 1990, pp. 127–180. マクローリンは、目的論的判断力のアンチノミーの研究をとおして、独自の解釈に至った。もっともこのアンチノミーについては、本書の主題から逸脱するため別の機会に検討することにしたい。また機械論および機械論的な自然観については次の文献も参照されたい。Vgl. P. McLaughlin, Newtonian Biology and Kant's Mechanistic Concept of Causality, in: P. Guyer (ed.), *Kant's Critique of the Power of Judgment. Critical Essays*, Lanham/Boulder/New York/Oxford 2003, pp. 209–217.

（6）マクローリンによれば、人間悟性による因果的説明の出発点は「分析的普遍（das Analytisch-Allgemeine）」と呼ばれる。というのは、現象の原因が「解体」ないし「分析」によって見出されるからである。だが「直覚的悟性」については事情が異なる。「直覚的悟性」にとって、因果的説明の出発点は「総合的普遍（das Synthetisch-Allgemeine）」と呼ばれる。なぜなら、「直覚的悟性」は全体を一挙に直観できるため、現象を説明するための出発点が「全体」だからである。Vgl. P. McLaughlin, *Kant's Critique of Teleology in Biological Explanation. Antinomy and Teleology*, Lewiston/Queenston/Lampeter 1990, p. 165.

（7） 自然を「技術の産物」と見なす思想にかんして、R・レーヴの研究は示唆に富み有益である。レーヴによれば、一六世紀から一八世紀に至る有機体論の歴史は、技術の「類比物」として考えられていた有機体が、技術の「実例」となる過程に他ならない。筆者の立場から見れば、このレーヴの研究は次の七点に要約できる。第一に、近代は「世界像の機械化」と「数学化」の時代として特徴づけられる。だがこの特徴づけは近代の生物学に妥当しない。というのは、技術との類比にしたがって現象を記述する「生物学的世界像の機械化」が、すでに古代に起こっているからである。第二に、一六世紀および一七世紀における学問の本質的特徴として、実験の新たな役割を指摘することができる。この役割は、類比による明証的証明の代わりに、「製作可能性（Machbarkeit）」や「複製可能性（Reproduzierbarkeit）」による証明が登場することで特徴づけられる。第三に、この「制作可能性」による証明の登場とともに、実験をとおして「反復可能」なものだけを「経験」と見なす、経験概念の新たな把握が生じる。かつて経験とは、個人的で反復不可能な内容をもつ「想起の過程」を意味していた。しかしこの過程を放棄して、数学的な記述に置き換える傾向が生じる。第四に、有機体論の歴史を理解する場合に、自然を利用しようとする動機と並んで、「宗教的な自然神秘主義（die religiöse Naturmystik）」という動機を考慮しなければならない。この「自然神秘主義」にとって重要なことは、まさに神を賛美するために、神によって貫かれた「生ける自然」を探究することである。第五に、学問の利益を重視する態度が存在した。利益重視の態度は、検証もできず誤謬を含む学問が成功するという意味で、学問の大変革を近世初頭に引き起こした。そもそも一七世紀の実験は、その大部分が「思考実験」であった。しかし「思考実験」に基づく学問が成功したのは、自然探究と金銭は交換可能であることが発見されたからである。第六に、一六世紀および一七世紀において、自然科学の成功が目的論の「放棄」を引き起こした。数学的で機械的な「複製可能性」という概念と比較すれば、それまでの目的論的考察は無意味であり、人間の自然支配にとって障害である。このように考えられ、目的論的考察が厳しく批判されたのである。第七に、自然科学の成功とともに、また「神的な技術家（der göttliche Techniker）」という考えも不要になった。それまで数学と実験、あるいは帰納法は、「神的な技術家」の業を探り出す手段にすぎなかった。しかしながら、これらの数学や実験、また帰納法は、この「神的な技術家」を不必要にすると思われた。というのは、「神的な技術家」に帰せられた計画が、いまや人間によって実行可能になったからである。こうして「製作可能性」による証明が登場し、実験によって反復可能なものだけが経験と見なされ、また利益を重視する態度が学問の大変革を引き起こした。その結果、目的論が放棄されて「神的な技術家」も不要になった。だがそれによって、有機体はもはや技術との「類比」をもとに理解されず、むしろ技術の「実例」と見なされたのである。筆者の見解では、これらの論点は、マクローリンのカント解釈の思想史的根拠として理解できる。もっともレーヴ自身は、カントの自然目的論の前史としてこれらの論点を説明しており、カントが目的論を放棄したと見なすわけではない。Vgl. R. Löw, *Philosophie des Lebendigen. Der Begriff des Organischen bei Kant, sein Grund und seine Aktualität*, Frankfurt a. M. 1980, S. 76–82. またレーヴの研究に依拠しつつ、カントの「自然の技巧」の概念を解釈したものとして、次の文献も参照されたい。望月俊孝「自然の技術」『カント哲学の現在』、竹市明弘・坂部恵・有福孝岳編、世界思想社、一九九三年、二一五—二三三頁。

（8）なお有機的な自然の把握が困難であることについては、L・イレッテラーティの説明が有益である。Vgl. L. Illetterati, Being-for. Purposes and Functions in Artefacts and Living Beings, in: ders. and F. Michelini (eds.), *Purposiveness. Teleology between Nature and Mind*, Frankfurt a. M./Paris/Lancaster/New Brunswick 2008, pp. 155–157.

（9）なおH・L・ウィルソンは、機械論的ではない自然観が「目的論的判断力の批判」に見出されることを指摘している。ウィルソンによれば、『純粋理性批判』における自然とは経験の対象の全体に他ならない。しかしこの自然観が、「目的論的判断力の批判」の自然観よりも優れていると考えるならば、それは誤りである。というのもカントは、「相互に結びついた諸目的のシステム（interconnected system of purposes）」として自然を理解する、もう一つの自然観を主張しているからである。筆者にとって、このウィルソンの指摘は重要である。Vgl. H. L. Wilson, Rethinking Kant from the Perspective of Ecofeminism, in: R. M. Schott (ed.), *Feminist Interpretations of Immanuel Kant*, Pennsylvania 1997, p. 385.

（10）なおベーメはゲーテの思想に依拠して、カントの自然目的論を批判している。そのためベーメは、「目的論的判断力の批判」の内在的解釈を展開しているわけではない。それを考慮すれば、マクローリンの解釈が妥当でないとしても、ベーメの批判的見解が正しい可能性は残っている。もっとも筆者としては、マクローリンの解釈という、もっとも有効と思われる根拠を批判することで、この批判的見解が妥当でないことを明らかにしたと考える。

(11) Vgl. R. Zuckert, *Kant on Beauty and Biology. An Interpretation of the Critique of Judgment*, Cambridge 2007, pp. 101-104. なお『判断力批判』以前の時期について言えば、H・E・アリソンは「メカニズム」の概念に二つの意味を認めている。アリソンによれば、第一に、メカニズムの概念は、運動状態にある物質にかんして、その相互作用による原因性を意味する。この意味におけるメカニズムは、物質のあらゆる変化が外的原因をもつと主張する、力学の第二法則と密接に関連している。第二に、メカニズムの概念は、自然法則にしたがう、時間における出来事の必然性を意味する。この意味におけるメカニズムは、原因性の超越論的原理と同一であり、超越論的自由から区別される。Vgl. H. E. Allison, Kant's Antinomy of Teleological Judgment, in: P. Guyer (ed.), *Kant's Critique of the Power of Judgment. Critical Essays*, Lanham/Boulder/New York/Oxford 2003, pp. 220-222.

(12) なお第三の意味での「メカニズム」は、第一および第二の意味における「メカニズム」を含んでいる。まず「作用原因」は、物質としての対象に適用される場合に、物質にかんする力学の諸法則を受け入れなければならない。すると物質としての対象にかんして、「物理的な作用原因」と「作用原因」とは同一になる。また物質の定義は、物質的な全体が独立した構成要素である諸部分によって説明できると考えることを含意している。そのため物質としての対象について、「物理的な作用原因」の法則は、独立した構成要素である諸部分の集合として、この対象を説明する法則になる。Vgl. Zuckert, *ibid.*, p. 103.

(13) カントは一本の樹木を実例に、有機的な自然の産出関係を説明している。この説明は次の三点に要約できる(Vgl. V, 370ff.)。第一に、一本の樹木は、自然法則にしたがって他の樹木を産出する。だがこの樹木が産出する樹木は同一の類に属する。そのためこの樹木は、類から見て自分自身を産出する。この産出関係は二重の観点から考察できる。すなわち、ある樹木は結果として、つまりそれ自身と同じ類に属する新たな個体として見なされる。だがこの樹木はまた、それが新たな個体を産出するかぎり、原因としても見なされる。第二に、一本の樹木は、自分自身を個体としても産出する。言い換えれば、この樹木は外から与えられる物質を加工して、樹木の外の自然のメカニズムが供給できない種別的に特有な質へと仕上げる。この樹木はまた、自分自身が配合した産物である物質をとおして、自分自身をさらに形成する。この結果は生長と呼ばれる。第三に、樹木の一部分もまた、その部分の維持が他の諸部分の維持に互いに依存するような仕方で、自分自身を産出する。たとえば、ある樹木の芽は、他の樹木の枝に芽つぎされるかもしれない。この芽はその場合に、異種の樹幹で自分自身と同種の樹木を産出する。それゆえ、同一の樹木にかんしても、あらゆる枝ないし葉は、この樹木に接ぎ木されたものと見なされる。言い換えれば、枝ないし葉は、他の樹木に寄生して育つ、それ自身で独立した樹木と見なされる。なおこの樹木の実例の意味については、次の文献が有益である。Vgl. H. W. Ingensiep, Probleme in Kants Biophilosophie. Zum Verhältnis von Transzendentalphilosophie, Teleologiemetaphysik und empirischer Bioontologie bei Kant, in: E.-O. Onnasch (hrsg.), *Kants Philosophie der Natur. Ihre Entwicklung im Opus postumum und ihre Wirkung*, Berlin/New York 2009, S. 93-99. 渡辺祐邦「総論　自然哲学にとって十八世紀とは何であったか」、伊坂青司・長島隆・松山寿一編著『ドイツ観念論と自然哲学』、創風社、一九九四年、一三七―一六九頁。

（14）有機的な自然はたんなる機械ではない。それをカントは、時計との比較によって説明している（Vgl. V, 374）。すなわち、時計という機械を形成するある部分は、他の諸部分が運動するための道具である。ある部分はたしかに他の部分のために現存するが、しかしこの他の部分によって現存するわけではない。そのため、この時計を産出する原因は、物質としての時計のうちに含まれていない。むしろこの原因は、物質の外にあって、全体の理念にしたがって作用する技術者のうちに含まれている。したがって、時計のなかである部分は他の部分を産出することはなく、他の物質を利用して別の時計を産出することもない。また時計は、欠損した諸部分を自分で修繕することもなく、調子が悪い場合に自分自身を修理することもない。しかしながら、有機的な自然はこれらすべてが可能である。

（15）『自然科学の形而上学的原理』では、生命の概念は次のように定義される。すなわち「生命とは、内的原理に基づいて、行動へと自分を規定する実体の能力を意味する。有限な実体の場合には、変化へと自分を規定する実体の能力を意味する。さらに物質的実体の場合には、実体の状態の変化としての運動あるいは静止へと、自分を規定する能力を意味する」（IV, 544）。またH・W・インゲンジープは、生命の概念を次のように区別する。第一に、欲望や意志のような内的活動によって特徴づけられる、心理学的概念である。第二に、この心理学的概念から区別される、生理学的概念である。第三に、合理的心理学に由来する形而上学的概念である。だが合理的心理学の批判によって、生命を担う実体の役割は、時間的かつ空間的に限定された生理学的生命と心理学的生命に限定されている。第四に、実践哲学のうちで認められる実践的‐心理学的概念、すなわち人間学的概念である。第五に、定言命法の精神のうちに認められる、道徳的‐実践的概念である。Vgl. H. W. Ingensiep, Organismus und Leben bei Kant, in: ders., H. Baranzke, A. Eusterschulte（hrsg.）, *Kant-Reader. Was kann ich wissen? Was soll ich tun? Was darf ich hoffen?*, Würzburg 2004, S. 116–122.

（16） なお物活論の批判については、以下の文献が有益である。Vgl. F. C. Beiser, *The Romantic Imperative. The Concept of Early German Romanticism*, Cambridge/London 2003, pp. 159–160; H. van den Berg, Kant on Vital Forces. Metaphysical Concerns versus Scientific Practice, in: E.-O. Onnasch（hrsg.）, *Kants Philosophie der Natur. Ihre Entwicklung im Opus postumum und ihre Wirkung*, Berlin/New York 2009, S. 128–131.

（17） カントが、生命概念を限定して「生ける自然」を認めないことは、独我論を帰結すると批判されてきた。代表的な批判として、K・マイヤー＝アービッヒは「超越論的主観の孤独」を指摘している。Vgl. K. M. Meyer-Abich, Mit-Wissenschaft. Erkenntnisideal einer Wissenschaft für die Zukunft, in: ders.（hrsg.）, *Vom Baum der Erkenntnis zum Baum des Lebens. Ganzheitliches Denken der Natur in Wissenschaft und Wirtschaft*, München 1997, S. 110. なお筆者は、ベーメによる自然目的論の把握を検討することで、こうした批判に反論することも意図している。

（18） Vgl. P. H. Reill, *Vitalizing Nature in the Enlightenment*, Berkeley/Los Angeles/London 2005.

（19） なお「啓蒙の生気論」は、たんに機械論的な自然哲学から区別されるだけではない。この「啓蒙の生気論」はまた、シェリングやオーケンなどのロマン主義の自然哲学からも区別される。ライルによれば、ロマン主義の自然哲学は、「啓蒙の生気論」が作り出した諸概念がなければ、たしかに成立できなかった。しかしながら、目標や想定、結論にかんして、ロマン主義の自然哲学は「啓蒙の生気論」から区別される。ロマン主義の自然哲学は、物質や現実性、科学的方法にかんする新たな定義や認識論を展開した。こうして、ロマン主義の自然哲学は別の自然観を展開しようとしたのであり、その新たな定義や認識論は、「啓蒙の生気論」が提案したものに対立する。さらにロマン主義の自然哲学と「啓蒙の生気論」は、その認識論にかんして区別できる。すなわち、「啓蒙の生気論」は、理性の能力を限定する「認識論的な謙虚さ」を認めていた。これに対してロマン主義の自然哲学は、この謙虚さを放棄して知識や能力に対する権利を大胆に主張する、「認識論的な積極性（epistemological aggressiveness）」を許容した。「啓蒙の生気論」にとって、人間は「生ける自然」の一部であるから、自己反省をとおして自然をより深く理解できる。しかし「啓蒙の生気論」は、自然と人間との調和を強調して獲得できる知識の度合いを厳密に制限し、こうした認識論的な手続きによって「死せる物質」を認識することを認めなかった。これに対して、ロマン主義の自然哲学はこうした制限を除去してしまった。この自然哲学は、人間理性と自然が同一の過程であると考え、精神と自然の区別を解消して、「啓蒙の生気論」が形成した調和的な世界観を廃棄したのである。したがって、認識論的な謙虚さを認めて自然と人間との調和を強調する点で、「啓蒙の生気論」はロマン主義の自然哲学から区別される。Vgl. Reill, *ibid.*, pp. 199–214.

(20)　「啓蒙の生気論」については、さらに次のような特徴を指摘できる。ライルによれば、「啓蒙の生気論」は、記号の意味を理解する方法として、「類比的推論（analogical reasoning）」と「比較分析（comparative analysis）」、そして「直観的理解」を採用した思想である。「啓蒙の生気論者」は、記号の意味を理解して、個別的ではあるが関連した生命力の相互作用を知覚するために、自然の統一性と多様性をともに認めながら、自然の多様な要素を調和的に結びつける理解の仕方を要求した。その結果として採用された方法が、「類比的推論」と「比較分析」であり、さらに「直観的理解」である。「類比的推論」は、特殊を普遍へと解消せずに、類似していない諸物の間に存在する、自然法則に近似した類似の諸性質を発見できるようにする。「比較分析」は、それ自身の特徴と力動性をそなえた諸体系から構成され、形態の考察によっては明らかでない類似性を示すものとして、自然を考察できるようにする。また「直観的理解」は、普遍化と特殊化のアプローチを同時に行って、異なる諸物の間に類似性を発見して媒介するような、より高次の理解の仕方である。こうした理解の仕方によって経験されたのが、「内的鋳型（moule intérieur）」や「原型（Urtypus）」と呼ばれ、あらゆる実在の根拠となる「隠れた媒介要素（hidden middle element)」である。Vgl. Reill, *ibid.*, pp. 8–9.

(21) Vgl. Reill, *ibid.*, p. 9, 250.

(22) ライルは、ブルーメンバッハから影響を受けたとして、カントを「啓蒙の生気論者」として理解する。だがライルは、カントの批判哲学について、実質的な議論をほとんど展開していない。筆者の見解によれば、「啓蒙の生気論」とカントの自然目的論には、たしかに本質的な共通点が見出される。すなわち第一に、両者とも機械論的な説明が不十分であることを認める。第二に、機械論的に説明できない自然のために、両者とも機械論的な自然哲学とは異なる、新たな探究方法を採用する。しかし筆者が理解するかぎり、カントは「生ける物質」の可能性を認めないので、「啓蒙の生気論者」として理解できない。Vgl. Reill, *ibid.*, pp. 159–171, 246.

(23) カントの自然目的論の研究は、内在的研究や思想史的研究を除けば、もっぱら生物学的認識の基礎として目的論的判断を解明してきた。この認識論的解釈の傾向は、今日でも依然として優勢である。だが筆者の立場から見れば、こうした認識論的解釈は、新カント派による研究の域を脱していない。Vgl. J. Steigerwald, Introduction: Kantian Teleology and the Biological Sciences, in: *Studies in History and Philosophy of Biological and Biomedical Sciences*, Vol. 37, 2006, pp. 621–626; A. Breitenbach, Teleology in Biology: A Kantian Perspective, in: D. H. Heidemann (hrsg.), *Kant Yearbook 1/2009. Teleology*, Berlin/New York 2009, S. 31–56.

(24) Vgl. Zuckert, *ibid.*, pp. 111–125. 目的原因の原因性が時間関係を含意することについて、筆者はズッカートの研究に依拠している。ズッカートによれば、自然の合目的性の原理は、過去・現在・未来の力動的な関係をとおして多様の統一を基礎づけている。そのため、有機的な自然にはそれ自身の「歴史」が認められる。この見解は、「目的論的判断力の批判」の「分析論」および「弁証論」と「方法論」との連関を考える上でも示唆的である。

(25) 全体と諸部分との「解釈学的循環」については、以下の研究も参照されたい。Vgl. A. T. Nuyen, On Interpreting Kant's Architectonic in Term of the Hermeneutical Model, in: *Kant-Studien*, 84. Jahrg., 1993, S. 163f. ニュイエンによれば、解釈学的な理解とは、全体の理念が諸部分の解釈のための文脈を提供するような理解の仕方に他ならない。ニュイエンは、この解釈学的な理解が「目的論的判断力の方法論」に見出されることを認めている。しかし筆者の立場から見れば、この解釈学的な理解は「目的論的判断力の分析論」にも見出される。

(26) Vgl. K. Düsing, *Die Teleologie in Kants Weltbegriff*, Bonn 1968, S. 116–120.

(27) 有機的な自然が理性理念の「象徴的描出」として理解されることについて、カント自身が「自然は理性諸理念（道徳的諸理念）と類比的なあるものを提示することができる」（V, 479）と説明している。また目的論における理性理念の描出については、以下の文献を参照されたい。Vgl. A. Ross, *The Aesthetic Paths of Philosophy. Presentation in Kant, Heidegger, Lacoue-Labarthe, and Nancy*, California 2007, pp. 22–27.

(28) 自然全体の目的論的判断について、デュージングの見解は有益である。デュージングによれば、カントは、有機的な自然の根底に超感性的な規定根拠を想定するだけではない。またカントは、超感性的な原因によって自然全体の可能性を基礎づけている。それゆえ目的論的判断力は、有機的な自然のみならず機械的に成立した諸物をも、目的論的体系に属するものとして判断できる。というのは、有機的な自然の根拠について、超感性的な原因が感性界を超えたところに判断力を導くからである。すなわち、超感性的原理による統一は、有機的な自然に対して妥当すれば、体系としての自然全体に対しても妥当するものと見なされなければならない。こうして目的論的判断力は、超感性的原理へと自然全体を関係づけることになる。Vgl. Düsing, *a. a. O.*, S. 126f.

(29) Vgl. Düsing, *a. a. O.*, S. 102–115.

(30) たとえば、P・ガイヤーは第一の解釈を展開し、J・フロイディガーは第二の解釈を展開する。Vgl. P. Guyer, From Nature to Morality: Kant's New Argument in the 'Critique of Teleological Judgment', in: *Kant's System of Nature and Freedom. Selected Essays*, Oxford/New York 2005, pp. 314–342; J. Freudiger, Kants Schlußstein. Wie die Teleologie die Einheit der Vernunft stiftet, in: *Kant-Studien*, 87. Jahrg., 1996, S. 423–435.

(31) Vgl. A. Breitenbach, *Die Analogie von Vernunft und Natur. Eine Umweltphilosophie nach Kant*, Berlin/New York 2009, S. 141–147. なおブライテンバッハは、自然概念の領域から自由概念の領域への「移行」を解明することを意図していない。むしろ彼女は、自然と理性との必然的な「媒介（Vermittlung）」の議論として「目的論的判断力の批判」を把握する。そのため筆者が参照するのは、自然目的論と道徳目的論との関係にかんするブライテンバッハの見解のみである。

（32） なおカントは、「自然の究極目的」のもとで「自然の最終目的（letzter Zweck der Natur）」を認めている。この「最終目的」は、自然が自然の外部にある「究極目的」にかんして調整できるものとして、熟練の開化と訓育の開化である。本書では詳論できないが、開化については次の文献を参照されたい。Vgl. W. Bartuschat, Kultur als Verbindung von Natur und Sittlichkeit, in: H. Brackert und F. Wefelmeyer (hrsg.), *Naturplan und Verfallskritik. Zu Begriff und Geschichte der Kultur*, Frankfurt a. M. 1984, S. 69–93; Düsing, *a. a. O.*, S. 212–216.

（33） なおR・A・マックリールは、「目的論的判断力の批判」での文化の議論をもとに、歴史の反省的解釈の理論を提示している。マックリールによれば、反省的解釈における目的論的理念は、歴史における自然と道徳との和解の可能性について、その概念化のための手段を与えてくれる。この理論の注目すべき点は、自然の最終目的という反省的で目的論的な理念が、究極目的という理性理念の「歴史的描出」と見なされることである。また「歴史的描出」について構想力が、自然の目的と道徳の目的とを関係づける、媒介的な役割を果たすことである。しかし筆者の立場から見れば、究極目的の理念の「歴史的描出」が可能であるためには、有機的な自然のうちで実践理性の「超感性的目的」の「象徴的描出」が認められなければならない。さらに究極目的の理念を描出するのは、構想力という認識能力ではなく歴史的自然である。マックリールは、描出作用をすべて構想力の働きに帰属させるが、描出は自然自身の働きでもある。Vgl. R. A. Makkreel, *Imagination and Interpretation in Kant. The Hermeneutical Import of the Critique of Judgment*, Chicago/London 1990, pp. 130–153.

（34） なおH・メルテンスもまた、『判断力批判への第一序論』の注解のなかで、反省的判断力にとって、自然が「即自存在」において思考されなければならないことを認めている。Vgl. H. Mertens, *Kommentar zur ersten Einleitung in Kants Kritik der Urteilskraft. Zur systematischen Funktion der Kritik der Urteilskraft für das System der Vernunftkritik*, München 1975, S. 104, 119.（『カント『第一序論』の注解』副島善道訳、行路社、一九八九年、八三頁、九五頁）

第五章　啓蒙のプロジェクトと「自然の解釈学」

一　啓蒙のプロジェクトにかんするG・ベーメの批判的見解

本章では、啓蒙のプロジェクトについて、G・ベーメの近年の見解を提示しつつ、筆者の立場から最後の反論を試みる。『理性の他者』刊行から今日に至るまで、ベーメ兄弟はそれぞれ独自の哲学を構築している。とりわけG・ベーメは、近代の理性的人間像を克服すべく、大胆にも伝統的な哲学観の転換を企てている。この企てを検討することで、筆者の「自然の解釈学」の哲学的意義もまた明らかになるはずである。なおG・ベーメの哲学は、現代における自然概念を考慮した新たな試みである。そのため「自然の解釈学」についても、筆者は第四章までの議論とは異なる、新たな見解を提示することを明記しておく。そこで以下では、次のような議論を展開する。第一節では、啓蒙にかんする、九〇年代のG・ベーメの見解を提示する。第二節では、『理性の他者』以後も継続されたカント批判を取りあげて、その妥当性を検討する。第三節では、九〇年代以降、ベーメの自然概念が変化したことを説明する。第四節では、この自然概念の変化を受けてベーメが構想した「自然の批判理論」を検討する。第五節では、啓蒙のプロジェクトについて、ベーメの見解を検討するとともに、筆者自身の立場を提示する。

さて、これまでの議論を顧みれば、ベーメ兄弟は『理性の他者』において、カントの理性批判が「理性の他者」の排除を引き起こしたと論難していた。ベーメたちの見解によれば、カントは人間理性を批判して、その限界を確定した。しかしながら、この批判は人間理性の限界を超えたところに、理性にとって把握不可能な「他者」を生み出している。しかもカントは、この「理性の他者」の存在にまったく無自覚であった。その結果として「理性の他者」は、もはや存在しないものとして忘却されている。このようにベーメたちは、「理性の他者」と見なされる自然や身体、感情や欲望にかんして、カントの批判哲学の限界を暴露したのである。

上述のように、ベーメ兄弟にとって、カントの理性批判は不十分なままである。そのため、理性批判はさらに徹底化されなければならない。だが理性批判の徹底化は、ベーメたちによれば、啓蒙のプロジェクトの修正を要求している。[1] それでは、ベーメ兄弟はどのように啓蒙を把握して、どのように修正することを意図したのか。本節では、まず啓蒙について、九〇年代のG・ベーメの見解を提示してみたい。『理性の他者』以後、H・ベーメはその多彩な能力を生かして、もっぱら文化史や精神分析論に取り組んだ。[2] だがG・ベーメにとって、啓蒙のプロジェクトの修正は、九〇年代から現在まで一貫した研究テーマであり続けている。『理性の他者』刊行から十年後の論文で、G・ベーメは啓蒙を二つの「段階（phase）」に区別して、啓蒙のプロジェクトを修正すべきと主張している。[3] その主張は、筆者の立場から次のように要約できる。

第一に、啓蒙は二つの段階に区別できる。第一の段階は、理性によって神話や迷信を排除する過程であり、これは終わりのない過程である。第二の段階は、「メタ啓蒙（meta-enlightenment）」と呼ばれる、理性によって理性自身を啓蒙する過程に他ならない。この「メタ啓蒙」はカントとともに始まる。カントの理性批判は、理性への幻滅や屈辱、あるいは理性に対する信頼の喪失を意味している。だがこの理性批判によって、理性はまさに「プロジェクト」になる。言い換えれば、理性は人間に生まれつきの素質ではなく、むしろ規律の産物になる。また人間は「理性的動物（animal rationale）」ではなく、「理性的でありうる動物（animal rationabile）」（VII, 321）になる。すなわちカントは、理性を規律化された悟性使用に制限して、理性をプロジェクトにする。理論理性のプロジェクトは、悟性の規則にしたがう自然の徹底的拡張をめざしている。また実践理性のプロジェクトは、理性的存在者の王国という理念のもと、人間の行為を支配する法則を完全に確立しようとする。

第二に、神話や迷信の排除から「メタ啓蒙」への移行は、啓蒙が両義的な過程であることを露わにする。理性は非合理的なものを制御しようとして、それ自身の非合理性を生み出した。しかしカントは、この現象を完全には理解できなかった。すなわちカントは、理性がそこで歴史的に生成した、心理的および社会的な力動性を認識できなかった。だがニーチェおよびフロイトが登場して以降、この力動性への洞察が理性批判をさらに徹底化させることになった。現在では理性批判は、理性の自律にその自然と社会への依存を対置し、理性の尊厳にその機能を対置し、理性の利益には不可分の損失を指摘している。たとえば、ニーチェにとって、理性はまさに人間の生によって要求される条件に他ならない。またフロイトにとって、理性的であることは、個人が社会的に受容できる行動を達成するための規律を含んでいる。こうしてホルクハイマーやアドルノは、人間がその内部を強制するメカニズムの構築物として、理性的人間の歴史的な発展を明らかにしてきた。

第三に、理性による神話や迷信の排除には終わりがない。しかし「メタ啓蒙」は、理性の自己把握のうちに

「理性の他者」との関係を組み入れるならば、終結していた可能性がある。もっとも、あえて非合理主義を採用する ことで、徹底化された理性批判を超えて哲学を継続することは不適切である。『理性の他者』でのカント批判は、啓蒙のプロジェクトの放棄を帰結したわけではない。むしろ一方では、理性の自己啓蒙が、また他方では、二〇世紀における人類の経験が、啓蒙のプロジェクトの根本的な修正を要求している。それはまさに、人間の自己理解、および人間と自然との関係を根本的に変換すべきことを意味する。要するに、徹底化された理性批判の後では、「理性的動物」という人間の自己理解を克服しなければならない。これを言い換えれば、「自律的で理性的な人間」という近代の理想を放棄して、人間が「自然の一部であること」の意味を理解すべきである。

このようにG・ベーメは、第一段階と第二段階に啓蒙を区別して、後者の「メタ啓蒙」の根本的な修正を要求している。すなわち、啓蒙の第一段階は、神話や迷信からの解放の過程であり、継続すべき課題であり続ける。(4) 啓蒙の第二段階は、理性によって理性自身を啓蒙する過程であり、「メタ啓蒙」と呼ばれる。この「メタ啓蒙」は、啓蒙が両義的であることを露わにする。というのは、理性批判が、非合理的なものの制御を目的としながら、新たな非合理理性を生み出したからである。カントは、理性の歴史的生成について、その心理的および社会的な力動性を把握できなかった。この力動性の洞察が、理性批判をより徹底化させたのである。だが理性批判の徹底化は、啓蒙のプロジェクトについて根本的な修正を要求している。それは「メタ啓蒙」が、理性の自己把握のうちに「理性の他者」との関係を組み入れることに他ならない。言い換えれば、人間が「理性的動物」という自己理解を克服し、自らを「自然の一部」として理解することである。こうして「メタ啓蒙」は、もしも根本的に修正されるならば、まさに終結させることが可能なのである。

それでは、啓蒙のプロジェクトについて、ベーメの主張はどこまで妥当であろうか。筆者の立場から見れば、ベーメの主張は『理性の他者』から終始一貫している。それはまさに、啓蒙のプロジェクトに対する根本的な問題提起に他ならない。というのは、理性が非合理的なものの制御をめざして、新たな非合理性を生み出したとされるからである。しかし、これまで筆者が『判断力批判』の検討をとおして論じてきたように、反省的判断力としての「理性」(Vgl. V, 168) は、決して非合理性を生み出すわけではなかった。ベーメは、近代理性をたんなる悟性に還元しており、理性の機能をきわめて一面的に把握している。その結果として、悟性にとっては異質なものが、新たな非合理性として生じたとされるのである。第五節で詳しく論じるように、啓蒙のプロジェクトのうちに、ベーメは悟性による自然支配の計画だけを認めている。そのため、自然の復権をめざすベーメは、啓蒙のプロジェクトについて、根本的な修正を主張せざるをえなかった。また啓蒙のプロジェクトの評価について言えば、ベーメがJ・ハーバマースと論争したことも、筆者にとっては示唆的である。[5]「未完のプロジェクト」として啓蒙を捉えるハーバマースにとって、プロジェクトの根本的な修正という考えは受け入れがたいものであった。というのも、ハーバマースから見れば、ベーメは理性をたんなる悟性に縮減して把握しており、コミュニケーション的理性の可能性を看過しているからである。しかしながら、ベーメは「悟性による自然支配」という思考から抜け出せず、ハーバマースとの論争も平行線のままに終わった。九〇年代以降、ハーバマースは啓蒙にかんするベーメの見解にもはや言及しない。もっともベーメにとって、ハーバマースの哲学はつねに検討すべき対象であったように思われる。第四節で論じるように、ベーメの「自然の批判理論」には、ハーバマースからの影響が明らかに見て取れる。だが「自然の批判理論」について論じる前に、九〇年代以降のベーメの見解をなお検討しなければならない。

二　継続されたカント批判

啓蒙のプロジェクトの評価について、八〇年代から九〇年代のベーメの見解に大きな違いはない。それでは、カント哲学の評価はどうであろうか。筆者の結論から言えば、九〇年代以降のG・ベーメは、近代の理性的人間像を検討しつつ、カント哲学の批判をなお継続している。だがその批判は、『理性の他者』でのそれとは異なり、ある意味で「体系的」に展開されている。『理性の他者』においてベーメ兄弟は、自然や身体、感情や欲望が「理性の他者」として産出された過程を解明した。その自然や身体、感情や欲望についての考察は、それぞれ独立して展開されており、そこに体系的な連関はまったく認められない。ベーメたちも認めるように、『理性の他者』はまさに任意の順序で読むことが可能であった。ところが、九〇年代から二〇〇〇年代まで、G・ベーメは近代の理性的人間像を克服すべく、カントの批判哲学をいわば「体系的」に批判している。そこで本節では、二〇〇〇年代の論文をもとに、G・ベーメによるカント批判の妥当性を検討する。

ベーメによれば、自律した理性主体というカントの考えは、もはや啓蒙の理想ではありえない。筆者の立場から見れば、このベーメによるカント批判は次のように要約できる[(6)]。第一に、啓蒙には「自己開化（Selbstkultivierung）」の計画が含まれるが、これは人間をはじめて人間にすることを主張する。この「自己開化」という計画は、「人間は教育によってはじめて人間になることができる」（IX, 443）というカントの命題に表現されている。カントは人間を「理性的動物」ではなく、「理性的でありうる動物」（VII, 321）として定義する。これは、人間であること自体が啓蒙の計画になったことを意味する。そのため「自己開化」とは、人間をはじめて人間にする教育計画に他ならない。だがアドルノが定式化したように、アウシュヴィッツ以後では、もはや「文化（Kultur）」について語ることはできない。二〇世紀において人類が新たな暴虐行為を経験した後で、「自己開化」という計画は修正を求められている。こうして、もう一つの「自己開化」を明らかにするために、啓蒙のプロジェクト、ないし人間を人間にする教育計画は修正されなければならない。

第二に、「自己開化」の計画は、「訓練（Disziplinierung）」、「文明化（Zivilisierung）」、「道徳化（Moralisierung）」という三つの方法に分節化できる。これらが人間をはじめて人間にする諸段階と見なされる。すなわち、人間は「訓練」をとおして、自分を動物性から解放し、「文明化」によって礼儀正しく、社会にとって有用な存在になる。また「道徳化」をとおして、人間は普遍的な賛同を得ることのできる目的を選択すべく、ある種の心術を形成する。さらに『実用的見地における人間学』は、「自己開化」というカントの計画にとって中心的な意味をもつ。そこでカントは、人間学的な観点から、「自己中心主義（Egoismus）」を論理的、美感的、道徳的のそれぞれに分類している（Vgl. VII, 128ff.）。論理的な自己中心主義とは、他者の判断と合致するような仕方で、自ら判断を下す準備ができていない状態である。美感的な自己中心主義とは、趣味において、自分に気に入るものだけを優先する状態である。また道徳的な自己中心主義とは、自分の利益や幸福だけを考慮して振る舞い、義務にしたがわない人間の状態である。ところで、「訓練」と「文明化」、さらに「道徳化」は、これらの自己中心主義の克服を可能にする。そうすると「自己開化」の三段階と、三批判書との対応関係は明らかである。すなわち、『純粋理性批判』は「訓練」を、『判断力批判』は「文明化」を、また『実践理性批判』は「道徳化」を、それぞれ課題とする。

第三に、『純粋理性批判』では、認識能力の「訓練」が本質的な課題である(7)。人間の認識能力は、客観的な認識が生じるように形成されなければならない。とりわけ構想力は、熱狂せず幻想を生み出さないように、むしろ客観的認識に奉仕するよう形成されなければならない。すなわち、構想力を悟性に服従させて、悟性の支配権を確立することが重要である。それによって、人間は自律した認識主観となるのである。また『判断力批判』では、「文明化」として趣味の形成が課題になる。趣味は、美しいものに満足を感じるよう形成されるべきである。というのは、美が社交性を促進するからである。言い換えれば、快および不快の感情を他者に伝達できるように、自分の趣味を形成することが重要である。それはまさに、人間が文明化することに他ならない。さらに『実践理性批判』では、誰もが定言命法にしたがって行為する、理性的存在者の王国という理念が問題になる。だが「訓練」や「文明化」とは異なり、カントは「道徳化された時代」に自分が生きていると考えていない。「道徳化」の段階は、いまだ社会に実現していない。そのため、道徳法則に対する尊敬を形成することが重要になる。この尊敬をとおして、人間は道徳的な行為主体となるのである。

第四に、三批判書に対応させて分析すれば、「自己開化」の計画に含まれる困難が明らかになる。はじめに、主観を客観的知識の担い手に訓練することには、憂慮すべき厳格主義が認められる。主観については、それぞれの主観的な経験および「創造性（Kreativität）」が信用されなくなった。その結果、切り詰められた主観は不安定になり、想像や身体的な刺激に絶えず悩まされるようになった。知識については、共通の経験連関に適合するものだけが受け入れられ、それ以外の知のあり方が排除された。また人間を洗練された人間に形成することは、原生自然的なものや文明化されていないものからの離反を含意する。つまりそれは、「自然的人間（Naturmensch）」からの隔絶に他ならない。この点には、人類の発展の頂点にヨーロッパの人間を位置づける、「啓蒙の傲慢さ」がもっとも明白に認められる。カントは未開の人間について、あるいは女性についてさえ軽蔑的に論じており、他の文化や民族の発展可能性は想定されていない。さらに人間を道徳化することでは、「権威主義的な性格」が重要になることは間違いない。この道徳化は、人間が道徳法則によって謙抑にされるが、それによって道徳法則に対する尊敬に導かれる、心理的なメカニズムとして把握できる。だがこの心理的なメカニズムでは、人間は服従することを学ぶことで、自分が命令できることを知るのである。「権威主義的な性格」も、道徳的な行為主体と法治国家が調和していれば、とりわけ憂慮すべきでないかもしれない。しかし、この調和が破壊されれば、行為主体は権力の手先ないし無力な客体になる。したがって、これらの困難を考慮すれば、自律した理性主体という考えは、もはや「自己開化」という啓蒙の理想ではありえないのである。

このようにG・ベーメは、「自己開化」という啓蒙の計画も修正すべきであると主張する。それでは、この主張はどこまで妥当であろうか。筆者の立場から見れば、『理性の他者』での議論とは異なり、ベーメはカントの批判哲学をいわば「体系的」に把握している。ここで「体系的」とは、一つの原理にしたがって全体を考慮することである。厳密にはカント自身の図式ではないが、(8)「自己開化」の三段階に対応して、三批判書はそれぞれ「訓練」、「文明化」、「道徳化」を課題とする。また筆者の見解とは異なる仕方で、ベーメは彼自身の立場から、『判断力批判』の「体系的」含意も把握している。というのは、『判断力批判』が「文明化」をとおして、『純粋理性批判』での「訓練」と『実践理性批判』での「道徳化」を媒介するからである。たしかにベーメは、『判断力批判』における認識能力の「訓練」から「道徳化」への「移行」に、とりわけ重要な意義を認めている。しかしながら、ベーメの把握には、三批判書の体系と哲学の体系、および『判断力批判』の体系にかんする区別は見出されない。筆者が第四章で論じたように、三批判書の体系は、悟性と判断力、そして理性という上級認識能力の区分に基づいている。また『判断力批判』の目的は、理論哲学と実践哲学を体系的に統一することにあった。

だがベーメの把握では、これらの論点がまったく考慮されないままである。

結局のところ、三段階の図式をあえて採用したゆえに、「自己開化」という啓蒙の計画が修正すべきものになっている。というのは、ベーメ自身の言葉を借りれば、この計画では「個を普遍に組み込むこと」が重要になるからである。すなわち「訓練」は、個々の人間を共通の経験連関に、「文明化」は、この人間を文明化された社会的生に、それぞれ組み込む。さらに「道徳化」では、文明化された人間を理性的存在者の王国に組み込むことが、計画の目的とされる。[9] その結果として三批判書は、すべて「個を抑圧する過程」と見なされ、啓蒙の計画が修正を必要とするものになる。だが筆者の見解によれば、これらの把握は、『理性の他者』での議論と同じく、ベーメが反省的判断力の重要性を見逃したことに起因する。個を普遍に包摂する規定的判断力とは異なり、反省的判断力は個から普遍を探究する。だがベーメは判断力を一面的に把握し、もっぱら規定的判断力の作用だけを三批判書に認めていた。そのため、もしもベーメが反省的判断力の重要性に気づいていれば、「自己開化」という啓蒙の計画の評価も変わっていたかもしれない。しかしながら、筆者の知るかぎり、その可能性はまったく実現することがなかった。したがって、八〇年代から今日まで、ベーメは『判断力批判』の体系的含意を把握できず、反省的判断力の重要性も看過したままであったのである。

三 「理性の他者」としての自然から複製技術時代の自然へ

上述のように、「自己開化」の教育計画を修正すべきというG・ベーメの主張は、『判断力批判』の誤解に基づいていた。だがこのことは、九〇年代以降のベーメについて、その哲学構想の重要性を否定するものではない。

啓蒙のプロジェクトの評価とは異なり、ベーメの哲学構想には優れた洞察が認められる。筆者の把握によれば、『理性の他者』以後、ベーメはおよそ二つの領域で哲学を展開してきた。一方でそれは、自然美学や雰囲気論を含む、広義の「自然哲学」であり、他方で「人間学」である。[10] 前者は、身体という内なる自然も含めて、自然に対する人間の関係を問い直す試みである。また後者は、人間の自己関係を問い直す、すなわち理性的人間像に代わる新たな人間理解を探究する試みである。[11] この新たな人間とは、身体や感情を自己の一部として受容する人間である。これら二つの哲学構想は、二〇〇〇年頃を転機として、次節で検討する「自然の批判理論」に集成されていく。この「自然の批判理論」は、ベーメ自身が構想した固有の哲学であり、考察すべき重要な内容を含んでいる。だが「自然の批判理論」へと議論を進める前に、なお検討すべき課題が残されている。それはベーメの自然概念の変化である。[12]

『理性の他者』によれば、近代において理性は確実な領域に閉じこもり、自然は理解不可能な「他者」になった。その意味で、自然は論理を欠いた非合理的なものであった。ところが、九〇年代以降、ベーメにとって自然はもはや「理性の他者」ではない。代わって登場するのが、「文化的産物(kulturelles Produkt)」としての自然である。ベーメの論文『複製技術時代における自然』によれば、これまで自然は、技術や文化、文明など、諸々の人間的領域との対比によって規定されてきた。だがこうした自然概念は、技術による自然の複製可能性を考慮すれば、いまや無効になったと考えざるをえない。すなわち、複製技術の時代において、古典的な自然概念は崩壊してしまった。むしろ自然が何であるかは、社会的な構成の結果として理解すべき課題になったのである。この論文の内容は、筆者の立場から見れば、次のように整理できる。[13]

第一に、ベンヤミンは、『複製技術時代の芸術作品』という論文で、古典芸術と現代芸術との差異をめぐる議論に決定的な影響を与えた。[14] ベンヤミンによれば、技術による複製可能性は、芸術作品の意味を根本的に変化させてしまった。芸術作品のアウラは衰退し、作品と鑑賞者との間にある尊重を呼び起こす隔たりも消滅した。芸術作品は伝統との結びつきを失い、使用価値あるいは交換価値という機能をもつにすぎなくなった。だがこの洞察は、芸術史の考察をはるかに超える射程を含んでいる。技術による複製可能性は、芸術作品のみならず自然についても、根本的な意味の変化を引き起こしたのである。すなわち、自然にかんして「あるがままの承認（Anerkennung）」が不可能になり、「生命への畏敬（Erfurcht vor dem Leben）」も消え去った。それは自然の個体性の否定であり、自然が商品として徹底的に利用されることに他ならない。そこで、人間自身も自然であることを考慮すれば、こうした意味の変化は、それまでの人間の自己理解を疑わしいものにする。

第二に、技術による自然の複製可能性を語ることには、躊躇いがあるかもしれない。だが地上の自然、量的秩序で把握される自然は、すでに人間の「社会的で歴史的な産物」である。[15] 人間による自然の操作はまったく限界を知らない。たしかに人間は、与えられた自然に依存し、自然法則を用いなければならない。しかし、何が与えられた自然と見なされるべきかは、技術による介入の拡大とともに曖昧になった。たとえば、近代以降にあって、農業および林業は、自然に含まれる特定の機能を再生産している。また生物種についても、これまで人間はさまざまな品種や変種を生み出してきた。さらに生態系は、「理念的な構成物（ideale Konstrukte）」としてのみ理解できる。現実の生態系について、その状態は地域的にもグローバルにも、人間の活動がなければ維持できない。自然の「もっぱら美感的な再現（rein ästhetische Reproduktion）」、あるいは身体という自然の維持も、人間の技術なしではもはや考えられない。このように、技術による自然の複製が進むにつれて、何を自然と見なすべきかが不明瞭になったのである。

第三に、技術による複製が自然を完全に変化させる以前に、自然はヨーロッパ文化の本質的な要素として、すでに価値を失ってしまった。自然という表現は、これまで技術や文化、文明との対比をとおして規定されてきた。人間の領域に対立するものとして、自然はおのずから存在し、それ自身に由来する。ヨーロッパ文化の根本概念によれば、自然はおのずから存在し、それ自身を複製する。こうした自然観は、すでに近世の初期から少しずつ衰退してきた。だがDNAや新元素の合成が可能になった現在では、こうした自然観は時代遅れであると言わざるをえない。それは、技術による制作に限界が認められないだけでも、あるいは、制作可能な仕方で自然を認識する計画が遂行されただけでもない。人間にとって自然は、もはや「あるがままに与えられたもの」ではない。むしろ自然とは、「基本的に制作をとおして可能なもの（das im Prinzip durch Herstellung Mögliche）」である。そのため、自然を価値あるものとして求めることは、「自然」によって何か不変なものを引き合いに出すかぎり、「イデオロギーにすぎない」のである。

第四に、「自然（physis）」と「技術（techne）」の伝統的な対置は、これらの概念の対立だけでなく内的関係をも含意した。この内的関係は、カントの古典的美学においてとりわけ明白である。『判断力批判』によれば、自然は同時に技術のように見える場合に美しく、また技術はそれが技術であると意識されながらも、自然のように見える場合に美しいと呼ばれる（Vgl. V, 306）。自然と技術は対立する概念であり、その徴表において排除し合う関係にある。だがカントの実例が示すように、自然と技術は互いを指示するとともに、重要な場合には対立する概念によって思考される。言い換えれば、自然と技術とは密接に関係する概念に他ならない。それゆえ、古典的な芸術概念が解消すれば、また自然概念も必然的に影響されることになる。芸術作品のアウラが衰退したように、「自然のアウラ」もまた消滅しなければならない。この「アウラ」は、あたかも偉大な芸術作品のように、自然がおのずから秩序や規則性を示すことに由来する。だが自然が実際に技術産物となったとき、「自然のアウラ」は古典的な自然概念とともに崩壊したのである。

第五に、古典的な自然概念が崩壊したことは、人間の自己理解にとって重要な帰結をもたらした。カントが「自然学的な人間学（physiologische Anthropologie）」の対象とした自然は、「われわれ自身がそれである自然」としての身体に他ならない[16]。これまで、身体と結びついたものや身体から生じるものは、すべて「事実」として受け取られてきた。また身体に関係するものは、それに対する態度決定によってのみ、人間の「自己企投（Selbstentwurf）」に組み込むことが可能であった。しかし、この身体が技術による複製可能性の領域に属することで、「人間本性（menschliche Natur）」そのものが偶然的になってしまった。言い換えれば、自然が事実や運命として与えられたものを意味するかぎり、「人間本性」は解体されてしまった。たしかに個々の人間は、「現事実性（Faktizität）」と「企投（Entwurf）」との緊張関係のなかで生き続けている[17]。しかし両者の境界をどこに置くかは、それぞれの人間が自由に選択すべき問題である。そのため結局のところ、「事実」として何を受け入れるかは、その人間の「自己企投」によるのである。

第六に、複製技術の時代において、芸術作品のみならず自然もまたそれまでの意味を失ってしまった。技術による複製が可能になるとともに、自然が何であるかは、技術や文化、文明など人間的領域によってもはや規定できなくなった。その結果として自然はいまや、「文化的産物」ないし「社会的に構成された自然」として理解されなければならない。他方で人間もまた、その文化や技術の可能性を含めて、自分が「自然に属すること」を理解しなければならない。それとともに自然概念は、ソクラテス以前の哲学者たちの場合と同様に、全体を意味する概念になるであろう。これはまさに、「第一哲学」として「新たな自然哲学」が可能であることを示している。

だがまたこれは、自然概念から道徳的規範を導き出す可能性を秘めている。これらはともに、人間の文化的な自己理解について、その徹底的な変更を意味するのである。

このように、理性にとっての「他者」から社会的な「構成物」へ、ベーメの自然概念は大きく変化している。『理性の他者』において、自然は理性によって把握されず、それゆえ非合理的なものであった。そのことを考慮すれば、九〇年代以降、ベーメはそれまでの自然概念を捨てて、まったく新たな自然概念を採用したと思われるかもしれない。しかしながら、筆者の見解によれば、こうした自然概念の変更は『理性の他者』の立場の放棄ではない。この著作でベーメは、理性が自然を「他者」と見なし、その領域から排除したと批判していた。この批判をとおして、ベーメは排除された自然の復権を目的としていた。だが理性は現代において、自然の復権をもたらしたわけではなく、むしろ自然を完全に同化してしまった。言い換えれば、理性はその「他者」を徹底して排除することで、自然を「構成物」として把握するに至ったのである。もちろんこれは、自然が理性にとって異質な他者であることの否定に他ならない。しかしベーメは、この帰結をあえて逆手にとって、新たな哲学構想を展開しようとしている。すなわち、形而上学を「第一哲学」とする伝統的な哲学観に対して、ベーメは「構成された自然」の立場から、自然哲学を「第一哲学」と考える可能性を示唆している。また「存在（Sein）」と「当為（Sollen）」を峻別する規範倫理学に対して、ベーメは「社会的に構成された自然」をもとに、両者の区別が克服できることを示唆している。このようにベーメは、伝統的な哲学観や規範倫理学を挑発しつつ、現在もラディカルな哲学を展開している。それでは、ベーメについて、この自然概念はどのように評価できるであろうか。筆者の立場から見れば、科学技術が自然の「本性」に介入することで、たしかに自然と技術の区別は曖昧になってしまった。その意味で、「社会的に構成された自然」という概念は否定できない。だが第五節で論じるように、この自然概念をあまねく認めることにも、やはり大きな問題がある。予め筆者の見解を述べておけば、たとえ理念としてであっても、「構成されない自然」という概念は必要不可欠である。だがそれを論じるに先立って、ベーメが新たに構想した「自然の批判理論」を検討しなければならない。

四 「自然の批判理論」という新たな構想

前節で論じたように、九〇年代において、G・ベーメの自然概念は大きく変化した。自然はもはや「理性の他者」ではなく、むしろ「社会的な構成物」と見なされる。この自然概念の変化は、ベーメの哲学構想に決定的な影響を与えている。そこで本節では、これまでの議論を踏まえて、ベーメによる近年の試みとして「自然の批判理論（kritische Theorie der Natur）」を検討する。[18]

ベーメによれば、ホルクハイマーが一九三〇年代に展開した「批判理論」は、もともと自然科学の実証主義に対立する仕方で構想されていた。そのため、自然はもっぱら自然科学の考察対象とされており、「批判理論」の射程も人間的領域に限られてしまった。だが自然は人間活動の影響を受けており、現在では政治や社会の喫緊の課題でもある。この事態を考慮すれば、ホルクハイマーの「批判理論」は「自然の批判理論」にまで拡張されなければならない。この「自然の批判理論」とは、「理性的状態への関心によって貫徹された（vom Interesse an vernünftigen Zuständen durchherrschte）」観点から、[19]自然を考察する試みである。筆者の立場から見れば、この「自然の批判理論」は次のように要約できる。[20]

第一に、「批判理論」は規範的な諸概念を含んでおり、たんなる存在者の「理論（theoria）」であるわけではない。「批判理論」は、現存する諸関係をそのまま受け取るのでなく、理性的状態への変更可能性という観点から、それらの関係を再構成する。ホルクハイマーにとって「批判理論」の原型は、マルクスによる政治経済学批判であった。この批判によってマルクスは、資本主義経済システムの機能を記述できただけでなく、このシステムを変革にむけて批判可能にした。マルクスは価格と価値、あるいは生産と再生産のような対概念によって、資本主義のメカニズムだけでなくその破壊的傾向も記述できたのである。そしてマルクス以後、ホルクハイマーやアドルノ、フロム、そしてハーバマースが示したように、「批判理論」は社会理論の方法のみならず、社会心理学や政治心理学、学問論に対する方法としても有用になった。そこで、こうした発展を考慮すれば、いまや「自然の批判理論」についても検討しなければならない。自然の規定について、もはや人間は自然科学だけに依拠することができない。また人間は、現在の自然の「社会的な我有化（gesellschaftliche Aneignung）[21]」をそのまま受け入れることもできない。そのため、自然についても理性的状態というものを洞察する必要がある。

第二に、「自然の批判理論」にとって、内的自然と外的自然という古典的な区別は不十分である。この区別はむしろ、「われわれ自身がそれである自然」と「われわれ自身がそれでない自然」との区別として定式化しなければならない。また伝統的な自然概念、すなわち文化や技術、文明など人間的領域から区別される自然という概念も不適切である。むしろ自然とは、人間によって形成された自然であり、「社会的に構成された自然」に他ならない。この自然概念を考慮すれば、「われわれ自身がそれである自然」とは、人間によって活動的に生きられる「身体（Leib）」である。身体は人間に与えられており、死すべき人間にとっては最終的にどうすることもできない。だがそれにもかかわらず、身体は人間によって操作され形成され続ける。また「われわれ自身がそれでない自然」とは、人間の「生活空間（Lebensraum）」ないし「環境世界（Umwelt）」である。人間自身が一つの自然であるかぎり、人間は生活空間に依存しており、この生活空間の連関のうちで生存している。人間の生活空間は、それ自身の構造や規則性をもつが、しかし人間によって形成された歴史的産物でもある。

第三に、「自然の批判理論」は、理性的状態という観点のもとで、人間の身体および生活空間を考察する。この理性的状態は、ストア派の哲学者が考えたような、自然に内在する永遠の理性によっては決定できない。むしろそれは、「政治的な合意形成」をとおして見出されなければならない。そのため「自然の批判理論」は、つねに政治的実践を考慮できなければならない。そして自然という「与えられたもの」は、同時に「作られたもの」として構想されなければならない。すなわち、「われわれ自身がそれでない自然」は、外的自然としてのみならず、「社会的に構成された自然」としても構想されなければならない。また「われわれ自身がそれである自然」は、「肉体（Körper）」としてのみならず、「生きられる身体」としても構想されなければならない。こうして、人間の生活空間の学問である生態学は、「生態学的構造（ökologisches Gefüge）」[22]および「再生産労働」[23]の概念によって拡張されなければならない。さらにこの生態学は、環境の質を規定するために「感性的概念（ästhetische Begriffe）」を必要としなければならない。[24]また人間の肉体についての学問は、人間の身体にかんする学問を必要としなければならない。この学問は、人間の自己経験および自己開化という観点から、人間の身体を探究するのである。

このように「自然の批判理論」は、「社会的に構成された自然」の概念を手がかりに、それまでの「批判理論」を拡張する試みである。まず筆者の見解では、この「自然の批判理論」は次のように評価できる。すなわち、たしかに「自然の批判理論」は、それまでの「批判理論」を自然哲学の領域にはじめて拡張した。それまでの「批判理論」は、もっぱら社会哲学の理論であり、人間的領域ではない自然を考察することがなかった。[25]だが「社会的に構成された自然」の概念を導入することで、まさに自然が人間的領域に属する考察対象となったのである。これは、技術や文化、文明など人間的領域から区別して自然を把握するかぎり、まったく不可能な事態であった。もっとも、とりわけ筆者が重視するのは、「自然の批判理論」の規範的含意である。「自然の批判理論」は、たんなる存在者の理論ではなく規範的な諸概念を含む。この「自然の批判理論」にとって、もはや自然は自然科学が解明すべき、価値中立的な対象ではない。むしろ自然は、理性的状態への変更可能性という観点から、再構成される対象である。そのため自然は、自然科学によって解明される対象から、合意形成をとおして成立する価値対象になったのである。

しかし他方で、筆者の立場から見れば、「自然の批判理論」には決定的な難点がある。ベーメによれば、内的自然は「われわれ自身がそれである自然」として、また外的自然は「われわれ自身がそれでない自然」として再定式化される。具体的に言えば、前者は人間の身体であり、また後者は人間の生活空間ないし環境世界である。それらは理性的状態にむけて、「人間にふさわしい自然（humane Natur）」として再構成されることになる。そこで理性的状態を決定するのは、人間による政治的合意である。言い換えれば、政策討議の結果として生じた相互了解が、内的自然および外的自然の理性的状態が何であるかを決定する。しかしながら、政治的合意だけで理性的状態を決定できるという見解は、甚だ楽観的であると言わざるをえない。ベーメ自身は、政治的合意と理性的状態との連関をいささかも説明していない。それだけに、「人間にふさわしい自然」として合意されたものが、まったく「理性的でない状態」をもたらす可能性は否定できない[26]。そもそも、政治的合意が理性的状態を決定できるという見解は、ベーメの挙げる具体的な自然像から説明できる。ベーメは、都市の小川や公園など、政治的合意をとおして構想され、すでに現実化された自然を意図している。これらの自然は、たしかに政治的合意によって可能になったものである。だが筆者に言わせれば、都市の小川や公園が自然のすべてではない。むしろ自然は、人間にとってきわめて危険で、決して制御できないものでもある。その意味では、自然は「理性の他者」としての「物自体」と呼ぶべきであろう。要するに、ベーメは「人間にふさわしい自然」のもとに、自分の理論にとって都合のよい、理想化された自然像を前提としているのである。[27] また内的自然についても、ベーメは客体化された肉体ではなく、生きられる身体の重要性を指摘する。活動的に身体を生きることで、人間の「自己存在（Selbstsein）」が可能になるという。しかし、身体が老化して死を迎えることは、多くの人間にとってはまさに正視できない事実であろう。人間はたいてい、自分の老いや死を忘却して生きている。こうした、老いや死の自己了解の困難さを考慮すれば、にわかに「自己存在」を認めることは容易ではないはずである。この点でも、ベーメは人間の身体を理想化しているのである。[28]

このように「自然の批判理論」は、それまでの「批判理論」を拡張し、合意形成によって成立する価値対象として自然を把握した。だが「自然の批判理論」はまた、政治的合意と理性的状態との連関、あるいは自然の理想化にかんして、決定的な難点を含んでいた。この「自然の批判理論」は、八〇年代の『理性の他者』と結びつけて理解すれば、ベーメによる啓蒙のプロジェクトの修正と見なすことが可能である。そこで最終節では、啓蒙のプロジェクトについて、ベーメの見解を検討するとともに、筆者自身の立場を提示する。

五　啓蒙のプロジェクトと「自然の解釈学」

第一節で論じたように、G・ベーメは、啓蒙のプロジェクトの根本的な修正を要求していた。ベーメによれば、啓蒙は二つの段階に区別できる。啓蒙の第一段階、すなわち神話や迷信からの解放は、なおも継続すべき課題である。だが「メタ啓蒙」という第二段階は、理性による理性自身の啓蒙であり、これはきわめて両義的な過程である。というのは、理性批判が、非合理的なものの制御を目的としながらも、新たな非合理性を生み出したからである。ところがカントは、理性の歴史的生成について、その心理的および社会的な力動性を把握できなかった。この力動性の洞察が、カントの理性批判を徹底化させることになり、啓蒙のプロジェクトの修正を帰結したのである。こうして啓蒙のプロジェクトは、いまや根本的に修正されなければならない。この修正は、人間が「理性的動物」という自己理解を克服し、自らを「自然の一部」として理解することに他ならない。

それでは、啓蒙のプロジェクトについて、ベーメによる修正は妥当であろうか。あるいは、そもそもベーメは啓蒙を正しく把握しているだろうか。筆者の結論から言えば、ベーメは啓蒙を誤解しており、そのため行き過ぎた修正を要求している。ベーメが啓蒙の第一段階として把握した事態、つまり神話や迷信からの解放は、たしかに啓蒙の課題である。カントによれば、「迷信からの解放は啓蒙と呼ばれる」(V, 294)。また啓蒙は「命題として」理解することは容易であるが、実際には「困難で徐々に実現されるべき事柄」(ibid.)である。このように、カントの啓蒙概念が課題として、神話や迷信からの解放を含意することは否定できない。しかしながら、啓蒙の第二段階として把握された事態、すなわち理性による理性自身の啓蒙にかんして、ベーメの見解には看過できない誤りがある。ベーメによれば、理性による理性自身の啓蒙は、きわめて両義的な過程である。というのは、理性批判が、一方で非合理的なものの制御を目的としながらも、他方で新たな非合理性を生み出したからである。

筆者の見解によれば、ベーメは理性批判の動機として、非合理的なものの制御という「支配要求」だけを認めている。ベーメにとって理性批判は、理性による支配の領域を確立する過程であり、この領域から排除されたものが、いわゆる「理性の他者」であろう。しかしながら、カントによる理性批判は、判断力の批判をとおして反省的判断力がまさしく成立する過程でもある。そのことを考慮すれば、理性批判はたんに支配の領域を確立する過程として把握できないはずである。なぜなら、もしも理性批判の動機として「支配要求」だけを認めるならば、反省的判断力に固有の解釈学的含意がまさに否定されるからである。言い換えれば、対象を概念のもとに包摂して説明するのではなく、反省の規則をもとに対象を概念に関連づける、解釈学的な理解の意義が忘却されてしまうからである。たしかに、自らが投げ入れた普遍的な法則のもとで自然を把握するかぎり、理性のうちで悟性は、外的自然を支配する能力と見なされるかもしれない。あるいは、格率の普遍化をとおして傾向性を否定するかぎり、実践理性は内的自然を抑圧する能力であるかもしれない。しかし理性のうちでも反省的判断力は、外的自然および内的自然に普遍的な法則を与えて、これらを服従させるわけでは決してない。反省的判断力は固有の立法領域をもたず、たんに「自然を反省するために」(V, 186) 自分自身に法則を与えるにすぎない。このように、反省的判断力の立法のあり方を念頭に置くならば、「判断力批判としての理性批判」は、支配の領域を確立する過程として把握できないはずであろう。ベーメは、自然支配の要求だけを理性に認めるゆえに、「判断力批判」の意義を洞察できなかったのである。

このように、「判断力批判」の意義を看過した結果として、ベーメは啓蒙のプロジェクトの修正を要求することになった。筆者の洞察によれば、理性批判の動機として支配要求だけを認めるベーメにとって、理性による「理性の自己批判」の可能性はすでに失われてしまっている。というのは、自然を支配する機能に還元された理性が、支配要求の背後に遡ってその正当性を検討することなど、そもそも不可能だからである。こうして、もはや批判的でない理性を克服するために、残された手段は「理性の他者」の立場からの批判でしかない。ベーメは、理性の領域から排除された「自然」の立場から、啓蒙のプロジェクトの修正を要求する。すなわちそれは、人間が「理性的動物」という自己理解を克服し、自らを「自然の一部」として理解することに他ならない。人間が理性的動物としての規定を放棄し、自分が自然に帰属することを洞察することで、理性による自然支配が克服できるというのである。しかしながら、啓蒙のプロジェクトについて、こうした修正はきわめて大きな代償を伴うものである。人間を「自然の一部」として理解することは、人間の理性を「自然の力」に委ねることに等しい。つまりそれは、理性の自立性を否定して盲目の力に奉仕させることである。啓蒙のプロジェクトを修正すると言いながら、実際にはベーメは啓蒙の遺産を放棄しているのである。したがって、筆者の立場から見れば、ベーメは啓蒙のプロジェクトを自然支配の過程と見なして、理性の放棄にも等しい、行き過ぎた修正を要求していると言わざるをえない。

こうした筆者の診断が正しいとすれば、ベーメの自然概念についても検討の余地があることになろう。すでに論じたように、ベーメは自然を「文化的産物」として、あるいは「社会的に構成された自然」として把握した。その結果として、自然は自然科学の対象ではなく、合意形成をとおして成立する価値対象になった。だが「社会的に構成された自然」という概念はおよそ妥当であろうか。たしかに科学技術の進展は、自然と技術との原理的な区別を曖昧にしてしまった。自然が技術によって複製される現在では、伝統的な自然概念は時代遅れとなっており、自然は文化や文明などの人間的領域からもはや区別できない。その意味で、「社会的に構成された自然」という概念の妥当性は否定できない。しかし筆者の把握によれば、この「社会的に構成された自然」の概念には、人間の構成作用に対する「過大評価」が認められる。すなわち、「社会的に構成された自然」は、たとえ人間によって作られたとしても、必ずしも人間によって制御できるとはかぎらない。文化や文明から区別できないとしても、それらを突き破る可能性が自然にはたしかに秘められている。というのは、どれほど人間によって構成されているとしても、予想もしない仕方で自然が人間に復讐してくるからである。あるいは、ときとして自然が人間の意図をまったく裏切るからである。そもそも自然は、人間にとって予測不可能であり、それゆえ人類の脅威ともなりうる。それは、地震や津波のことを考えれば、まさに一目瞭然であろう。しかしながら、ベーメはもっぱら「人間にふさわしい自然」を実現しようとして、「制御不可能な自然」が存在することを考慮していない。要するにベーメは、自然の構成という考えには「限界がある」ことを看過しているのである。

このようにベーメは、啓蒙のプロジェクトを誤解したために、行き過ぎた修正を要求している。またこの修正に関連して、「社会的に構成された自然」という概念にも大きな問題が認められる。これらを考慮すれば、ベーメの「自然の批判理論」に対して、筆者が唱えた「自然の解釈学」を評価することも可能になるであろう。だがそれに先立ち、「自然の解釈学」について新たな見解を提示しなければならない。すでに論じてきたように、「自然の解釈学」は、理念の「象徴的描出」として自然を理解する、美感的および目的論的な反省であった。しかし、現代における自然概念を前提とすれば、「自然の解釈学」には次のような変更が不可欠である。すなわち、いまや「自然の解釈学」は、政治的に合意された「よき生」の構想の描出として、自然を理解しなければならない。言い換えれば、「自然の解釈学」は、概念を前提せずに自然を反省するなかで、人々によって合意された「よき生」の構想を読み取るのである。(29) ここで「よき生」とは、自然との関係で望ましい、「人間の価値ある生」を意味する。(30) また「よき生」の内容は、そのつど反省によって仮説的に洞察されるものである。こうして新たな見解によって、制御不可能な自然が存在することを認めながらも、政治的合意の産物として自然を把握できるようになる。さらに「よき生」の構想をたえず検討することで、自然との関係を考慮しつつ、「人間の価値ある生」

へと接近することが可能になるのである。そこで「自然の批判理論」と対比すれば、筆者の「自然の解釈学」の意義は次のように評価できる。

第一に、啓蒙のプロジェクトは自然支配の過程ではない。むしろそれは、「自然の解釈学」をとおした、「人間の価値ある生」への接近過程として把握されなければならない。ベーメは、理性批判における「判断力批判」の意義を看過して、啓蒙のプロジェクトを自然支配の過程と見なした。しかしながら、啓蒙のプロジェクトは、たんなる自然支配の過程として把握すべきではない。[31] 筆者の見解によれば、カントの理性批判は、上級認識能力としての理性を悟性と判断力、実践理性に区別し、それぞれの能力が妥当する範囲を確定するものである。この理性批判をとおして、悟性と実践理性はその立法をもとに、外的自然および内的自然を自分の領域とすることができる。その意味では、たしかに理性批判は、近代の自然支配の過程に寄与すると言えるかもしれない。しかし判断力の批判は、自然を規定しようとする要求を僭越であると退け、自然の反省という謙虚な機能に判断力を制限する。言い換えれば、この批判は、判断力が自然に対して立法できず、たんに自分自身に対してのみ立法できることを明らかにする。もっともこうした制限は、悟性や実践理性と比較した場合に、判断力の機能を貶めるものではない。概念によって規定できないからこそ、反省に基づく解釈学的な自然理解、すなわち「自然の解釈学」が可能になるのである。「自然の解釈学」は、特殊な自然の反省をとおして、政治的に合意された「よき生」の構想を読み取る。それによって、政治的な合意形成の問題として、人間がかかわる自然を把握できるようになる。また「よき生」の構想が仮説的に読み取られるかぎり、人間は自然を制御できないことがつねに自覚されるのである。このように「自然の解釈学」は、具体的な自然を反省して「よき生」の構想を洞察し、それらの検討をとおして政治的な合意を求めていく。そのかぎりで、自然との関係で望ましい、「人間の価値ある生」がいずれ実現されるであろう。もっともこれは、政治による自然支配の完成を意味するわけではない。自然が文化や文明などの人間的領域から区別できないかぎり、「よき生」の構想は自然を忘却するものではなく、また自然を抑圧するものでもありえない。というのは、「多様な構想」の検討をとおして接近すべき「人間の価値ある生」が、人間と不可分の自然にとっても望ましいはずだからである。

第二に、「自然の批判理論」とは異なり、「自然の解釈学」は「よき生」にかんする多様な構想を認める立場である。上述のように、「自然の批判理論」は、人間の活動によって影響された自然、つまり「社会的に構成された自然」だけを認める。そのため、人間の活動領域から独立したものとして、いわば原生の自然が存在するというわけではない。すべては人間の活動によって影響されており、文化や文明から自然を区別することも不可能である。そこで人間の活動を制限して、「人間にふさわしい自然」のあり方を決定するのが、政治的合意である。だが「自然の批判理論」には、政治的合意にかんする理論が欠如しており、さまざまな人間の意見が政治的合意に反映できるのかどうか明らかではない。言い換えれば、政治的合意によって自然や文化の多様性を否定してしまう可能性が、どうしても残るのである。これに対して「自然の解釈学」は、さしあたり政治理論が欠けるとしても、自然や文化の多様性を認めることができる。「自然の解釈学」は、反省的判断力の理論として、自然が人間の認識能力によって構成されることを認めない。反省的判断力は、合目的性の原理によって自然を構成できない。むしろ反省的判断力は、この原理をもとに自然について反省するだけである。しかし反省するからこそ、まさに反省の規則をとおした解釈学的な理解が可能になる。それゆえ、反省的判断力にとって自然は、人々によって合意された「よき生」の構想が、そこからたえず読み取られるべき対象である。「自然の解釈学」によれば、「よき生」の構想を読み取るのは、特定の地域と場所に生きる、一人一人の「生身の人間」に他ならない。そのため、自然や文化にかかわる人間のあり方を含めて、「よき生」にかんする多様な構想を認めることが可能になるのである。

このように、啓蒙のプロジェクトは自然支配の過程ではなく、「人間の価値ある生」への接近過程として把握されなければならない。また反省的判断力にとって自然は、「よき生」の構想が読み取られるべき対象であることが自覚されなければならない。これらの論点で、「自然の解釈学」はたしかに評価できるであろう。しかし、「自然の解釈学」にも大きな課題が残されている。ベーメの「自然の批判理論」は、いわゆる規範概念を含み、広い意味での実践哲学に属していた。これに対して「自然の解釈学」は、あくまで反省理論であり、悟性や実践理性によって規定されていない自然を対象とするにすぎない。それでは「自然の解釈学」によれば、どのような方法で「よき生」の構想を実現できるのか。あるいは「よき生」の構想について、どのように合意を形成すべきであるのか。これらはまさに、「自然の解釈学」の新たな課題に他ならない。

注

（1）ベーメ兄弟は、すでに『理性の他者』のなかで、啓蒙のプロジェクトを修正しなければならないと主張している。Vgl. H. Böhme und G. Böhme, *Das Andere der Vernunft. Zur Entwicklung von Rationalitätsstrukturen am Beispiel Kants*, Frankfurt a. M. 1983, S. 9–24.

（2）なおＨ・ベーメも文化史の観点から啓蒙を論じている。だが本稿の射程を超え出るため、Ｈ・ベーメの見解は別の機会に検討することにしたい。Vgl. H. Böhme, Monster im Schatten der Aufklärung. Literatische Experimente im Grenzbereich, in: Stiftung Deutsches Hygienemuseum (hrsg.), *Mensch und Tier. Eine paradoxe Beziehung*, Ausstellungkatalog, Ostfildern 2002, S. 171–190; Die imaginierte und pluralisierte Antike der Aufklärung, in: F. Brendt und D. Fulda (hrsg.), *Die Sachen der Aufklärung*, Hamburg 2012, S. 51–77.

（3） Vgl. G. Böhme, Beyond the Radical Critique of Reason, in: D. Freundlieb and W. Hudson (eds.), *Reason and Its Other: Rationality in Modern German Philosophy and Culture*, Providence/Oxford 1993, pp. 87–94.

（4） 啓蒙を継続すべきことについては、以下のベーメの論文を参照されたい。Vgl. G. Böhme, Permanente Aufklärung, in: G. S. Noerr (hrsg.), *Metamorphosen der Aufklärung. Vernunftkritik heute*, Tübingen 1988, S. 20–26.

（5） Vgl. J. Habermas, *Der philosophische Diskurs der Moderne. Zwölf Vorlesungen*, Frankfurt a. M. 1985, S. 352–360.（『近代の哲学的ディスクルスⅡ』三島憲一・轡田収・木前利秋・大貫敦子訳、岩波書店、一九九九年、五三一―五四一頁）

（6） Vgl. G. Böhme, Was wird aus dem Subjekt? — Selbstkultivierung nach Kant — , in: I. Kaplow (hrsg.), *Nach Kant: Erbe und Kritik*, Münster 2005, S. 1–16. また以下の論文も参照されたい。Vgl. G. Böhme, Immanuel Kant: Die Bildung des Menschen zum Vernunftwesen, in: R. Weiland (hrsg.), *Philosophische Anthropologie der Moderne*, Weinheim 1995; S. 30–38; Selbstkultivierung nach Kant, japanisch, übersetzt von Tsunenori Sato, in: *Shisaku (Meditations)*, Vol. 40, 2007, pp. 19–44.（「カントにおける自己開化」佐藤恒徳訳、『思索』第四〇号、二〇〇七年、一九―四四頁）

（7） ベーメによれば、『純粋理性批判』が「自己開化」における「訓練」として理解されたとしても、何も驚くことはない。その理由は二点挙げられる。第一に、批判哲学がスウェーデンボルクの思弁の分析と関係して生じたことを考慮すれば、カントの目標が理性の「訓練」であり、熱狂した理性の逸脱を抑制することであるのは明らかである。第二に、表象の多様をカテゴリーにしたがって結合する認識作用のうちで、超越論的統覚がはじめて設定されなければならないことを考慮すれば、次のことは明白である。すなわち、客観的認識の共同の企てに参加しようとすれば、人間は自らを認識主観へと形成しなければならないのである。Vgl. G. Böhme, Was wird aus dem Subjekt? — Selbstkultivierung nach Kant — , in: I. Kaplow (hrsg.), *Nach Kant: Erbe und Kritik*, Münster 2005, S. 6ff.

（8）『教育学』での厳密な区分によれば、人間の教育は四つの段階に区分できる。すなわち、野生的な粗暴さを抑制する「訓練」と熟達した技能を獲得する「教化（Kultivierung）」、さらに行儀作法と礼儀正しさを身につけ、怜悧になる「文明化」があり、最後に善い目的だけを選択する心術の獲得として「道徳化」がある。Vgl. IX, 449f.

（9）ベーメによれば、「訓練」では、個人の判断をあらゆる人間に共通の経験連関に組み込むことが問題である。また「文明化」では、個人を文明化された生の共同体に組み込むことが問題である。さらに「道徳化」では、理性的存在者の王国に個人を組み込むことが問題である。Vgl. Böhme, *a. a. O.*, S. 6.

（10）あくまで筆者は以下の論文をもとに、九〇年代のベーメの哲学構想を整理している。Vgl. G. Böhme, Moderne – Aufklärung – Vernunftkritik. Ein Interview mit Fragen von André Gursky, in: *Deutsche Zeitschrift für Philosophie*, 39. Jahrg., 1991, S. 589–598. もちろん厳密に言えば、ベーメの研究分野は科学論から技術批判、身体的現存の倫理まで多岐にわたる。そのため、「自然哲学」と「人間学」という区分は、あくまで『理性の他者』以後のベーメの思考を追跡するためのものである。

（11）ベーメの「自然哲学」および「人間学」の構想については、以下の著作を参照されたい。なお「自然哲学」と「人間学」の区分は内容にかかわり、著作や論文上の区別を意味するわけではない。Vgl. G. Böhme, *Anthropologie in pragmatischer Hinsicht*, Frankfurt a. M. 1985; *Natürlich Natur. Über Natur im Zeitalter ihrer technischen Reproduzierbarkeit*, Frankfurt a. M. 1992; *Atmosphäre. Essays zur neuen Ästhetik*, Frankfurt a. M. 1995; *Aisthetik. Vorlesungen über Ästhetik als allgemeine Wahrnehmungslehre*, München 2001.

（12）本節で筆者は、G・ベーメの自然観を考察する。だがH・ベーメにも歴史的な自然概念にかんする論文がある。その論文でH・ベーメは、「文化」の問題として自然を解明している。Vgl. H. Böhme, Historische Natur-Konzepte, ökologisches Denken und die Idee der Gabe, in: P. Morris-Keitel und M. Niedermeier（eds.）, *Ökologie und Literatur*, New York 2000, pp. 7–21.

（13）Vgl. G. Böhme, Die Natur im Zeitalter ihrer technischen Reproduzierbarkeit, in: *Natürlich Natur. Über Natur im Zeitalter ihrer technischen Reproduzierbarkeit*, Frankfurt a. M. 1992, S. 107–124.

（14） Vgl. W. Benjamin, *Das Kunstwerk im Zeitalter seiner technischen Reproduzierbarkeit. Drei Studien zur Kunstsoziologie*, 11. Aufl., Frankfurt a. M. 1979.（野村修訳「複製技術の時代における芸術作品」、同編訳『ボードレール他五篇』、岩波文庫、一九九四年、五九―一二二頁）

（15） なお自然を社会的な産物と見なす見解は、すでに八〇年代のベーメの科学論に見出される。Vgl. G. Böhme und E. Schramm (hrsg.), *Soziale Naturwissenschaft. Wege zu einer Erweiterung der Ökologie*, Frankfurt a. M. 1985.

（16）『実用的見地における人間学』において、カントは体系的な観点から人間学を二つの類型に区別している。「自然学的な人間学」は、自然が人間をどのように形成しているかを解明する。これに対して「実用的見地における人間学」は、自由に行為する生物として、人間が自分自身をどのように形成するか、また人間が何をなすべきかを解明する。Vgl. VII, S. 119ff. なおベーメは「自然学的な人間学（physiologische Anthropologie）」を誤解しており、これを「自然的人間学（physische Anthropologie）」と言い換えている。

（17） なお「現事実性（Faktizität）」と「企投（Entwurf）」について、ベーメはハイデガーの思考に依拠している。Vgl. M. Heidegger, *Sein und Zeit*, 7. Aufl., Tübingen 1953.（『存在と時間』原佑・渡辺二郎訳、中央公論社、一九八〇年）

（18） なおH・ベーメの動向について言えば、近年の研究はもっぱら文学論や文化科学論に集中している。だがこれらの研究は本書の考察範囲を超えているため、別の機会に検討することにしたい。Vgl. H. Böhme und K. R. Scherpe (hrsg.), *Literatur und Kulturwissenschaften. Positionen, Theorien, Modelle*, Hamburg 1996; H. Böhme und P. Matussek, L. Müller (hrsg.), *Orientierung Kulturwissenschaft. Was sie kann, was sie will*, Hamburg 2000.

（19） Vgl. M. Horkheimer, *Traditionelle und kritische Theorie. Vier Aufsätze*, Frankfurt a. M. 1970, S. 21.（『哲学の社会的機能』久野収訳、晶文社、一九七四年、四八頁）

（20） Vgl. G. Böhme, *Die Natur vor uns. Naturphilosophie in pragmatischer Hinsicht*, Zug 2002, S. 29–43. なお「自然の批判理論」について、ベーメの説明は概略にとどまっており、具体的な展開は今後の研究に期待される。また次の文献も参照されたい。Vgl. G. Böhme, Driven by the Interest in Reasonable Conditions, in: *Thesis Eleven*, No.

81, 2005, pp. 80–90.

（21）ベーメによれば、自然の「我有化」とは、人間が自然を自分のものにすること、また人間が自然に適合してこれを同化することである。この「我有化」には、労働によって人間的形式が自然に刻印される、あるいは消費によって自然が身体に吸収されるなど、「物質的な我有化（materielle Aneignung）」が認められる。また他方で、近代自然科学のように、人間的諸連関のカテゴリーによって自然を経験し思考する、「知性的な我有化（intellektuelle Aneignung）」も認められる。なお「社会的な我有化」のもとでベーメは、社会的に組織された労働によって人間が自然を同化することを考えている。Vgl. G. Böhme und J. Grebe, Soziale Naturwissenschaft. Über die wissenschaftliche Bearbeitung der Stoffwechselbeziehung Mensch-Natur, in: Böhme und Schramm (hrsg.), *a. a. O.*, S. 19–41.

（22）生態学的構造について、ベーメはE・シュラムの研究に依拠している。シュラムによれば、農業生態系に見られるように、生態系は人間の労働活動によって、構造的にも機能的にも影響され、また歴史的な影響も受けている。その意味で、「自律した生態系」を示すわけではない自然にかんする研究は、それまでの生態学では不十分であった。そこで、こうした自然を把握するために、生態学的構造の概念が導入されるべきである。この生態学的構造とは、境界と特徴にかんして社会的に定義される地表の一部をなす、生物界および関連する非生物的要素の総合として理解される。Vgl. E. Schramm, Ökosystem und ökologisches Gefüge, in: Böhme und Schramm (hrsg.), *a. a. O.*, S. 63–90.

（23）ベーメによれば、人間は生物として、自然との物質交換のうちで自分を再生産しなければならない。そのために、人間は労働しなければならない。労働が問題になるのは、自然との物質交換の前提を作るために、ある種の活動がなされなければならない場合である。この労働は理念的に、生産労働と再生産労働とに区別される。たんなる生産労働は、生産物の実現に向けられており、資源が消費される時間によって明確に限定される。だが再生産労働は、終わりのない持続の過程に向けられている。ベーメが注目するのは、農業や林業のような、自然の再生産にもかかわる、人間の再生産労働である。Vgl. G. Böhme, Die Konstitution der Natur durch Arbeit, in: Böhme und Schramm (hrsg.), *a. a. O.*, S. 53–62.

(24) ベーメは「エコロジカルな自然美学」のことを考えている。ベーメによれば、生態学と生理学をもとに、再生産可能で有用な自然状態を決定することは、人間にふさわしい自然状態を作り出すためには不十分である。むしろ、人間らしい生活諸形式を可能にする、環境の質を作り出すことが課題である。すなわち、「エコロジカルな自然美学」では、人間性という観点から自然状態を判定するために、環境における「情態性（Befindlichkeit）」を考慮することが重要になる。Vgl. G. Böhme, *Die Natur vor uns. Naturphilosophie in pragmatischer Hinsicht*, Zug 2002, S. 36.

(25) ホルクハイマーが構想した「批判理論」は、一般的な理解とは異なり、もともと自然や生命をも考察対象とするものであった。だが結果的に、いわゆる生物学は「批判理論」から排除されてしまった。その経緯については、以下の研究を参照されたい。Vgl. K. S. Amidon, "Diesmal fehlt die Biologie!" Max Horkheimer, Richard Thurnwald, and the Biological Prehistory of German Sozialforschung, in: *New German Critique*, Vol. 35, 2008, pp. 103–137. なお近年のハーバマースは、「批判理論」の影響を受けつつも人間本性について考察している。Vgl. J. Habermas, *Die Zukunft der menschlichen Natur. Auf dem Weg zu einer liberalen eugenik?*, Frankfurt a. M. 2001.（『人間の将来とバイオエシックス』三島憲一訳、法政大学出版局、二〇〇四年）

(26) なおベーメは、政治的合意と理性的状態との連関について、ハーバマースのコミュニケーション的行為の理論に依拠している可能性がある。だがこの理論にも、また問題がないわけではない。すなわち、コミュニケーション的実践では、対話の参加者は相互の了解をめざす諸主体である。この実践は、言語能力と行為能力をもつ諸主体の相互関係からなる。しかし、しばしば指摘されるように、すべての存在者がコミュニケーション的実践に参加できるわけではない。とりわけ、まさに自然はコミュニケーション的実践から排除されたままである。対話の参加者は、言語能力と行為能力をもつ主体のみであり、いずれの能力も欠いた自然は原理的に考慮されないままである。Vgl. J. Habermas, *Theorie des kommunikativen Handelns. Bd. 1. Handlungsrationalität und gesellschaftliche Rationalisierung*, Frankfurt a. M. 1981.（『コミュニケイション的行為の理論（上）』河上倫逸・M・フーブリヒト・平井俊彦訳、未來社、一九八五年）

（27）N・ヴァルツもまた、ベーメが構想した「自然の批判理論」に含まれる問題を指摘している。ヴァルツによれば、「自然の批判理論」には、啓蒙主義の契機のみならず、またロマン主義の契機が見出される。というのは、「人間にふさわしい自然」について、ベーメが人間と自然との調和的で持続的な再生産という思考様式に訴えるからである。この思考様式は、人間と自然との合一、あるいは人間の自然への「解消（aufgehen）」を認める点で、まさにロマン主義に他ならない。もっとも、このロマン主義の契機は、「自然の批判理論」のうちで、啓蒙主義の契機と総合されないままである。ベーメは両者の総合を試みているが、不十分な結果に終わっている。このヴァルツの指摘は、筆者とほぼ同一の見解として理解できる。Vgl. N. Walz, *Kritische Ethik der Natur. Ein pathozentrisch-existenzphilosophischer Beitrag zu den normativen Grundlagen der kritischen Theorie*, Würzburg 2007, S. 20–39.

（28）なおベーメの以下の書物は、この問題に対する取り組みと見なすことができる。Vgl. G. Böhme, *Leibsein als Aufgabe. Leibphilosophie in pragmatischer Hinsicht*, Kusterdingen 2003; F. Akashe-Böhme und G. Böhme, *Mit Krankheit leben. Von der Kunst, mit Schmerz und Leid umzugehen*, München 2005.

（29）L・P・ヒンチマンは、A・レオポルドの『砂土地方の暦』における記述に、解釈学的な含意があることを解明している。ヒンチマンによれば、レオポルドが自然を把握する仕方は、解釈学者がテキストや芸術作品に向き合う技法とほとんど同じである。レオポルドにとって自然は、そもそも「豊かな意味を隠しもつ全体（potentially meaningful totality）」であり、未解明の部分が歴史的探究によって再構成されるべき全体である。レオポルドは自然について、ある種の文化であるかのように、その「肌理（text）を読むこと」を知っている。そのため、解読の方法を知りさえすれば、自然はどこまでも理解できる物語を告げるのである。具体的に言えば、レオポルドは、消滅した沼地の歴史について反省し、小動物の足跡からその生を構想している。これらは、まさにレオポルドが、ガダマーの言う「地平融合」にむけて努力していることを示している。筆者の立場から見れば、こうした見解は、『砂土地方の暦』における「自然の解釈学」の研究として評価できる。もっとも、この「自然の解釈学」の内実について、ヒンチマンの説明は必ずしも明確ではない。またヒンチマンにとって、「自然の解釈学」の対象である自然は、人間の文化から区別される「原生自然」にとどまっている。しかしながら、自然と文化が区別できない現状を考慮すれば、ヒンチマンの見解はきわめて不十分である。また筆者が把握するかぎり、『砂土地方の暦』におけるレオポルドの記述も、文化から区別される自然だけを対象としたものでは決してない。たとえば、レオポルドが述べている自然の歴史は、自然とかかわる人間の歴史でもある。あるいは、解釈学的に把握される生とは、「地平融合」が可能であれば、自然とかかわる人間の生となるであろう。さらに言えば、人間は孤独に生きるわけではなく、他の人間とともに自然にかかわるかぎり、そこに政治的な合意を読み取ることも必要であろう。これらを考え合わせて、筆者は「自然の解釈学」について新たな見解を提示している。すなわち、「自然の解釈学」は、政治的に合意された「よき生」の構想の描出として、自然を理解しなければならない。なお、こうした理解を可能にする、ある種の機制や論理については、稿を改めて筆者の見解を提示したい。Vgl. L. P. Hinchman, Aldo Leopold's Hermeneutics of Nature, in: *The Review of Politics*, Vol. 57, 1995, pp. 225–249.

(30) 「よき生」の構想が自然との関係を含むことについては、D・ファースの有益な議論を参照されたい。ファースは、「価値ある生(worthwhile life)」にかんするA・マッキンタイアの見解に依拠して、自然における有意義な関係が重要であることを指摘している。ファースによれば、人間の「価値ある生」とは、人間と自然との有意義な関係が認識され、また尊重される生である。ある生について歴史的に物語るならば、その生に価値があると見なしうるかどうかは明白になる。自然との関係によって、人間の生は豊かにも貧しくもなるのであり、それに応じてより価値を増したり減らしたりするのである。この見解はファース自身によって、次の七つの論点に整理されている。すなわち、第一に、人間は価値ある生を送りたいと望んでいる。第二に、価値ある生を送ることは、それを物語ることで明らかになる。第三に、価値ある生とは、有意義な関係を認識し尊重し、また発展させるものである。第四に、有意義な関係を認識するために、人間はその関係にかんする歴史的な物語を理解しなければならない。第五に、有意義な関係を尊重するために、人間はその関係の未来について見込まれる、成り行きの物語を理解しなければならない。また人間は、自分の意図的な行為が及ぼす、この成り行きへの影響を理解しなければならない。第六に、自然には多くの有意義な関係が含まれる。第七に、価値ある生を送るために、人間は自然における有意義な関係を認識して、これを尊重しなければならない。こうしたファースの議論は、筆者の立場から見れば、人間の生にとって自然との関係が重要であることを指摘した点で評価できる。Vgl. D. Firth, Do Meaningful Relationships with Nature Contribute to a Worthwhile Life?, in: *Environmental Values*, Vol. 17, 2008, pp. 145–164.

（31）なお啓蒙のプロジェクトについては、H・シュネーデルバッハの見解が有益な示唆を与えてくれる。シュネーデルバッハによれば、啓蒙には、「年代記的（chronologisch）」と「歴史的（historisch）」、そして「構造的（struktu-rell）」という三つの把握が可能である。シュネーデルバッハの見解は、筆者の立場から次の三点に整理できる。第一に、啓蒙は「年代記的」な概念であり、歴史上のある時期を特徴づける言葉として理解できる。この意味での啓蒙概念は、一八世紀のドイツで啓蒙批判と結びついて成立した。この啓蒙批判は、すでにハーマンの「疾風怒濤」運動のうちで始まっており、ドイツにおけるルソー受容をもとに展開した。というのは、ルソーがドイツ・ロマン主義の起源となったからである。ロマン主義者たちは、「理性の光」ではなく、「光」よりも深く真なるものとして現れる「暗闇」に魅惑された。またヘーゲルも、歴史上の一つの時代として啓蒙を理解した。初期の著作においても、また晩年の哲学史講義においても、ヘーゲルは明確に限界づけられ本質的に「完結したプロジェクト」として、啓蒙を説明している。ヘーゲルにとって啓蒙は、もっぱら宗教批判にかかわる、「年代記的」に確定可能な時代を意味していた。第二に、啓蒙は「歴史的」な概念として、歴史についてその過程や目標を「物語る（historein）」言葉である。啓蒙はまた一八世紀の哲学者によって、もっぱら教育の問題として理解された。しかもそれは、たんに個人や世代の教育ではなく、むしろ人類の教育にかんする問題である。すでにカントは、「未成年状態からの人類の脱出」を語り、自然が人類とともに意図した計画の本質的要素として、啓蒙を説明している。またレッシングやヘルダーも、同じ意味で「人類の教育」について語っている。そのため啓蒙は、人類の進歩という理念と結びつき、世界史的なプロジェクトになったと言うことができる。もっともこの啓蒙は、リオタールに倣って言えば、「大きな物語（große Rahmenerzählung）」と「小さな物語（kleine Rahmenerzählung）」とに区別できる。前者は、実現されるべき目標に至るまで、大きな歴史を説明するものである。しかし「大きな物語」としての啓蒙は、一九世紀の歴史主義によって崩壊してしまった。また後者は、啓蒙がすでに歴史のうちで実現されたと考える、ヘーゲル主義的な説明である。ヘーゲルによれば、世界史は「自由の意識における進歩」として、真実には「完結している」のである。第三に、啓蒙は未成年状態からの脱出として、特定の時代や文化に限定されない「構造的」な概念である。カントとともに、啓蒙は「成年状態（Mündigkeit）」という目標に関係づけられる。すると未成年状態からの脱出は、もはや歴史上のたんなる出来事として理解できなくなる。というのは、未成年状態が新たに生じることを、啓蒙は考慮せざるをえないからである。歴史上の啓蒙の世紀は、あらゆる未成年状態から人間を解放したわけではない。この啓蒙の世紀の後にも未成年状態は存続しており、グローバルな啓蒙のプロジェクトにおいても新たな未成年状態が起こっている。そのため、「構造的」な啓蒙概念が必要である。それは、さまざまな文化の文脈で啓蒙の必要性を確認するとともに、啓蒙の機会を正しく評価できるようにする概念に他ならない。こうして啓蒙をめぐる現在の問題は、歴史的ないし歴史哲学的ではなく、むしろこの「構造的」な啓蒙概念に依拠してのみ、解答可能である。すると啓蒙は、つねに新たに生じる「課題」として理解されるのである。Vgl. H. Schnädelbach, Die Zukunft der Aufklärung. Christian-Wolff-Vorlesung Marburg 2003, in: *Analytische und postanalytische Philosophie*, Frankfurt a. M. 2004, S. 66–89. また次の文献も参照されたい。Vgl. H. Schnädelbach, Das Projekt „Aufklärung“ – Aspekte und Probleme, in: D. Birnbacher und J. Siebert, V. Steenblock (hrsg.), *Philosophie und ihre Vermittlung. Ekkehard Martens zum 60. Geburtstag*, Hannover 2003, S. 188–201.

結論

最後に、これまでの議論を回顧しながら結論を示してみたい。

ベーメ兄弟の批判的見解によれば、カントの理論哲学は「外的自然支配の理論」であり、実践哲学は「内的自然支配の理論」である。すなわち、カント哲学における啓蒙的理性は、近代における自然支配の計画と不可分である。それゆえ、理性批判とともにはじまる啓蒙のプロジェクトは、根本的に修正されなければならない。そこでベーメ兄弟は、「理性の他者」の立場から理性を批判して、啓蒙のプロジェクトの核心である理性的人間像を克服すべきと考えたのである。しかしながら、これまでの議論で解明されたように、ベーメ兄弟の批判的見解は必ずしも妥当ではなかった。本書において筆者は、これら批判的見解に対する反論を次のように展開した。

第一章において筆者は、判断力を「自然支配の能力」と見なす批判的見解に反論した。この見解は、判断力を一面的に把握して、反省的判断力に固有の機能を看過したことに起因している。しかし反省的判断力は、自然を未規定のまま理念に関係づけるかぎり、決して「自然支配の能力」ではない。むしろ反省的判断力には、自然を解釈学的に理解する機能が見出される。この機能を筆者は、悟性によって規定されていない自然を理解する、「自然の解釈学」として定式化した。すなわち、反省的判断力は、反省の規則の類似性をもとに、超感性的な理念のもとで感性的な自然を理解するのである。また筆者の「自然の解釈学」の立場から、『判断力批判』における「美」と「崇高」、「有機体」の議論を統一的に把握できることが解明された。

第二章は、「自然美の解釈学」をもとに、趣味論にかんする批判的見解に反論した。G・ベーメによれば、カントの趣味論は「自然からの疎外」によって特徴づけられる。だがこの見解は、もっぱら認識論の観点から趣味判断を把握しており、構想力の描出機能を見落としている。むしろカントの趣味論は、構想力による創造的な描出機能をもとに、自然美を象徴的に理解する理論である。そこで、美感的判断力による自然美の反省が、理性理念の「象徴的描出」として美感的理念を理解する、「自然美の解釈学」として定式化された。自然美の美感的反省は、まさに多種多様な意味のもとで自然美を理解する解釈学に他ならない。この「自然美の解釈学」の立場から、趣味論における自然概念の領域から自由概念の領域への「移行」も具体的に解明された。

第三章は、「崇高な自然の解釈学」をもとに、崇高論にかんする批判的見解に反論した。H・ベーメによれば、カントの崇高論は、自然に対して理性的主観を優越させており、「自然支配の計画」に属する。しかし、「崇高な自然」は理性的主観のうちに還元できないので、この見解は誤解である。むしろ「崇高な自然」は、構想力が描出できないものをあえて描出する努力を説明している。というのは、構想力が自然の諸表象を総括しようとしても不可能であることが、描出不可能な理性理念の描出として理解されるからである。そこで「崇高な自然」の美感的反省は、理念の「否定的描出」として総括不可能な自然を理解する、「崇高な自然の解釈学」として定式化された。この「崇高な自然の解釈学」の立場から、崇高論における自然概念の領域から自由概念の領域への「移行」も、また具体的に解明された。

第四章は、「有機的自然の解釈学」をもとに、自然目的論にかんする批判的見解に反論した。H・ベーメによれば、カントの自然目的論は「生ける自然」の可能性を認めず、技術の観点から自然を把握する。しかし自然目的論は、類比による把握のために目的概念を使用するにすぎない。そのため自然目的論は、「技術の産物」として有機的な自然を把握するわけではない。むしろ自然目的論は、自然を未規定のまま反省することで、自然の「自立性」を認める理論に他ならない。また有機的な自然の目的論的反省は、実践理性の「超感性的目的」の「象徴的描出」としてこの自然を理解する、「有機的自然の解釈学」として定式化された。この「解釈学」に基づいて、自然の目的論的秩序が道徳性の象徴として理解可能になる。こうして「有機的自然の解釈学」の立場から、自然目的論にかんしても、自然概念の領域から自由概念の領域への「移行」が具体的に解明された。

第五章において筆者は、『理性の他者』以後のG・ベーメの議論を検討して、啓蒙のプロジェクトを修正すべきという見解に反論した。ベーメによれば、カントの理性批判は新たな非合理性を生み出すゆえに、啓蒙はきわめて両義的な過程である。しかし筆者の見解では、ベーメは「判断力批判」の意義を看過し、啓蒙のプロジェクトを自然支配の過程と同一視している。その結果として、啓蒙のプロジェクトにおける理性的人間像の克服が要求されたのである。こうした誤解を考慮すれば、ベーメの「自然の批判理論」に対して、筆者の「自然の解釈学」を評価することが可能になる。すなわち、啓蒙のプロジェクトは自然支配の過程ではない。むしろそれは、「自然の解釈学」をとおした、「人間の価値ある生」への接近過程として把握されなければならない。また制御できない自然の存在を認めつつ、「よき生」の構想を仮説的に洞察することがまさしく重要になる。

このように本書は、ベーメ兄弟による批判的見解に反論した。カント哲学における啓蒙的理性は、近代における自然支配の計画と結びつくわけではない。またカントの理性批判は、理性の確立とともに「理性の他者」を生み出したわけでもない。ベーメ兄弟は、啓蒙のプロジェクトを自然支配の過程と見なした結果、理性的人間像という啓蒙の遺産を放棄するに至った。しかしながら、現代に求められるのは、啓蒙のプロジェクトの過激な修正ではない。むしろ必要とされるのは、啓蒙の遺産をふたたび精査することで、自然支配をめぐる諸問題に取り組むことである。その際に反省的判断力という、これまで理論理性や実践理性の影で忘却されていた能力を解明することが、とりわけ重要である。反省的判断力にとって、自然はどこまでも異質な存在であるとともに、解釈によってたえず理解されるべき対象である。こうした自然の理解は、人間が「自ら反省すること」による「よき生」の構想の洞察であり、まさに啓蒙の実践に他ならない。それゆえ「自然の解釈学」は、「人間の価値ある生」への道標として、たしかに啓蒙のプロジェクトに寄与するものである。

あとがき

本書は、二〇一二年一一月に法政大学大学院に提出し、翌二〇一三年九月に学位を授与された博士論文を大幅に加筆・修正しつつ、新たに一章を加えたものである。二十代後半から三十代にわたって、筆者は近代理性、とりわけ反省的判断力にかんする研究を精力的に進めてきた。本書は、それらの研究の成果である。振り返ってみれば、『判断力批判』を読みつつ、ベーメ兄弟の『理性の他者』と出会ったことが、本書に至る研究の始まりであった。内在的研究に飽き足らず、近代理性の批判を考察することで、筆者の研究はまさに難航が予想された。さまざまな挫折や紆余曲折を経て、筆者の研究はようやく本書となって結実したことになる。

なお困難な状況にあって研究を継続できたのも、父・賢二と母・典子による支援のおかげである。父母の支えや励ましがなければ、本書は成立しなかったであろう。この機会に、そのことは記しておきたい。

本書の内容について、もはや言い残すことはない。各章の初出は次のとおりである。ただし、いずれの論文もほとんど原形をとどめていない。

序　論　書き下ろし

第一章　「反省的判断力の原理の新たな意義――カントと理性の他者」、日本カント協会編『日本カント研究5　カントと責任論』理想社、二〇〇四年
第二章　「美感的判断と包摂の可能性――生態論的自然美学による批判に応えて」、日本カント協会編『日本カント研究11　カントと幸福論』理想社、二〇一〇年
「道徳的人間の表現としてのカント自然美学――エコロジー的自然美学の批判に答えて」、法政哲学会編『法政哲学』、第二号、二〇〇六年
第三章　「カントの崇高論――H・ベーメによる解釈の検討」、法政哲学会編『法政哲学』、第九号、二〇一三年
第四章　「カントと「啓蒙の生気論」――『判断力批判』の新しい解釈の試み」、『法政大学大学院紀要』、第六三号、二〇〇九年
第五章　書き下ろし
結　論　書き下ろし

本書の完成に至るまで、筆者は多くの人々に助けられてきた。とくに以下の方々には感謝を述べておきたい。まず、学位論文の主査を務めていただいた牧野英二先生（法政大学）には、深甚なる謝意を表したい。本書が学術書としての水準を満たすとすれば、それは牧野先生の厳しくも温かいご指導のおかげである。また副査を務めていただいた菅沢龍文先生（法政大学）、御子柴善之先生（早稲田大学）、予備審査の副査を務めていただいた笠原賢介先生（法政大学）にも、心からお礼を申し上げたい。学位論文について、それぞれの先生からは貴重な

ご助言を頂戴した。次に、日本カント協会の事務局幹事を務めた際にご指導くださった、大橋容一郎先生（上智大学）にもお礼を申し上げたい。大橋先生の思索から、筆者はカントを読むことの楽しさを知った。さらに森村修先生（法政大学）、小野原雅夫氏（福島大学）、伊藤直樹氏（法政大学）、山本英輔氏（金沢大学）、齋藤元紀氏（高千穂大学）、近堂秀氏（法政大学）をはじめとする、牧野ゼミに参加された先輩や後輩の方々にもお礼を申し上げる。この方々との熱い議論をとおして、筆者は自分自身の立場を構築することができた。

その他、筆者を支えてくれた方々は数知れない。そのすべてを記すことはできないが、ここに謹んで感謝の意を表したい。

最後に、本書の出版を快く引き受けてくださった、法政大学出版局の郷間雅俊氏にお礼申し上げたい。

なお本書は、二〇一七年度法政大学大学院博士論文出版助成を受けて出版される。関係諸氏には、ここに付記して感謝申し上げる。

二〇一七年九月

相原　博

参考文献一覧

一次文献

I. Kant, *Kants gesammelte Schriften*, hrsg. von der Königlich Preußischen Akademie der Wissenschaften, Berlin/Leibzig 1902– .

二次文献

(1) 欧文文献

Abaci, Uygar: Kant's Justified Dismissal of Artistic Sublimity, in: *The Journal of Aesthetics and Art Criticism*, Vol. 66, 2008, pp. 237–251.

Adickes, Erich: *Kant als Naturforscher*, Bd. 1/2, Walter de Gruyter, Berlin 1924/1925.

Adorno, Theodor W.: *Ästhetische Theorie*, Suhrkamp Verlag, Frankfurt a. M. 1970.（大久保健治訳『美の理論』河出書房新社，2007 年）

Akashe-Böhme, Farideh und Böhme, Gernot: *Mit Krankheit leben. Von der Kunst, mit Schmerz und Leid umzugehen*, Verlag C. H. Beck, München 2005.

Albert, Karl: Das Thema des Erhabenen in der Ästhetik der Gegenwart, in: *Zeitschrift für Ästhetik und allgemeine Kunstwissenschaft*, Bd. 41, 1996, S. 195–204.

Allen, Barry: The Abyss of Contingency: Purposiveness and Contingency in Darwin and Kant, in: *History of Philosophy Quarterly*, Vol. 20, 2003, pp. 373–391.

Allison, Henry E.: Kant's Antinomy of Teleological Judgment, in: Paul Guyer (ed.), *Kant's Critique of the Power of Judgment*, Rowman & Littlefield Publishers, Lanham/Boulder/New York/Oxford 2003, pp. 219–236.

—— *Kant's Theory of Taste. A Reading of the Critique of Aesthetic Judgment*, Cambridge University Press, Cambridge/New York/Oakleigh/Madrid/Cape Town 2001.

—— Reflection and Harmony in the First Introduction to the Critique of Judgment, in: Ralph Schumacher (hrsg.), *Idealismus als Theorie der Repräsentation?*, Mentis Verlag, Paderborn 2001, S. 395–410.

—— The *Critique of Judgment* as a 'True Apology' for Leibniz, in: Volker Gerhardt, Rolf-Peter Horstmann und Ralph Schumacher (hrsg.), *Kant und die Berliner Aufklärung. Akten des IX. Internationalen Kant-Kongresses*, Bd. 1, Walter de Gruyter, Berlin/New York 2001, S. 286–299.

Amidon, Kevin S.: "Diesmal fehlt die Biologie!" Max Horkheimer, Richard Thurnwald, and the Biological Prehistory of German Sozialforschung, in: *New German Critique*, Vol. 35, 2008, pp. 103–137.

Aquila, Richard E.: Unity of Organism, Unity of Thought, and the Unity of the *Critique of Judgment*, in: *Spindel Conference 1991. System and Teleology in Kant's Critique of Judgment* (*The Southern Journal of Philosophy*, Vol. 30, Supplement), 1992, pp. 139–155.

Ariès, Philippe: *Geschichte der Kindheit*, Hanser Verlag, München/Wien 1979.（杉山光信・杉山恵美子訳『「子供」の誕生　アンシャン・レジーム期の子供と家族生活』みすず書房，1980年）

Arnold, Markus: Die harmonische Stimmung aufgeklärter Bürger. Zum Verhältnis von Politik und Ästhetik in Immanuel Kants „Kritik der Urteilskraft", in: *Kant-Studien*, 94. Jahrg., 2003, S. 24–50.

Auxter, Thomas: *Kant's Moral Teleology*, Mercer University Press, Macon 1982.

Axinn, Sidney: On Beauty as the Symbol of Morality, in: Gerhard Funke (hrsg.), *Akten des Siebenten Internationalen Kant-Kongresses*, Bd. 2–1, H. Bouvier u. Co. Verlag, Bonn 1991, S. 615–621.

Baeumler, Alfred: *Kants Kritik der Urteilskraft. Ihre Geschichte und Systematik. Das Irrationalitaetsproblem in der Aesthetik und Logik des 18. Jahrhunderts bis zur Kritik der Urteilskraft*, Bd. 1, Max Niemeyer Verlag, Halle (Saale) 1923.

Bahr, Petra: *Darstellung des Undarstellbaren. Religionstheoretische Studien zum Darstellungsbegriff bei A. G. Baumgarten und I. Kant*, Mohr Siebeck, Tübingen 2004.

Bartuschat, Wolfgang: Kultur als Verbindung von Natur und Sittlichkeit, in: Helmut Brackert und Fritz Wefelmeyer (hrsg.), *Naturplan und Verfallskritik. Zu Begriff und Geschichte der Kultur*, Suhrkamp Verlag, Frankfurt a. M. 1984, S. 69–93.

―― *Zum systematischen Ort von Kants Kritik der Urteilskraft*, Vittorio Klostermann, Frankfurt a. M. 1972.

Bauer-Drevermann, Ingrid: Der Begriff der Zufälligkeit in der Kritik der Urteilskraft, in: *Kant-Studien*, Bd. 56, 1965, S. 497–504.

Baumanns, Peter: *Das Problem der organischen Zweckmäßigkeit*, H. Bouvier u. Co. Verlag, Bonn 1965.

Baxley, Anne Margaret: The Practical Significance of Taste in Kant's *Critique of Judgment*: Love of Natural Beauty as a Mark of Moral Character, in: *The Journal of Aesthetics and Art Criticism*, Vol. 63, 2005, pp. 33–45.

Baz, Avner: Kant's Principle of Purposiveness and the Missing Point of (Aesthetic) Judgements, in: *Kantian Review*, Vol. 10, 2005, pp. 1–32.

Begemann, Christian: Erhabene Natur. Zur Übertragung des Begriffs des Erhabenen auf Gegenstände der äußeren Natur in den deutschen Kunsttheorien des 18. Jahrhun-

derts, in: *Deutsche Vierteljahrsschrift für Literaturwissenschaft und Geistesgeschichte*, 58. Jahrg., 1984, S. 74–110.

—— *Furcht und Angst im Prozeß der Aufklärung. Zu Literatur und Bewußtseinsgeschichte des 18. Jahrhunderts*, Athenäum Verlag GmbH, Frankfurt a. M. 1987.

Beiner, Ronald: Kant, the Sublime, and Nature, in: Ronald Beiner and William James Booth (eds.), *Kant & Political Philosophy. The Contemporary Legacy*, Yale University Press, New Haven 1993, pp. 276–288.

Beiser, Frederick C.: *The Romantic Imperative. The Concept of Early German Romanticism*, Harvard University Press, Cambridge/London 2003.

Bek, Michael: Die Vermittlungsleistung der reflektierenden Urteilskraft, in: *Kant-Studien*, 92. Jahrg., 2001, S. 296–327.

Bernstein, Jay M.: *The Fate of Art. Aesthetic Alienation from Kant to Derrida and Adorno*, The Pennsylvania State University Press, Pennsylvania 1992.

Bertinetto, Alessandro: Negative Darstellung. Das Erhabene bei Kant und Hegel, in: *Internationales Jahrbuch des deutschen Idealismus*, Bd. 4, 2006, S, 124–151.

Beetz, Manfred und Cacciatore, Giuseppe (hrsg.): *Die Hermeneutik im Zeitalter der Aufklärung*, Böhlau Verlag, Köln/Weimar/Wien 2000.

Benjamin, Walter: *Das Kunstwerk im Zeitalter seiner technischen Reproduzierbarkeit. Drei Studien zur Kunstsoziologie*, 11. Aufl., Suhrkamp Verlag, Frankfurt a. M. 1979.（野村修訳「複製技術の時代における芸術作品」，同編訳『ボードレール　他五篇』岩波文庫，1994 年，59–122 頁）

Bickmann, Claudia: Kants 'Sinnliches Scheinen der Idee'. Die Einheit von Ethik und Ästhetik in Kants Kritik der Urteilskraft, in: Dieter Wandschneider (hrsg.), *Das Geistige und das Sinnliche in der Kunst. Ästhetische Reflexion in der Perspektive des deutschen Idealismus*, Königshausen & Neumann, Würzburg 2005, S. 13–27.

Biemel, Walter: *Die Bedeutung von Kants Begründung der Ästhetik für die Philosophie der Kunst*, Kölner Universitäts-Verlag, Köln 1959.

Blumenbach, Johann Friedrich: *Über den Bildungstrieb*, 2. Aufl., J. C. Dieterich, Göttingen 1791.

Blumenberg, Hans: *Die Lesbarkeit der Welt*, Suhrkamp Verlag, Frankfurt a. M. 1986.（山本尤・伊藤秀一訳『世界の読解可能性』法政大学出版局，2005 年）

Bommersheim, Paul: Der Begriff der organischen Selbstregulation in Kants Kritik der Urteilskraft, in: *Kant-Studien*, Bd. 23, 1919, S. 209–220.

—— Der vierfache Sinn der inneren Zweckmäßigkeit in Kants Philosophie des Organischen, in: *Kant-Studien*, Bd. 32, 1927, S. 290–309.

Böhler, Dietrich: Naturverstehen und Sinnverstehen. Traditionskritische Thesen zur Entwicklung und zur konstruktivistisch-szientistischen Umdeutung des Topos vom Buch der Natur, in: Friedrich Rapp (hrsg.), *Naturverständnis und Naturbeherr-*

schung. philosophiegeschichtliche Entwicklung und gegenwärtiger Kontext, Wilhelm Fink Verlag, München 1981, S. 70–95.

Böhme, Gernot: *Aisthetik. Vorlesungen über Ästhetik als allgemeine Wahrnehmungslehre*, Wilhelm Fink Verlag, München 2001.（井村彰・小川真人・阿部美由起・益田勇一訳『感覚学としての美学』勁草書房，2005 年）

—— *Anmutungen. Über das Atmosphärische*, Edition Tertium, Ostfildern vor Stuttgart 1998.（梶谷真司・斉藤渉・野村文宏編訳『雰囲気の美学——新しい現象学の挑戦』晃洋書房，2006 年）

—— *Anthropologie in pragmatischer Hinsicht*, Suhrkamp Verlag, Frankfurt a. M. 1985.

—— *Atmosphäre. Essays zur neuen Ästhetik*, Suhrkamp Verlag, Frankfurt a. M. 1995.（梶谷真司・斉藤渉・野村文宏編訳『雰囲気の美学——新しい現象学の挑戦』晃洋書房，2006 年）

—— Beyond the Radical Critique of Reason, in: Dieter Freundlieb and Wayne Hudson (eds.), *Reason and Its Other. Rationality in Modern German Philosophy and Culture*, Berg Publishers, Providence/Oxford 1993, pp. 87–94.

—— Die Konstitution der Natur durch Arbeit, in: Böhme, Gernot und Schramm, Engelbert (hrsg.): *Soziale Naturwissenschaft. Wege zu einer Erweiterung der Ökologie*, Fischer Taschenbuch Verlag, Frankfurt a. M. 1985, S. 53–62.

—— *Die Natur vor uns. Naturphilosophie in pragmatischer Hinsicht*, SFG-Servicecenter Fachverlage GmbH, Zug 2002.

—— Die Schwierigkeit, das Andere zu Denken — oder das Problem des Irrationalen, in: Heinz Kimmerle (hrsg.), *Das Andere und das Denken der Verschiedenheit. Akten eines internationalen Kolloquiums*, Verlag B. R. Grüner, Amsterdam 1987, S. 17–21.

—— Driven by the Interest in Reasonable Conditions, in: *Thesis Eleven*, No. 81, 2005, pp. 80–90.

—— *Für eine ökologische Naturästhetik*, Suhrkamp Verlag, Frankfurt a. M. 1989.

—— Immanuel Kant: Die Bildung des Menschen zum Vernunftwesen, in: René Weiland (hrsg.), *Philosophische Anthropologie der Moderne*, Beltz Athenäum, Weinheim 1995, S. 30–38.

—— *Kants Kritik der Urteilskraft in neuer Sicht*, Suhrkamp Verlag, Frankfurt a. M. 1999.

—— *Leibsein als Aufgabe. Leibphilosophie in pragmatischer Hinsicht*, Graue Die Edition, Kusterdingen 2003.

—— Moderne – Aufklärung – Vernunftkritik. Ein Interview mit Fragen von André Gursky, in: *Deutsche Zeitschrift für Philosophie*, 39. Jahrg., 1991, S. 589–598.

—— Naturästhetik ohne Natur? Eine Erwiderung auf Ruth und Dieter Groh, in: *Merkur. Deutsche Zeitschrift für europäisches Denken*, 48. Jahrg., 1994, S. 183–185.

―― Natur hat weder Kern noch Schale. Goethes Methode der Naturbetrachtung, in: Karl Richter und Gerhard Sauder (hrsg.), *Goethe. Ungewohnte Ansichten*, Röhrig Universitätsverlag, Sankt Ingbert 2001, S. 9–21.（宮田眞治訳「自然には核もなければ殻もない――ゲーテの自然観察の方法論」,『思想』岩波書店, 第 906 号, 1999 年, 43–53 頁）
―― *Natürlich Natur. Über Natur im Zeitalter ihrer technischen Reproduzierbarkeit*, Suhrkamp Verlag, Frankfurt a. M. 1992.
―― Permanente Aufklärung, in: Gunzelin Schmid Noerr (hrsg.), *Metamorphosen der Aufklärung. Vernunftkritik heute*, Edition Diskord, Tübingen 1988, S. 20–26.
―― *Philosophieren mit Kant. Zur Rekonstruktion der Kantischen Erkenntnis- und Wissenschaftstheorie*, Suhrkamp Verlag, Frankfurt a. M. 1986.
―― Selbstkultivierung nach Kant, japanisch, in: *Shisaku (Meditations)*, Vol. 40, 2007, pp. 19–44.（佐藤恒徳訳「カントにおける自己開化」,『思索』（東北大学哲学研究会), 第 40 号, 2007 年, 19–44 頁）
―― Was wird aus dem Subjekt? — Selbstkultivierung nach Kant — , in: Ian Kaplow (hrsg.), *Nach Kant: Erbe und Kritik*, Lit Verlag, Münster 2005, S. 1–16.
Böhme, Gernot und Böhme, Hartmut: *Das Andere der Vernunft. Zur Entwicklung von Rationalitätsstrukturen am Beispiel Kants*, Suhrkamp Verlag, Frankfurt a. M. 1983.（弘田陽介訳および解題・鈴木晶子解題「理性の他なるもの　カント『天界の一般自然史と理論』における物質構成の力動理論」,『現代思想』青土社, 1999 年 9 月号, 234–256 頁）
Böhme, Gernot und Grebe Joachim: Soziale Naturwissenschaft. Über die wissenschaftliche Bearbeitung der Stoffwechselbeziehung Mensch-Natur, in: Böhme, Gernot und Schramm, Engelbert (hrsg.): *Soziale Naturwissenschaft. Wege zu einer Erweiterung der Ökologie*, Fischer Taschenbuch Verlag, Frankfurt a. M. 1985, S. 19–41.
Böhme, Gernot und Schramm, Engelbert (hrsg.): *Soziale Naturwissenschaft. Wege zu einer Erweiterung der Ökologie*, Fischer Taschenbuch Verlag, Frankfurt a. M. 1985.
Böhme, Hartmut: Das Steinerne. Anmerkungen zur Theorie des Erhabenen aus dem Blick des „Menschenfremdesten“, in: Christine Pries (hrsg.), *Das Erhabene. Zwischen Grenzerfahrung und Größenwahn*, VCH Acta Humaniora, Weinheim 1989, S. 119–141.
―― Die imaginierte und pluralisierte Antike der Aufklärung, in: Frauke Brendt und Daniel Fulda (hrsg.), *Die Sachen der Aufklärung*, Felix Meiner Verlag, Hamburg 2012, S. 51–77.
―― Historische Natur-Konzepte, ökologisches Denken und die Idee der Gabe, in: Peter Morris-Keitel und Michael Niedermeier (eds.), *Ökologie und Literatur*, Peter Lang Publishing, Inc., New York 2000, pp. 7–21.
―― Monster im Schatten der Aufklärung. Literatische Experimente im Grenzbereich,

in: Stiftung Deutsches Hygienemuseum (hrsg.), *Mensch und Tier. Eine paradoxe Beziehung*, Ausstellungkatalog, Hatje Cantz, Ostfildern 2002, S. 171–190.

—— *Natur und Subjekt*, Suhrkamp Verlag, Frankfurt a. M. 1988.

Böhme, Hartmut und Matussek, Peter und Müller, Lothar (hrsg.): *Orientierung Kulturwissenschaft. Was sie kann, was sie will*, Rowohlt Taschenbuch Verlag GmbH, Hamburg 2000.

Böhme, Hartmut und Scherpe, Klaus R. (hrsg.): *Literatur und Kulturwissenschaften. Positionen, Theorien, Modelle*, Rowohlt Taschenbuch Verlag GmbH, Hamburg 1996.

Brandt, Reinhard: Beobachtung zum Erhabenen bei Kant und Hegel, in: Christel Fricke, Peter König und Thomas Petersen (hrsg.), *Das Recht der Vernunft. Kant und Hegel über Denken, Erkennen und Handeln*, Frommann-Holzboog Verlag, Stuttgart 1995, S. 215–228.

Breitenbach, Angela: *Die Analogie von Vernunft und Natur. Eine Umweltphilosophie nach Kant*, Walter de Gruyter, Berlin/New York 2009.

—— Kant on Biology and the Experience of Life, in: Stefano Bacin, Alfredo Ferrarin, Claudio La Rocca und Margit Ruffing (hrsg.), *Kant und die Philosophie in weltbürgerlicher Absicht. Akten des XI. Internationalen Kant-Kongresses*, Bd. 5, Walter de Gruyter, Berlin/Boston 2013, S. 19–29.

—— Mechanical Explanation of Nature and its Limits in Kant's Critique of Judgment, in: *Studies in History and Philosophy of Biological and Biomedical Sciences*, Vol. 37, 2006, pp. 694–711.

—— Teleology in Biology: A Kantian Perspective, in: Dietmar H. Heidemann (hrsg.), *Kant Yearbook 1/2009. Teleology*, Walter de Gruyter, Berlin/New York 2009, S. 31–56.

Briese, Olaf: Ethik der Endlichkeit. Zum Verweisungscharakter des Erhabenen bei Kant, in: *Kant-Studien*, 87. Jahrg., 1996, S. 325–347.

Brogan, Harold, W.: Kant's Retrieval of Leibniz: A Transcendental Account of Teleological Thinking, in: *Epoché*, Vol. 8, 2004, pp. 271–284.

Brown, Steven Ravett: On the Mechanism of the Generation of Aesthetic Ideas in Kant's *Critique of Judgment*, in: *British Journal for the History of Philosophy*, Vol. 12, 2004, pp. 487–499.

Bubner, Rüdiger: *Ästhetische Erfahrung*, Suhrkamp Verlag, Frankfurt a. M. 1989.（竹田純郎監訳，菅原潤・齋藤直樹・大塚良貴訳『美的経験』法政大学出版局，2009 年）

Buchenhorst, Ralph: Strategien negativer Darstellung. Kants *Kritik der Urteilskraft* im Kontext zeitgenössischer Kunsttheorie, in: Valerio Rohden, Ricardo R. Terra, Guido A. de Almeida und Margit Ruffing (hrsg.), *Recht und Frieden in der Philosophie Kants. Akten des X. Internationalen Kant-Kongresses*, Walter de Gruyter, Berlin/New York 2008, Bd. 3, S. 497–509.

Budd, Malcolm: *The Aesthetic Appreciation of Nature. Essays on the Aesthetics of Nature*, Oxford University Press, Oxford/New York 2002.

Busche, Hubertus: Die spielerische Entgegnung der Idee auf die ernste Natur. Versuch über Kants Analytik des Erhabenen, in: *Zeitschrift für philosophische Forschung*, Bd. 45, 1991, S. 511–529.

—— Kants Deduktion des Zweckmäßigkeitsprinzips aus der reflektierenden Urteilskraft, in: Gerhard Funke (hrsg.), *Akten des Siebenten Internationalen Kant-Kongresses*, Bd. 2-2, H. Bouvier u. Co. Verlag, Bonn 1991, S. 3–12.

Butts, Robert E.: Teleology and Scientific Method in Kant's Critique of Judgment, in: *NOÛS*, Vol. 24, 1990, pp. 1–16.

Byrne, Peter: *Kant on God*, Ashgate, Aldershot 2007.

Camera, Francesco: „Sich der heiligen Urkunde als Karte bedienen". Über die Anfänge der Bibelauslegung bei Kant, in: Stefano Bacin, Alfredo Ferrarin, Claudio La Rocca und Margit Ruffing (hrsg.), *Kant und die Philosophie in weltbürgerlicher Absicht. Akten des XI. Internationalen Kant-Kongresses*, Bd. 2, Walter de Gruyter, Berlin/Boston 2013, S. 835–846.

Caranti, Luigi: Logical Purposiveness and the Principle of Taste, in: *Kant-Studien*, 96. Jahrg., 2005, S. 364–374.

Carroll, Jerome: The Limits of the Sublime, the Sublime of Limits: Hermeneutics as a Critique of the Postmodern Sublime, in: *The Journal of Aesthetics and Art Criticism*, Vol. 66, 2008, pp. 171–181.

Cascardi, Anthony J.: *Consequences of Enlightenment*, Cambridge University Press, Cambridge/New York/Oakleigh 1999.

Cassirer, Ernst: *Die Philosophie der Aufklärung*, Mohr, Tübingen 1932.（中野好之訳『啓蒙主義の哲学』上・下，ちくま学芸文庫，2003 年）

—— *Kants Leben und Lehre*, verlegt bei Bruno Cassirer, Berlin 1921.（門脇卓爾・高橋昭二・浜田義文監修，岩尾龍太郎・小泉尚樹・銭谷秋生・高橋和夫・牧野英二・山本博史訳『カントの生涯と学説』みすず書房，1986 年）

Cassirer, Heinrich Walter: *A Commentary on Kant's Critique of Judgment*, Methuen, London 1938, repr. 1970.

Chandler, Timothy: Reading Atmospheres: The Ecocritical Potential of Gernot Böhme's Aesthetic Theory of Nature, in: *Interdisciplinary Studies in Literature and Environment*, Vol. 18, 2011, pp. 553–568.

Cheung, Tobias: *Die Organisation des Lebendigen. Die Entstehung des biologischen Organismusbegriffs bei Cuvier, Leibniz und Kant*, Campus Verlag, Frankfurt a. M./New York 2001.

Chignell, Andrew: Beauty as a Symbol of Natural Systematicity, in: *British Journal of Aesthetics*, Vol. 46, 2006, pp. 406–415.

Clewis, Robert R.: *The Kantian Sublime and the Revelation of Freedom*, Cambridge University Press, Cambridge/New York/Melbourne/Madrid/Cape Town/Sigapore/São Paulo/Dehli 2009.

Cohen, Alix A.: A Kantian Stance on Teleology in Biology, in: *South African Journal of Philosophy*, Vol. 26, 2007, pp. 109–121.

—— Kant's Biological Conception of History, in: *Journal of the Philosophy of History*, Vol. 2, 2008, pp. 1–28.

Cohen, Hermann: *Kants Begründung der Ästhetik*, Fred. Dümmlers Verlagsbuchhandlung, Berlin 1889.

Cohen, Ted and Guyer, Paul (eds.): *Essays in Kant's Aesthetics*, The University of Chicago Press, Chicago/London 1982.

Crawford, Donald W.: *Kant's Aesthetic Theory*, University of Wisconsin Press, Madison 1974.

Crowther, Paul: *Critical Aesthetics and Postmodernism*, Clarendon Press, Oxford 1993.

—— *The Kantian Sublime. From Morality to Art*, Clarendon Press, Oxford 1989.

—— The Significance of Kant's Pure Aesthetic Judgement, in: *British Journal of Aesthetics*, Vol. 36, 1996, pp. 109–121.（森尚子訳「ポール・クローザー　カントの純粋美的判断の意義」,『美術科研究』（大阪教育大学・美術学科）, 第 17 号, 2000 年, 175–186 頁）

Cunico, Gerardo: Das hermeneutische Problem und die religiösen Traditionen, in: Stefano Bacin, Alfredo Ferrarin, Claudio La Rocca und Margit Ruffing (hrsg.), *Kant und die Philosophie in weltbürgerlicher Absicht. Akten des XI. Internationalen Kant-Kongresses*, Bd. 2, Walter de Gruyter, Berlin/Boston 2013, S. 859–869.

David-Ménard, Monique: Kant's "An Essay on the Maladies of the Mind" and Observations on the Feeling of the Beautiful and the Sublime, in: *Hypatia*, Vol. 15, 2000, pp. 82–98.

Deligiorgi, Katerina: *Kant and the Culture of Enlightenment*, State University of New York Press, Albany 2005.

Derrida, Jacques: *La vérité en peinture*, Flammarion, Paris 1978.（高橋允昭・阿部宏慈訳『絵画における真理』上, 法政大学出版局, 1997 年／阿部宏慈訳『絵画における真理』下, 法政大学出版局, 1998 年）

Deguy, Michel, et al.: *Du Sublime*, Éditions Berlin, Paris 1988.（梅木達郎訳『崇高とは何か』法政大学出版局, 1999 年）

De Vos, Ludovicus: Die Beweisstruktur der *Kritik der Urteilskraft*, in: Herman Parret (hrsg.), *Kants Ästhetik / Kant's Aesthetics / L'esthetique de Kant*, Walter de Gruyter, Berlin/New York 1998, S. 136–157.

D'Oro, Giuseppina: Beauties of Nature and Beauties of Art: On Kant and Hegel's Aesthetics, in: *Bulletin of the Hegel Society of Great Britain*, Vol. 33, 1996, pp. 70–86.

Dostal, Robert J.: The Sublime and the Project of a Critique of Judgment, in: Gerhard Funke (hrsg.), *Akten des Siebenten Internationalen Kant-Kongresses*, Bd. 2-2, H. Bouvier u. Co. Verlag, Bonn 1991, S. 93–104.

Driesch, Hans: Kant und das Ganze, in: *Kant-Studien*, Bd. 29, 1924, S. 365–376.

Düsing, Klaus: Ästhetische Einbildungskraft und intuitiver Verstand, in: *Hegel-Studien*, Bd. 21, 1986, S. 87–128.

—— Das Problem des höchsten Gutes in Kants praktischer Philosophie, in: *Kant-Studien*, Bd. 62, 1971, S. 5–42.

—— *Die Teleologie in Kants Weltbegriff*, H. Bouvier u. Co. Verlag, Bonn 1968.

—— Naturteleologie und Metaphysik bei Kant und Hegel, in: Hans-Friedrich Fulda und Rolf-Peter Horstmann (hrsg.), *Hegel und die "Kritik der Urteilskraft"*, Klett-Cotta Verlag, Stuttgart 1990, S. 139–157.

—— Teleologie der Natur. Eine Kant-Interpretation mit Ausblicken auf Schelling, in: Reinhard Heckmann, Hermann Krings und Rudolf W. Meyer (hrsg.), *Natur und Subjektivität. Zur Auseinandersetzung mit der Naturphilosophie des jungen Schelling*, Frommann-Holzboog Verlag, Stuttgart 1985, S. 187–210.

Eckert, Michael: Vernunftkritik und Ästhetik der Moderne, in: *Philosophisches Jahrbuch*, 101. Jahrg., 1994, S. 248–259.

Effertz, Dirk: *Kants Metaphysik: Welt und Freiheit. Zur Transformation des Systems der Ideen in der Kritik der Urteilskraft*, Verlag Karl Alber, Freiburg/München 1994.

Elias, Norbert: *Die höfische Gesellschaft. Untersuchungen zur Soziologie des Königtums und der höfischen Aristokratie*, Suhrkamp Verlag, Frankfurt a. M. 1983.（波田節夫・中埜芳之・吉田正勝訳『宮廷社会』法政大学出版局，1981 年）

—— *Über den Prozeß der Zivilisation. Soziogenetische Untersuchungen*, Suhrkamp Verlag, Frankfurt a. M. 1981.（赤井彗爾・中村元保・吉田正勝訳『文明化の過程 上　ヨーロッパ上流階層の風俗の変遷』法政大学出版局，1977 年／波田節夫・溝辺敬一・羽田洋・藤平浩之訳『文明化の過程 下　社会の変遷／文明化の理論のための見取図』法政大学出版局，1978 年）

Emundts, Dina: Das Problem der Organismen in Kants *Kritik der Urteilskraft* und im Nachlasswerk, in: Volker Gerhardt, Rolf-Peter Horstmann und Ralph Schumacher (hrsg.), *Kant und die Berliner Aufklärung. Akten des IX. Internationalen Kant-Kongresses*, Bd. 4, Walter de Gruyter, Berlin/New York 2001, S. 503–512.

Engels, Eve-Marie: Die Lebenskraft — Metaphysisches Konstrukt oder methodologisches Instrument?, in: Kai Torsten Kanz (hrsg.), *Philosophie des Organischen in der Goethezeit. Studien zu Werk und Wirkung des Naturforschers Carl Friedrich Kielmeyer (1765–1844)*, F. Steiner, Stuttgart 1994, S. 127–152.

—— *Die Teleologie des Lebendigen. Kritische Überlegungen zur Neuformulierung des Teleologieproblems in der angloamerikanischen Wissenschaftstheorie. Eine histo-*

risch-systematische Untersuchung, Duncker & Humbolt, Berlin 1982.
Engfer, Hans-Jürgen: Über die Unabdingbarkeit teleologischen Denkens. Zum Stellenwert der reflektierenden Urteilskraft in Kants kritischer Philosophie, in: Hans Poser (hrsg.), *Formen teleologischen Denkens. Philosophische und wissenschaftshistorische Analysen. Kolloquium an der technischen Universität Berlin, WS 1980/81*, Technische Universität Berlin, Berlin 1981, S. 119–160.
Ernst, Wilhelm: *Der Zweckbegriff bei Kant und sein Verhältnis zu den Kategorien*, Reuther & Reichard, Berlin 1909.
Esser, Andrea (hrsg.): *Autonomie der Kunst? Zur Aktualität von Kants Ästhetik*, Akademie Verlag, Berlin 1995.
—— *Kunst als Symbol. Die Struktur ästhetischer Reflexion in Kants Theorie des Schönen*, Wilhelm Fink Verlag, München 1997.
Feger, Hans: Antimelancholische Kritik. Kants Theorie des Erhabenen und die Verengung des Vernunftgebrauchs zum unausbleiblichen Erfolg, in: *Kant-Studien*, 87. Jahrg., 1996, S. 42–68.
Fenves, Peter: Taking Stock of the Kantian Sublime, in: *Eighteenth-Century Studies*, Vol. 28, 1994, pp. 65–82.
Firth, Dan: Do Meaningful Relationships with Nature Contribute to a Worthwhile Life?, in: *Environmental Values*, Vol. 17, 2008, pp. 145–164.
Fischer, Kuno: *Immanuel Kant und seine Lehre, 2. Teil, Das Vernunftsystem auf der Grundlage der Vernunftkritik*, 6. Aufl., Carl Winter Universitätsverlag, Heidelberg 1957.
Fischer, Norbert: Autonomie als Selbstgesetzgebung der Vernunft und in der Selbstorganisation des Lebendigen. Überlegungen zum Verhältnis von Philosophie und Biologie im Anschluß an Kant, in: Alexius J. Bucher und Dieter Stefan Peters (hrsg.), *Evolution im Diskurs. Grenzgespräche zwischen Naturwissenschaft, Philosophie und Theologie*, Verlag Friedrich Pustet, Regensburg 1998, S. 201–215.
Flach, Werner: Zu Kants Kultur- und Geschichtsphilsophie, in: Reinhard Hiltscher und André Georgi (hrsg.), *Perspektiven der Transzendentalphilosophie im Anschluß an die Philosophie Kants*, Verlag Karl Alber, Freiburg/München 2002, S. 105–115.
Foucault, Michel: *Histoire de la folie à l'âge classique*, Édition Gallimard, Paris 1972.（田村俶訳『狂気の歴史——古典主義時代における』新潮社，1975 年）
—— Introduction à l'anthropologie de Kant, in: *Emmanuel Kant. Anthropologie du point de vue pragmatique*, précédée de Michel Foucault, J. Vrin, Paris 2008, pp. 11–79.（王寺賢太訳『カントの人間学』新潮社，2010 年）
Förster, Eckart: Die Bedeutung von §§ 76, 77 der *Kritik der Urteilskraft* für die Entwicklung der nachkantischen Philosophie [Teil I/II], in: *Zeitschrift für philosophische Forschung*, Bd. 56, 2002, S. 169–190, 321–345.

—— (ed.): *Kant's Transcendental Deductions. The Three Critiques and the Opus postumum*, Stanford University Press, Stanford 1989.

Frank, Manfred: Two Centuries of Philosophical Critique of Reason and its 'Postmodern' Radicalization, in: Dieter Freundlieb and Wayne Hudson (eds.), *Reason and Its Other. Rationality in Modern German Philosophy and Culture*, Berg Publishers, Providence/Oxford 1993, pp. 67–85.

Frank, Manfred und Zanetti, Véronique (hrsg.): *Immanuel Kant. Schriften zur Ästhetik und Naturphilosophie. Text und Kommentar*, Bd. 3, Suhrkamp Verlag, Frankfurt a. M. 1996.

Franke, Ursula (hrsg.): *Kants Schlüssel zur Kritik des Geschmacks. Ästhetische Erfahrung heute – Studien zur Aktualität von Kants „Kritik der Urteilskraft"*, Felix Meiner Verlag, Hamburg 2000.

Freud, Sigmund: Zur Einführung des Narzißmus, in: *Gesammelte Werke*, 3. Aufl., Bd. 10, S. Fischer Verlag, Frankfurt a. M. 1963, S. 137–170.（中山元編訳「ナルシシズム入門」,『エロス論集』ちくま学芸文庫, 1997年, 231–273頁）

Freudiger, Jürg: Kants Schlußstein. Wie die Teleologie die Einheit der Vernunft stiftet, in: *Kant-Studien*, 87. Jahrg., 1996, S. 423–435.

Freundlieb, Dieter and Hudson, Wayne: Reason and Its Other: Some Major Themes, in: Dieter Freundlieb and Wayne Hudson (eds.), *Reason and Its Other. Rationality in Modern German Philosophy and Culture*, Berg Publishers, Providence/Oxford 1993, pp. 1–22.

Freydberg, Bernard D.: Kant and the Irrational, in: *History of European Ideas*, Vol. 20, 1995, pp. 945–949.

Fricke, Christel: Explaining the Inexplicable. The Hypotheses of the Faculty of Reflective Judgement in Kant's Third Critique, in: *NOÛS*, Vol. 24, 1990, pp. 45–62.

—— Freies Spiel und Form der Zweckmäßigkeit in Kants Ästhetik, in: Ursula Franke (hrsg.), *Kants Schlüssel zur Kritik des Geschmacks. Ästhetische Erfahrung heute – Studien zur Aktualität von Kants »Kritik der Urteilskraft«*, Felix Meiner Verlag, Hamburg 2000, S. 45–64.

—— *Kants Theorie des reinen Geschmacksurteils*, Walter de Gruyter, Berlin/New York 1990.

Frost, Walter: *Der Begriff der Urteilskraft bei Kant*, Verlag von Max Niemeyer, Halle 1906.

Früchtl, Josef: *Ästhetische Erfahrung und moralisches Urteil. Eine Rehabilitierung*, Suhrkamp Verlag, Frankfurt a. M. 1996.

—— Getrennt-Vereint. Zum Verhältnis zwischen Ästhetik und Ethik bei Immanuel Kant, in: Bernhard Greiner und Maria Moog-Grünewald (hrsg.), *Etho-Poietik. Ethik und Ästhetik im Dialog: Erwartungen, Forderungen, Abgrenzungen*, Bouvier Verlag,

Bonn 1998, S. 15–29.
Gasché, Rodolphe: Foreword. Ideality in Fragmentation, in: Friedrich Schlegel, *Philosophical Fragments*, University of Minnesota Press, Minneapolis/London 1991, pp. vii-xxxii.
—— Some Reflections on the Notion of the Hypotyposis in Kant, in: *Argumentation*, Vol. 4, 1990, pp. 85–100.（宮﨑裕助・福島健太訳「ヒュポテュポーシス　カントにおける感性的描出（hypotyposis）の概念についてのいくつかの考察」，『知のトポス　世界の視点』第 7 号，2012 年，175–212 頁）
—— *The Idea of Form. Rethinking Kant's Aesthetics*, Stanford University Press, Stanford 2003.
Geiger, Ido: Is Teleological Judgement（still）Necessary? Kant's Arguments in the Analytic and in the Dialectic of Teleological Judgement, in: *British Journal for the History of Philosophy*, Vol. 17, 2009, pp. 533–566.
Genova, Anthony C.: Kant's Complex Problem of Reflective Judgement, in: Ruth F. Chadwick and Clive Cazeaux（eds.）, *Immanuel Kant. Critical Assessments*, Vol. 4, Routledge, London/New York 1992, pp. 54–76.
Gerhardt, Volker: Buchbesprechungen. Hartmut Böhme und Gernot Böhme, Das Andere der Vernunft. Zur Entwicklung von Rationalitätsstrukturen am Beispiel Kants, in: *Kant-Studien*, Bd. 76, 1985, S. 471–478.
Gerhardt, Volker und Krawietz, Werner（hrsg.）: *Recht und Natur. Beiträge zu Ehren von Friedrich Kaulbach*, Duncker & Humbolt, Berlin 1992.
Gfeller, Thomas: Wie tragfähig ist der teleologische Brückenschlag? Zu Kants *Kritik der teleologischen Urteilskraft*, in: *Zeitschrift für philosophische Forschung*, Bd. 52, 1998, S. 215–236.
Gibbons, Sarah L.: *Kant's Theory of Imagination. Bridging Gaps in Judgement and Experience*, Oxford University Press, Oxford/New York 1994.
Ginsborg, Hannah: Kant on Aesthetic and Biological Purposiveness, in: Andrews Reath, Barbara Herman and Christine M. Korsgaard（eds.）, *Reclaiming the History of Ethics. Essays for John Rawls*, Cambridge University Press, Cambridge/New York/Oakleigh 1997, pp. 329–360.
—— Kant on Understanding Organisms as Natural Purposes, in: Eric Watkins（ed.）, *Kant and the Sciences*, Oxford University Press, Oxford/New York 2001, pp. 231–258.
—— Reflective Judgment and Taste, in: *NOÛS*, Vol. 24, 1990, pp. 63–78.
—— *The Role of Taste in Kant's Theory of Cognition*, Garland Publishing, New York 1990.
—— Two Kinds of Mechanical Inexplicability in Kant and Aristotle, in: *Journal of the History of Philosophy*, Vol. 42, 2004, pp. 33–65.

Gjesdal, Kristin: *Gadamer and the Legacy of German Idealism*, Cambridge University Press, Cambridge/New York/Melbourne/Madrid/Cape Town/Singapore/São Paulo/Delhi/Dubai/Tokyo 2009.

—— Reading Kant Hermeneutically: Gadamer and the *Critique of Judgment*, in: *Kant-Studien*, 98. Jahrg., 2007, S. 351–371.

Gloy, Karen: *Vernunft und das Andere der Vernunft*, Verlag Karl Alber, Freiburg/München 2001.

—— Vernunft und das Andere der Vernunft. Eine modelltheoretische Exposition, in: *Zeitschrift für philosophische Forschung*, Bd. 50, 1996, S. 527–562.

Goldfriedrich, Johann: *Kants Ästhetik. Geschichte. Kritisch-erläuternde Darstellung. Einheit von Form und Gehalt. Philosophischer Erkenntniswert*, Verlag von Otto Weber, Leipzig 1897.

Goodbody, Axel: *Nature, Technology and Cultural Change in Twentieth-Century German Literature. The Challenge of Ecocriticism*, Palgrave Macmillan, Basingstoke 2007.

—— *Natursprache. Ein dichtungstheoretisches Konzept der Romantik und seine Wiederaufnahme in der modernen Naturlyrik (Novalis – Eichendorff – Lehmann – Eich)*, Karl Wachholtz Verlag, Neumünster 1984.

Goudeli, Kyriaki: Kant's Reflective Judgement: The Normalisation of Political Judgement, in: *Kant-Studien*, 94. Jahrg., 2003, S. 51–68.

Gracyk, Theodore: Art, Nature and Purposiveness in Kant's Aesthetic Theory, in: Hoke Robinson (ed.), *Proceedings of the Eighth International Kant Congress*, Vol. 2, Marquette University Press, Memphis 1995, pp. 499–507.

Grätzel, Stephan: Kants Bedeutung für die Hermeneutik in Deutschland und Frankreich, in: Jean Ferrari, Margit Ruffing und Robert Theis (eds.), *Kant et la France / Kant und Frankreich*, Olms, Hildesheim 2005, pp. 389–394.

Graubner, Hans: Kant (1724–1804), in: Horst Turk (hrsg.), *Klassiker der Literaturtheorie*, Verlag C. H. Beck, München 1979, S. 35–61.

Groh, Ruth und Groh, Dieter: Natur als Maßstab — Eine Kopfgeburt, in: *Merkur. Deutsche Zeitschrift für europäisches Denken*, 47. Jahrg., 1993, S. 965–979.

Guyer, Paul: Bridging the Gulf: Kant's Project in the Third Critique, in: Graham Bird (ed.), *A Companion to Kant*, Blackwell, Malden/Oxford/Carlton 2006, pp. 423–440.

—— Formalism and the Theory of Expression in Kant's Aesthetics, in: *Kant-Studien*, 68. Jahrg., 1977, S. 46–70.

—— *Kant and the Claims of Taste*, 2. ed., Cambridge University Press, Cambridge/New York/Oakleigh 1997.

—— *Kant and the Experience of Freedom*, Cambridge University Press, Cambridge/New York/Oakleigh 1993.

—— Kant's Principles of Reflecting Judgment, in: Paul Guyer (ed.), *Kant's Critique*

of the Power of Judgment, Rowman & Littlefield Publishers, Lanham/Boulder/New York/Oxford 2003, pp. 1–61.

—— *Kant's System of Nature and Freedom. Selected Essays*, Oxford University Press, Oxford/New York 2005.

—— The Symbol of Freedom in Kant's Aesthetics, in: Herman Parret (hrsg.), *Kants Ästhetik / Kant's Aesthetics / L'esthetique de Kant*, Walter de Gruyter, Berlin/New York 1998, S. 338–355.

Ha, Sun-Kyu: *Vernunft und Vollkommenheit*, Peter Lang GmbH, Frankfurt a. M. 2005.

Habermas, Jürgen: *Der philosophische Diskurs der Moderne. Zwölf Vorlesungen*, Suhrkamp Verlag, Frankfurt a. M. 1985.（三島憲一・轡田収・木前利秋・大貫敦子訳『近代の哲学的ディスクルス』 I ・ II ，岩波書店，1999 年）

—— *Die Zukunft der menschlichen Natur. Auf dem Weg zu einer liberalen eugenik?*, Suhrkamp Verlag, Frankfurt a. M. 2001.（『人間の将来とバイオエシックス』三島憲一訳，法政大学出版局，2004 年）

—— *Theorie des kommunikativen Handelns. Bd. 1. Handlungsrationalität und gesellschaftliche Rationalisierung*, Suhrkamp Verlag, Frankfurt a. M. 1981.（河上倫逸・M. フーブリヒト・平井俊彦訳『コミュニケイション的行為の理論（上）』，未來社，1985 年，藤沢賢一郎・岩倉正博・徳永恂・平野嘉彦・山口節郎訳『コミュニケイション的行為の理論（中）』未來社，1986 年）

Hamm, Christian: Freies Spiel der Erkenntniskräfte und ästhetische Ideen, in: Stefano Bacin, Alfredo Ferrarin, Claudio La Rocca und Margit Ruffing (hrsg.), *Kant und die Philosophie in weltbürgerlicher Absicht. Akten des XI. Internationalen Kant-Kongresses*, Bd. 4, Walter de Gruyter, Berlin/Boston 2013, S. 85–95.

Hance, Allen: The Art of Nature: Hegel and the *Critique of Judgment*, in: *International Journal of Philosophical Studies*, Vol. 6, 1998, pp. 37–65.

Hansen, Leeann: From Enlightenment to Naturphilosophie: Marcus Herz, Johann Christian Reil, and the Problem of Border Crossings, in: *Journal of the History of Biology*, Vol. 26, 1993, pp. 39–64.

Hansmann, Otto: Unterscheidung und Zusammenhang von äußerer und innerer Zweckmäßigkeit bei Kant, in: Jürgen-Eckardt Pleines (hrsg.), *Zum teleologischen Argument in der Philosophie. Aristoteles – Kant – Hegel*, Königshausen & Neumann, Würzburg 1991, S. 78–112.

Hartley, George: *The Abyss of Representation. Marxism and the Postmodern Sublime*, Duke University Press, Durham/London 2003.

Heidegger, Martin: *Kant und das Problem der Metaphysik*, 2. Aufl., Vittorio Klostermann, Frankfurt a. M. 1951.（木場深定訳『カントと形而上学の問題』理想社，1967 年）

—— *Sein und Zeit*, 7. Aufl., Max Niemeyer Verlag, Tübingen 1953.（原佑・渡辺二郎訳

『存在と時間』中央公論社，1980 年）
Heintel, Erich: Naturzweck und Wesensbegriff, in: Dieter Henrich und Hans Wagner (hrsg.), *Subjektivität und Metaphysik. Festschrift für Wolfgang Cramer*, Vittorio Klostermann, Frankfurt a. M. 1966, S. 163–187.
Helfer, Martha B.: *The Retreat of Representation. The Concept of Darstellung in German Critical Discourse*, State University of New York Press, New York 1996.
Hertz, Neil: *The End of the Line. Essays on Psychoanalysis and the Sublime*, Columbia University Press, New York 1985.
Hiltscher, Reinhard, Klinger, Stefan und Süß, David (hrsg.): *Die Vollendung der Transzendentalphilosophie in Kants „Kritik der Urteilskraft"*, Duncker & Humbolt, Berlin 2006.
Hinchman, Lewis P.: Aldo Leopold's Hermeneutics of Nature, in: *The Review of Politics*, Vol. 57, 1995, pp. 225–249.
Höffe, Otfried (hrsg.): *Immanuel Kant. Kritik der Urteilskraft*, Akademie Verlag, Berlin 2008.
Horkheimer, Max: Reason Against Itself: Some Remarks on Enlightenment, in: James Schmidt (ed.), *What is Enlightenment? Eighteenth-Century Answers and Twentieth-Century Questions*, University of California Press, Berkeley/Los Angeles/London 1996, pp. 359–367.
―― *Über Kants Kritik der Urteilskraft als Bindeglied zwischen theoretischer und praktischer Philosophie*, in: *Max Horkheimer. Gesammelte Schriften*, Bd. 2, Fischer Verlag GmbH, Frankfurt a. M. 1987, S. 73–146.（服部健二・青柳雅文訳『理論哲学と実践哲学の結合子としてのカント『判断力批判』』こぶし書房，2010 年）
―― *Zur Antinomie der teleologischen Urteilskraft*, in: *Max Horkheimer. Gesammelte Schriften*, Bd. 2, Fischer Verlag GmbH, Frankfurt a. M. 1987, S. 13–72.
Horkheimer, Max und Adorno, Theodor W.: *Dialektik der Aufklärung. Philosophische Fragmente*, in: *Theodor W. Adorno. Gesammelte Schriften*, Bd. 3, Suhrkamp Verlag, Frankfurt a. M. 1981.（徳永恂訳『啓蒙の弁証法』岩波文庫，2007 年）
Hughes, Fiona: On Aesthetic Judgement and our Relation to Nature: Kant's Concept of Purposiveness, in: *Inquiry*, Vol. 49, 2006, pp. 547–572.
―― The Technic of Nature: What is involved in Judging?, in: Herman Parret (hrsg.), *Kants Ästhetik / Kant's Aesthetics / L'esthetique de Kant*, Walter de Gruyter, Berlin/New York 1998, S. 176–191.
Huhn, Thomas: The Kantian Sublime and the Nostalgia for Violence, in: *The Journal of Aesthetics and Art Criticism*, Vol. 53, 1995, pp. 269–275.
Huneman, Philippe: From the Critique of Judgment to the Hermeneutics of Nature: Sketching the Fate of Philosophy of Nature after Kant, in: *Continental Philosophy Review*, Vol. 39, 2006, pp. 1–34.

—— *Métaphysique et biologie. Kant et la constitution du concept d'organisme*, Éditions Kimé, Paris 2008.

—— The Hermeneutic Turn in Philosophy of Nature in the Nineteenth Century, in: Alison Stone (ed.), *The Edinburgh Critical History of Nineteenth-Century Philosophy*, Edinburgh University Press, Edinburgh 2011, pp. 69–88.

—— (ed.): *Understanding Purpose. Kant and the Philosophy of Biology*, University of Rochester Press, Rochester/Woodbridge 2007.

Illetterati, Luca: Being-for. Purposes and Functions in Artefacts and Living Beings, in: Luca Illetterati and Francesca Michelini (eds.), *Purposiveness. Teleology between Nature and Mind*, Ontos Verlag, Frankfurt a. M./Paris/Lancaster/New Brunswick 2008, pp. 135–162.

Ingensiep, Hans Werner: «Die Welt ist ein Thier: aber die Seele desselben ist nicht Gott» Kant, das Organische und die Weltseele, in: Hans Werner Ingensiep und Richard Hoppe-Sailer (hrsg.), *Naturstücke. Zur Kulturgeschichte der Natur*, Edition Tertium, Ostfildern 1996, S. 101–120.

—— Organismus und Leben bei Kant, in: Hans Werner, Heike Baranzke und Anne Eusterschulte (hrsg.), *Kant-Reader. Was kann ich wissen? Was soll ich tun? Was darf ich hoffen?*, Königshausen & Neumann, Würzburg 2004, S. 107–136.

—— Probleme in Kants Biophilosophie. Zum Verhältnis von Transzendentalphilosophie, Teleologiemetaphysik und empirischer Bioontologie bei Kant, in: Ernst-Otto Onnasch (hrsg.), *Kants Philosophie der Natur. Ihre Entwicklung im Opus postumum und ihre Wirkung*, Walter de Gruyter, Berlin/New York 2009, S. 79–114.

Jacobs, Wilhelm G.: Urteilskraft und Vernunft. Zum Konzept transversaler Vernunft, in: Petra Kolmer, Harald Korten (hrsg.), *Grenzbestimmungen der Vernunft. Philosophische Beiträge zur Rationalitätsdebatte*, Verlag Karl Alber, Freiburg/München 1994, S. 215–229.

Jahae, Raymond: *Finality in Nature According to Kant and Blondel*, Peter Lang GmbH, Frankfurt a. M. 2004.

Jardine, Nicholas: *The Scenes of Inquiry. On the Reality of Questions in the Sciences*, Clarendon Press, Oxford 1991.

Juchem, Hans-Georg: *Die Entwicklung des Begriffs des Schönen bei Kant*, H. Bouvier u. Co. Verlag, Bonn 1970.

Jung, Hwa Yol: Enlightenment and the Question of the Other: A Postmodern Audition, in: *Human Studies*, Vol. 25, 2002, pp. 297–306.

Kaehler, Klaus Erich: Zweckmäßigkeit ohne Zweck: Die systematischen Voraussetzungen und Rahmenbedingungen des dritten Moments des Geschmacksurteils in Kants "Kritik der Urteilskraft", in: Jürgen-Eckardt Pleines (hrsg.), *Zum teleologischen Argument in der Philosophie. Aristoteles – Kant – Hegel*, Königshausen & Neumann,

Würzburg 1991, S. 63–77.

Kaufman, Robert: Red Kant, or the Persistence of the Third "Critique" in Adorno and Jameson, in: *Critical Inquiry*, Vol. 26, 2000, pp. 682–724.

Kaulbach, Friedrich: *Ästhetische Welterkenntnis bei Kant*, Königshausen & Neumann, Würzburg 1984.

Kemal, Salim: Aesthetic Licence: Foucault's Modernism and Kant's Post-modernism, in: *International Journal of Philosophical Studies*, Vol. 7, 1999, pp. 281–303.

—— *Kant and Fine Art. An Essay on Kant and the Philosophy of Fine Art and Culture*, Clarendon Press, Oxford 1986.

—— The Practical Postulates of Freedom and Beauty as a Symbol of Morality, in: Herman Parret (hrsg.), *Kants Ästhetik / Kant's Aesthetics / L'esthetique de Kant*, Walter de Gruyter, Berlin/New York 1998, S. 356–373.

Kern, Andrea: *Schöne Lust. Eine Theorie der ästhetischen Erfahrung nach Kant*, Suhrkamp Verlag, Frankfurt a. M. 2000.

Kersting, Wolfgang: Hypolepsis und Kompensation. Odo Marquards philosophischer Beitrag zur Diagnose und Bewältigung der Gegenwart, in: *Philosophische Rundschau*, 36. Jahrg., 1989, S. 161–186.

Kimmerle, Heinz (hrsg.): *Das Andere und das Denken der Verschiedenheit. Akten eines internationalen Kolloquiums*, Verlag B. R. Grüner, Amsterdam 1987.

Kinnaman, Ted: The Task of the *Critique of Judgment*: Why Kant Needs a Deduction of the Principle of the Purposiveness of Nature, in: *American Catholic Philosophical Quarterly*, Vol. 75, 2001, pp. 243–269.

Kirwan, James: *The Aesthetic in Kant. A Critique*, Continuum International Publishing Group, London/New York 2004.

Kleingeld, Pauline: Kant, History, and the Idea of Moral Development, in: *History of Philosophy Quarterly*, Vol. 16, 1999, pp. 59–80.

Klinger, Cornelia: The Concepts of the Sublime and the Beautiful in Kant and Lyotard, in: Robin May Schott (ed.), *Feminist Interpretations of Immanuel Kant*, The Pennsylvania State University Press, Pennsylvania 1997, pp. 191–211.

Klinger, Stefan: Kant über den endlichen Verstand, den intuitiven Verstand und Gott (KU §§ 76, 77), in: Reinhard Hiltscher, Stefan Klinger und David Süß (hrsg.), *Die Vollendung der Transzendentalphilosophie in Kants „Kritik der Urteilskraft"*, Duncker & Humbolt, Berlin 2006, S. 163–181.

Kneller, Jane: The Failure of Kant's Imagination, in: James Schmidt (ed.), *What is Enlightenment? Eighteenth-Century Answers and Twentieth-Century Questions*, University of California Press, Berkeley/Los Angeles/London 1996, pp. 453–470.

Koch, Lutz: Kants Begründung einer kritischen Teleologie, in: Jürgen-Eckardt Pleines (hrsg.), *Teleologie. Ein philosophisches Problem in Geschichte und Gegenwart*,

Königshausen & Neumann, Würzburg 1994, S. 113–131.
—— Zufall und Besonderheit in der Teleologie, in: Jürgen-Eckardt Pleines (hrsg.), *Zum teleologischen Argument in der Philosophie. Aristoteles – Kant – Hegel*, Königshausen & Neumann, Würzburg 1991, S. 26–42.
Kohler, Georg: *Geschmacksurteil und ästhetische Erfahrung. Beiträge zur Auslegung von Kants „Kritik der ästhetischen Urteilskraft“*, Walter de Gruyter, Berlin/New York 1980.
Kong, Byung-Hye: *Die ästhetische Idee in der Philosophie Kants. Ihre systematische Stellung und Herkunft*, Peter Lang GmbH, Frankfurt a. M. 1995.
Krämling, Gerhard: *Die systembildende Rolle von Ästhetik und Kulturphilosophie bei Kant*, Verlag Karl Alber, Freiburg/München 1985.
Kreines, James: The Inexplicability of Kant's Naturzweck: Kant on Teleology, Explanation and Biology, in: *Archiv für Geschichte der Philosophie*, Bd. 87, 2005, S. 270–311.
Krings, Hermann: Kann man die Natur verstehen?, in: Wolfgang Kuhlmann und Dietrich Böhler (hrsg.), *Kommunikation und Reflexion. Zur Diskussion der Transzendentalpragmatik. Antworten auf Karl-Otto Apel*, Suhrkamp Verlag, Frankfurt a. M. 1982, S. 371–398.
Kukla, Rebecca (ed.): *Aesthetics and Cognition in Kant's Critical Philosophy*, Cambridge University Press, Cambridge/New York/Melbourne/Madrid/Cape Town/Singaore/São Paulo 2006.
Kulenkampff, Jens: Kant über das Erhabene, in: Hans Lenk und Reiner Wiehl (hrsg.), *Kant Today / Kant aujourd'hui / Kant heute. Results of the IIP Conference. Actes des Entretiens de l'Institut International de Philosophie. Karlsruhe / Heidelberg 2004*, Lit Verlag, Berlin 2006, S. 179–196.
—— *Kants Logik des ästhetischen Urteils*, 2. erw. Aufl., Vittorio Klostermann, Frankfurt a. M. 1994.
—— (hrsg.): *Materialien zu Kants „Kritik der Urteilskraft“*, Suhrkamp Verlag, Frankfurt a. M. 1974.
Kuypers, Karel: *Kants Kunsttheorie und die Einheit der Kritik der Urteilskraft*, North-Holland Publishing Company, Amsterdam/London 1972.
Lambrecht, Werner: Anschauende und begriffliche Erkenntnis. Eine vergleichende erkenntnistheoretische Analyse der Denkweisen Goethes und Kants, in: *Zeitschrift für philosophische Forschung*, Bd. 10, 1956, S. 63–84.
Larson, James L.: *Interpreting Nature. The Science of Living Form from Linnaeus to Kant*, The Johns Hopkins University Press, Baltimore/London 1994.
—— Vital Forces: Regulative Principle or Constitutive Agent? A Strategy in German Physiology, 1786–1802, in: *Isis*, Vol. 70, 1979, pp. 235–249.
Lee, Seung-Kee: The Determinate-Indeterminate Distinction and Kant's Theory of

Judgment, in: *Kant-Studien*, 95. Jahrg., 2004, S. 204–225.

Lehmann, Gerhard: *Beiträge zur Geschichte und Interpretation der Philosophie Kants*, Walter de Gruyter, Berlin 1969.

Lenoir, Timothy: Kant, Blumenbach, and Vital Materialism in German Biology, in: *Isis*, Vol. 71, pp. 77–108.

―― *The Strategy of Life. Teleology and Mechanics in Nineteenth-Century Biology*, The University of Chicago Press, Chicago/London 1982.

Liedtke, Max: Der Begriff der Reflexion bei Kant, in: *Archiv für Geschichte der Philosophie*, Bd. 48, 1966, S. 207–216.

Liessmann, Konrad Paul: *Philosophie der Modernen Kunst. Eine Einführung*, Facultas. WUV, Wien 1999.

Loock, Reinhard: *Idee und Reflexion bei Kant*, Felix Meiner Verlag, Hamburg 1998.

Loose, Donald: The Dynamic Sublime as the Pivoting Point between Nature and Freedom in Kant, in: Donald Loose (ed.), *The Sublime and Its Teleology. Kant-German Idealism-Phenomenology*, Koninklijke Brill NV, Leiden/Boston 2011, pp. 53–78.

Löw, Reinhard: *Philosophie des Lebendigen. Der Begriff des Organischen bei Kant, sein Grund und seine Aktualität*, Suhrkamp Verlag, Frankfurt a. M. 1980.

Lucht, Marc: Does Kant Have Anything to Teach Us about Environmental Ethics?, in: *American Journal of Economics and Sociology*, Vol. 66, 2007, pp. 127–149.

Lüthe, Rudolf: Kants Lehre von den ästhetischen Ideen, in: *Kant-Studien*, 75. Jahrg., 1984, S. 65–74.

Lyotard, Jean-François: Das Interesse des Erhabenen, übersetzt von Christine Pries, in: Christine Pries (hrsg.), *Das Erhabene. Zwischen Grenzerfahrung und Größenwahn*, VCH Acta Humaniora, Weinheim 1989, S. 91–118.

―― *Die Analytik des Erhabenen (Kant-Lektionen, Kritik der Urteilskraft, §§ 23–29)*, übersetzt von Christine Pries, Wilhelm Fink Verlag, München 1994.

―― *Leçons sur l'analytique du sublime (Kant, Critique de la faculté de juger, §§ 23–29)*, Galilée, Paris 1991.

―― *Le différend*, Les Édition de Minuit, Paris 1983.（陸井四朗・小野康男・外山和子・森田亜紀訳『文の抗争』法政大学出版局，1989 年）

―― *Lessons on the Analytic of the Sublime (Kant's Critique of Judgment, §§ 23–29)*, Elizabeth Rottenberg (tr.), Stanford University Press, Stanford 1994.

Lyotard, Jean-François und Pries, Christine: Das Undarstellbare – wider das Vergessen. Ein Gespräch zwischen Jean-François Lyotard und Christine Pries, übersetzt von Christine Pries, in: Christine Pries (hrsg.), *Das Erhabene. Zwischen Grenzerfahrung und Größenwahn*, VCH Acta Humaniora, Weinheim 1989, S. 319–347.

Mahayni, Ziad: Das Erhabene in der Erfahrung der Berge. Überlegungen zum Erhabenen im Zeitalter technischer Naturbeherrschung, in: *Weimarer Beiträge. Zeitschrift für*

Literaturwissenschaft, Ästhetik und Kulturwissenschaft, 47. Jahrg., 2001, S. 256–267.
Majetschak, Stefan: Der Stil der Natur im Erhabenen — Über den systematischen und den spekulativen Sinn der kantischen ›Analytik des Erhabenen‹, in: Tilman Borsche, Johann Kreuzer, Helmut Pape und Günter Wohlfart (hrsg.), *Zeit und Zeichen*, Wilhelm Fink Verlag, München 1993, S. 89–104.
Makkreel, Rudolf A.: Feeling, Reflective Judgment and Aesthetic Exemplarity, in: Riccardo Dottori (hrsg.), *Reason and Reasonableness / Vernunft und Vernünftigkeit*, Lit Verlag, Münster 2005, S. 333–345.
—— *Imagination and Interpretation in Kant. The Hermeneutical Import of the Critique of Judgment*, The University of Chicago Press, Chicago/London 1990.
—— On Sublimity, Genius and the Explication of Aesthetic Ideas, in: Herman Parret (hrsg.), *Kants Ästhetik / Kant's Aesthetics / L'esthetique de Kant*, Walter de Gruyter, Berlin/New York 1998, S. 615–629.
—— Reflektierende Urteilskraft und orientierendes Denken, in: Frithjof Rodi (hrsg.), *Urteilskraft und Heuristik in den Wissenschaften. Beiträge zur Entstehung des Neuen*, Velbrück Wissenschaft, Weilerswist 2003, S. 35–48.
—— The Hermeneutical Relevance of Kant's *Critique of Judgment*, in: Steve Martinot (ed.), *Maps and Mirrors. Topologies of Art and Politics*, Northwestern University Press, Illinois 2001, pp. 68–82.
Marc-Wogau, Konrad: *Vier Studien zu Kants Kritik der Urteilskraft*, Lundequistska Bokhandeln, Otto Harrsassowitz, Uppsala/Leipzig 1938.
Marquard, Odo: Der angeklagte und entlastete Mensch in der Philosophie des 18. Jahrhunderts, in: Bernhard Fabian und Wilhelm Schmidt-Biggemann und Rudolf Vierhaus (hrsg.), *Deutschlands kulturelle Entfaltung. Die Neubestimmung des Menschen*, Kraus International Publications, München 1980, S. 193–209.
—— Homo compensator. Zur anthropologischen Karriere eines metaphysischen Begriffs (Kolloquiumsvortrag des 12. Deutschen Kongresses für Philosophie am 3. 10. 1981 in Innsbruck), in: Gerhard Frey und Josef Zelger (hrsg.), *Der Mensch und die Wissenschaften vom Menschen*, Bd. 1, Solalis-Verlag, Innsbruck 1983, S. 55–66.
—— Kant und die Wende zur Ästhetik, in: *Zeitschrift für philosophische Forschung*, Bd. 16, 1962, S. 231–243, 363–374.
—— Vernunft als Grenzreaktion. Zur Verwandlung der Vernunft durch die Theodizee, in: Hans Poser (hrsg.), *Wandel des Vernunftbegriffs*, Verlag Karl Alber, Freiburg/München 1981, S. 107–133.
Martyn, David: *Sublime Failure. The Ethics of Kant and Sade*, Wayne State University Press, Detroit 2003.
Matthews, Patricia M.: Kant's Sublime: A Form of Pure Aesthetic Reflective Judgment,

in: *The Journal of Aesthetics and Art Criticism*, Vol. 54, 1996, pp. 165–180.
—— *The Significance of Beauty. Kant on Feeling and the System of the Mind*, Kluwer Academic Publischers, Dordrecht/Boston/London 1997.

McFarland, John D.: *Kant's Concept of Teleology*, University of Edinburgh Press, Edinburgh 1970.（副島善道訳『カントの目的論』行路社，1992 年）

McLaughlin, Peter: *Kant's Critique of Teleology in Biological Explanation. Antinomy and Teleology*, The Edwin Mellen Press, Lewiston/Queenston/Lampeter 1990.
—— Newtonian Biology and Kant's Mechanistic Concept of Causality, in: Paul Guyer (ed.), *Kant's Critique of the Power of Judgment*, Rowman & Littlefield Publishers, Lanham/Boulder/New York/Oxford 2003, pp. 209–217.

Meerbote, Ralf: Reflection on Beauty, in: Ted Cohen and Paul Guyer (eds.), *Essays in Kant's Aesthetics*, The University of Chicago Press, Chicago/London 1982, pp. 55–86.

Menke, Christoph: Aesthetic Reflection and its Ethical Significance: A Critique of the Kantian Solution, in: *Philosophy & Social Criticism*, Vol. 34, 2008, pp. 51–63.

Mensch, Jennifer: Intuition and Nature in Kant and Goethe, in: *European Journal of Philosophy*, Vol. 19, 2009, pp. 1–23.

Menzer, Paul: *Kants Ästhetik in ihrer Entwicklung*, Akademie Verlag, Berlin 1952.
—— *Kants Lehre von der Entwicklung in Natur und Geschichte*, Druck und Verlag von Georg Reimer, Berlin 1911.

Mertens, Helga: *Kommentar zur ersten Einleitung in Kants Kritik der Urteilskraft. Zur systematischen Funktion der Kritik der Urteilskraft für das System der Vernunftkritik*, Johannes Berchmans Verlag, München 1975.（副島善道訳『カント『第一序論』の注解』行路社，1989 年）

Mertens, Thomas: Zweckmäßigkeit der Natur und politische Philosophie bei Kant, in: *Zeitschrift für philosophische Forschung*, Bd. 49, 1995, S. 220–240.

Meyer-Abich, Klaus Michael: Mit-Wissenschaft. Erkenntnisideal einer Wissenschaft für die Zukunft, in: Klaus Michael Meyer-Abich (hrsg.), *Vom Baum der Erkenntnis zum Baum des Lebens. Ganzheitliches Denken der Natur in Wissenschaft und Wirtschaft*, Verlag C. H. Beck, München 1997, S. 19–161.

Mittelstrass, Jürgen: Leben mit der Natur, in: Oswald Schwemmer (hrsg.), *Über Natur. Philosophische Beiträge zum Naturverständnis*, Vittorio Klostermann, Frankfurt a. M. 1987, S. 37–62.

Model, Anselm: *Metaphysik und reflektierende Urteilskraft bei Kant. Untersuchung zur Transformierung des leibnizschen Monadenbegriffs in der „Kritik der Urteilskraft"*, Athenäum Verlag GmbH, Frankfurt a. M. 1987.
—— Zu Bedeutung und Ursprung der „Reflektierenden Urteilskraft" bei Kant, in: Gerhard Funke (hrsg.), *Akten des Siebenten Internationalen Kant-Kongresses*, Bd.

2-2, H. Bouvier u. Co. Verlag, Bonn 1991, S. 135-141.

Moledo, Fernando: "Disinterest" and "Interest" on Kant's Reflection about the Beautiful: The System of Philosophy and Beauty as a Form of Human Hopefulness, in: Valerio Rohden, Ricardo R. Terra, Guido A. de Almeida und Margit Ruffing (hrsg.), *Recht und Frieden in der Philosophie Kants. Akten des X. Internationalen Kant-Kongresses*, Walter de Gruyter, Berlin/New York 2008, Bd. 3, S. 657-666.

Monk, Samuel H.: *The Sublime. A Study of Critical Theories in XVIII-Century England*, The University of Michigan Press, Ann Arbor/Toronto 1960.

Müller, Oliver: Im Gestrüpp der Natur. Am Beispiel Kants: Die Vieldeutigkeit der Natur und die Konstitution des Menschseins, in: Günter Figal (hrsg.), *Schwerpunkt: Hermeneutik der Literatur*, Mohr Siebeck, Tübingen 2007, S. 139-180.

Mundhenk, Alfred: "Die Gunst der Natur". Kants Begriff und Deutung des Naturschönen, in: *Deutsche Vierteljahrsschrift für Literaturwissenschaft und Geistesgeschichte*, 57. Jahrg., 1983, S. 366-398.

Munzel, G. Felicitas: "The Beautiful is the Symbol of the Morally-Good": Kant's Philosophical Basis of Proof for the Idea of the Morally-Good, in: *Journal of the History of Philosophy*, Vol. 33, 1995, pp. 301-330.

Nahm, Milton C.: Imagination as the Productive Faculty for 'Creating Another Nature...', in: Lewis White Beck (ed.), *Proceedings of the Third International Kant Congress*, D. Reidel Publishing Company, Dordrecht 1972, pp. 442-450.

—— 'Sublimity' and the 'Moral Law' in Kant's Philosophy, in: *Kant-Studien*, Bd. 48, 1956-1957, S. 502-524.

Nerheim, Hjördis: *Zur kritischen Funktion ästhetischer Rationalität in Kants Kritik der Urteilskraft*, Peter Lang GmbH, Frankfurt a. M. 2001.

Nicolson, Marjorie Hope: *Mountain Gloom and Mountain Glory. The Development of the Aesthetics of the Infinite*, Cornell University Press, Ithaca 1959.（小黒和子訳『暗い山と栄光の山　無限性の美学の展開』国書刊行会，1989 年）

—— *Newton Demands the Muse*, Princeton University Press, Princeton 1946.

Nuyen, Anh Tuan: Intrepretation and Understanding in Hermeneutics and Deconstruction, in: *Philosophy of the Social Sciences*, Vol. 24, 1994, pp. 426-438.

—— On Interpreting Kant's Architectonic in Term of the Hermeneutical Model, in: *Kant-Studien*, 84. Jahrg., 1993, S. 154-166.

Odebrecht, Rudolf: *Form und Geist. Der Aufstieg des dialektischen Gedankens in Kants Ästhetik*, Junker und Dünnhaupt, Berlin 1930.

Ortland, Eberhard: Kants Ästhetik-Konzeption vor dem Hintergrund seiner Auseinandersetzung mit der Physikotheologie, in: Volker Gerhardt, Rolf-Peter Horstmann und Ralph Schumacher (hrsg.), *Kant und die Berliner Aufklärung. Akten des IX. Internationalen Kant-Kongresses*, Bd. 3, Walter de Gruyter, Berlin/New York 2001,

S. 604–614.
Ostaric, Lara: Kant's Account of Nature's Systematicity and the Unity of Theoretical and Practical Reason, in: *Inquiry*, Vol. 52, 2009, pp. 155–178.
Paetzold, Heinz: Adorno's Notion of Natural Beauty: A Reconsideration, in: Tom Huhn and Lambert Zuidervaart (eds.), *The Semblance of Subjectivity. Essays in Adorno's Aesthetic Theory*, The MIT Press, Cambridge/Massachusetts 1997, pp. 213–235.
Park, Kap Hyun: *Kant über das Erhabene. Rekonstruktion und Weiterführung der kritischen Theorie des Erhabenen Kants*, Königshausen & Neumann, Würzburg 2009.
Pasternack, Lawrence: Regulative Principles and 'the Wise Author of Nature', in: *Religious Studies*, Vol. 47, 2011, pp. 411–429.
Pauen, Michael: Teleologie und Geschichte in der „Kritik der Urteilskraft", in: Heiner F. Klemme, Bernd Ludwig, Michael Pauen und Werner Stark (hrsg.), *Aufklärung und Interpretation. Studien zu Kants Philosophie und ihrem Umkreis*, Königshausen & Neumann, Würzburg 1999, S. 197–216.
Peña Aguado, María Isabel: *Ästhetik des Erhabenen. Burke, Kant, Adorno, Lyotard*, Passagen Verlag, Wien 1994.
Peter, Joachim: *Das transzendentale Prinzip der Urteilskraft. Eine Untersuchung zur Funktion und Struktur der reflektierenden Urteilskraft bei Kant*, Walter de Gruyter, Berlin/New York 1992.
Philonenko, Alexis: *Études kantiennes*, J. Vrin, Paris 1982.（中村博雄訳『カント研究』東海大学出版会，1993 年）
Pieper, Annemarie: Kant und die Methode der Analogie, in: Gerhard Schönlich und Yasushi Kato (hrsg.), *Kant in der Diskussion der Moderne*, Suhrkamp Verlag, Frankfurt a. M. 1996, S. 92–112.（犬竹正幸訳「カントと類推の方法」，坂部恵・G. シェーンリッヒ・加藤泰史・大橋容一郎編『カント・現代の論争に生きる』上，理想社，1998 年，129–156 頁）
Pieper, Hans-Joachim: Einbildungskraft, Phantasie und Protention — Zur Produktivität der Einbildungskraft in der *Kritik der ästhetischen Urteilskraft*, in: Volker Gerhardt, Rolf-Peter Horstmann und Ralph Schumacher (hrsg.), *Kant und die Berliner Aufklärung. Akten des IX. Internationalen Kant-Kongresses*, Bd. 3, Walter de Gruyter, Berlin/New York 2001, S. 443–452.
Pillow, Kirk: Jupiter's Eagle and the Despot's Hand Mill: Two Views on Metaphor in Kant, in: *The Journal of Aesthetics and Art Criticism*, Vol. 59, 2001, pp. 193–209.
—— *Sublime Understanding. Aesthetic Reflection in Kant and Hegel*, The MIT Press, Cambridge/Massachusetts 2000.
Pilot, Harald: Kant's Theory of the Autonomy of Reflective Judgment as an Ethics of Experiential Thinking, in: *NOÛS*, Vol. 24, 1990, pp. 111–135.
Piper, Adrian M. S.: Xenophobia and the Kantian Rationalism, in: Robin May Schott

(ed.), *Feminist Interpretations of Immanuel Kant*, The Pennsylvania State University Press, Pennsylvania 1997, p. 21–73.

Pippin, Robert B.: The Significance of Taste: Kant, Aesthetic and Reflective Judgment, in: *Journal of the History of Philosophy*, Vol. 34, 1996, pp. 549–569.

Pleines, Jürgen-Eckardt: Teleologie. Chance oder Belastung für die Philosophie?, in: *Zeitschrift für philosophische Forschung*, Bd. 44, 1990, S. 375–398.

—— Teleologische Urteile im Übergang von der transzendentalen zur spekulativen Fragestellung, in: Jürgen-Eckardt Pleines (hrsg.), *Zum teleologischen Argument in der Philosophie. Aristoteles – Kant – Hegel*, Königshausen & Neumann, Würzburg 1991, S. 113–149.

Pöltner, Günther: Der Begriff der Zweckmäßigkeit in der Kritik der Urteilskraft (japanisch).（渋谷治美訳「美的判断力批判における合目的性の概念」,『美と合目的性　カント『判断力批判』の批判的蘇生』晃洋書房，1996 年，28–51 頁）

—— Kant und die ästhetische Deutung des Schönen (japanisch).（渋谷治美訳「カントと美の美学的解釈」,『美と合目的性　カント『判断力批判』の批判的蘇生』晃洋書房，1996 年，52–78 頁）

Pöpperl, Christian: *Auf der Schwelle. Ästhetik des Erhabenen und negative Theologie: Pseudo-Dionysius Areopagita, Immanuel Kant und Jean-François Lyotard*, Königshausen & Neumann, Würzburg 2007.

Pries, Christine (hrsg.): *Das Erhabene. Zwischen Grenzerfahrung und Größenwahn*, VCH Acta Humaniora, Weinheim 1989.

—— *Übergänge ohne Brücken. Kants Erhabenes zwischen Kritik und Metaphysik*, Akademie Verlag, Berlin 1995.

Quarfood, Marcel: Kant on Biological Teleology: Towards a Two-level Interpretation, in: *Studies in History and Philosophy of Biological and Biomedical Sciences*, Vol. 37, 2006, pp. 735–747.

—— *Transcendental Idealism and the Organism. Essays on Kant*, Almqvist & Wiksell International, Stockholm 2004.

Rabel, Gabriele: *Goethe und Kant*, 2 Bde., Selbstverlag, Wien 1927.

Rajiva, Suma: Is Hypothetical Reason a Precursor to Reflective Judgment?, in: *Kant-Studien*, 97. Jahrg., 2006, S. 114–126.

Rang, Bernhard: Zweckmäßigkeit, Zweckursächlichkeit und Ganzheitlichkeit in der organischen Natur. Zum Problem einer teleologischen Naturauffassung in Kants „Kritik der Urteilskraft“, in: *Philosophisches Jahrbuch*, 100. Jahrg., 1993, S. 39–71.

Ray, Gene: Reading the Lisbon Earthquake: Adorno, Lyotard, and the Contemporary Sublime, in: *The Yale Journal of Criticism*, Vol. 17, 2004, pp. 1–18.

Raymaekers, Bart: The Importance of Freedom in the Architectonic of the *Critique of Judgment*, in: Herman Parret (hrsg.), *Kants Ästhetik / Kant's Aesthetics / L'esthetique*

de Kant, Walter de Gruyter, Berlin/New York 1998, S. 84–92.

Recki, Birgit: *Ästhetik der Sitten. Die Affinität von ästhetischem Gefühl und praktischer Vernunft bei Kant*, Vittorio Klostermann, Frankfurt a. M. 2001.

— Das Schöne als Symbol der Freiheit. Zur Einheit der Vernunft in ästhetischen Selbstgefühl und praktischer Selbstbestimmung bei Kant, in: Herman Parret (hrsg.), *Kants Ästhetik / Kant's Aesthetics / L'esthetique de Kant*, Walter de Gruyter, Berlin/New York 1998, S. 386–402.

— *Die Vernunft, ihre Natur, ihr Gefühl und der Fortschritt. Aufsätze zu Immanuel Kant*, Mentis Verlag, Paderborn 2006.

Reill, Peter Hanns: *Vitalizing Nature in the Enlightenment*, University of California Press, Berkeley/Los Angeles/London 2005.

Richards, Robert J.: Kant and Blumenbach on the Bildungstrieb: A Historical Misunderstanding, in: *Studies in History and Philosophy of Biological and Biomedical Sciences*, Vol. 31, 2000, pp. 11–32.

— *The Romantic Conception of Life. Science and Philosophy in the Age of Goethe*, The University of Chicago Press, Chicago/London 2002.

Riedel, Manfred: Sensibilität für die Natur. Zum Verhältnis von Geschmacksurteil und Interpretation in Kants Philosophie des Schönen, in: Gerhard Schönlich und Yasushi Kato (hrsg.), *Kant in der Diskussion der Moderne*, Suhrkamp Verlag, Frankfurt a. M. 1996, S. 506–525.（清水明美訳「自然に対する感受性——カントの美の哲学における趣味判断と解釈との関係について」，坂部恵・G. シェーンリッヒ・加藤泰史・大橋容一郎編『カント・現代の論争に生きる』下，理想社，2000 年，353–374 頁）

— *Verstehen oder Erklären? Zur Theorie und Geschichte der hermeneutischen Wissenschaften*, Klett-Cotta Verlag, Stuttgart 1978.（河上倫逸・青木隆嘉・M. フーブリヒト編訳『解釈学と実践哲学』以文社，1984 年）

Rinaldi, Giacomo: Innere und äussere Teleologie bei Kant und Hegel, in: Renate Wahsner (hrsg.), *Hegel und das mechanistische Weltbild*, Peter Lang GmbH, Frankfurt a. M. 2005, S. 77–92.

Roberts, David: Aura and Aesthetics of Nature, in: *Thesis Eleven*, No. 36, 1993, pp. 127–137.

Roger, Jacques: *Les sciences de la vie dans la pensée française du XVIIIe siècle. La génération des animaux de Descartes à l'Encyclopédie*, A. Colin, Paris 1963.

— *The Life Sciences in Eighteenth-Century French Thought*, Keith R. Benson (ed.), Robert Ellrich (tr.), Stanford University Press, Stanford 1997.

Rogerson, Kenneth F.: Kant on Beauty and Morality, in: *Kant-Studien*, 95. Jahrg., 2004, S. 338–354.

— *The Problem of Free Harmony in Kant's Aesthetics*, State University of New York Press, New York 2009.

Rohlf, Michael: The Transition from Nature to Freedom in Kant's Third *Critique*, in: *Kant-Studien*, 99. Jahrg., 2008, S. 339–360.

Ross, Alison: Errant Beauty: Derrida and Kant on "Aesthetic Presentation", in: *International Studies in Philosophy*, Vol. 33, 2001, pp. 87–104.

—— *The Aesthetic Paths of Philosophy. Presentation in Kant, Heidegger, Lacoue-Labarthe, and Nancy*, Stanford University Press, California 2007.

Roy, Louis: Kant's Reflection on the Sublime and the Infinite, in: *Kant-Studien*, 88. Jahrg., 1997, S. 44–59.

Rueger, Alexander: Kant and the Aesthetics of Nature, in: *British Journal of Aesthetics*, Vol. 47, 2007, pp. 138–155.

—— The Free Play of the Faculties and the Status of Natural Beauty in Kant's Theory of Taste, in: *Archiv für Geschichte der Philosophie*, Bd. 90, 2008, S. 298–322.

Rueger, Alexander and Evren, Şahan S.: The Role of Symbolic Presentation in Kant's Theory of Taste, in: *British Journal of Aesthetics*, Vol. 45, 2005, pp. 229–247.

Rush, Fred L.: The Harmony of the Faculties, in: *Kant-Studien*, 92. Jahrg., 2001, S. 38–61.

Santozki, Ulrike: Kants »Technik der Natur« in der Kritik der Urteilskraft, in: *Archiv für Begriffsgeschichte*, Bd. 47, 2005, S. 89–121.

Schaper, Eva: *Studies in Kant's Aesthetics*, Edinburgh University Press, Edinburgh 1979.

—— Taste, Sublimity, and Genius: The Aesthetics of Nature and Art, in: Paul Guyer (ed.), *The Cambridge Companion to Kant*, Cambridge University Press, Cambridge/New York/Port Chester/Melbourne/Sydney 1992, pp. 367–393.

Schiemann, Gregor: Totalität oder Zweckmäßigkeit? Kants Ringen mit dem Mannigfaltigen der Erfahrung im Ausgang der Vernunftkritik, in: *Kant-Studien*, 83. Jahrg., 1992, S. 294–303.

Schlapp, Otto: *Kants Lehre vom Genie und die Entstehung der ‚Kritik der Urteilskraft'*, Vandenhoeck & Ruprecht, Göttingen 1901.

Schmidt, Klaus J.: Die Begründung einer Theologie in Kants *Kritik der Urteilskraft*, in: Ernst-Otto Onnasch (hrsg.), *Kants Philosophie der Natur. Ihre Entwicklung im Opus postumum und ihre Wirkung*, Walter de Gruyter, Berlin/New York 2009, S. 137–160.

Schnädelbach, Herbert: *Analytische und postanalytische Philosophie*, Suhrkamp Verlag, Frankfurt a. M. 2004.

—— Das Projekt „Aufklärung" — Aspekte und Probleme, in: Dieter Birnbacher und Joachim Siebert, Volker Steenblock (hrsg.), *Philosophie und ihre Vermittlung. Ekkehard Martens zum 60. Geburtstag*, Siebert Verlag, Hannover 2003, S. 188–201.

—— Kritik der Kompensation, in: *Kursbuch*, Heft 91, 1988, S. 35–45.

—— Transformations of the Concept of Reason, in: *Ethical Theory and Moral Practice*,

Vol. 1, 1998, pp. 3–14.

—— Zur Kritik der funktionalen Vernunft, in: Petra Kolmer und Harald Korten (hrsg.), *Grenzbestimmungen der Vernunft. Philosophische Beiträge zur Rationalitätsdebatte*, Verlag Karl Alber, Freiburg/München 1994, S. 103–126.

—— *Zur Rehabilitierung des animal rationale*, Suhrkamp Verlag, Frankfurt a. M. 1992.

Schneider, Gerhard: *Naturschönheit und Kritik. Zur Aktualität von Kants Kritik der Urteilskraft für die Umwelterziehung*, Königshausen & Neumann, Würzburg 1994.

Schramm, Engelbert: Ökosystem und ökologisches Gefüge, in: Gernot Böhme und Engelbert Schramm (hrsg.): *Soziale Naturwissenschaft. Wege zu einer Erweiterung der Ökologie*, Fischer Taschenbuch Verlag, Frankfurt a. M. 1985, S. 63–90.

Schulz, Reinhard: *Naturwissenschaftshermeneutik. Eine Philosophie der Endlichkeit in historischer, systematischer und angewandter Hinsicht*, Königshausen & Neumann, Würzburg 2004.

Schwabe, Karl-Heinz: Kants Ästhetik und die Moderne. Überlegungen zum Begriff der Zweckmäßigkeit in der *Kritik der Urteilskraft*, in: Karl-Heinz Schwabe und Martina Thom (hrsg.), *Naturzweckmäßigkeit und ästhetische Kultur. Studien zu Kants Kritik der Urteilskraft*, Academia Verlag, Sankt Augustin 1993, S. 31–61.

Scutt, Marie Zermatt: Kant's Moral Theology, in: *British Journal for the History of Philosophy*, Vol. 18, 2010, pp. 611–633.

Sedgwick, Sally (ed.): *The Reception of Kant's Critical Philosophy. Fichte, Schelling, and Hegel*, Cambridge University Press, Cambridge/New York/Oakleigh/Madrid 2000.

Seel, Martin: *Eine Ästhetik der Natur*, Suhrkamp Verlag, Frankfurt a. M. 1996.

—— Kants Ethik der ästhetischen Natur, in: Rüdiger Bubner, Burkhard Gladigow und Walter Haug (hrsg.), *Die Trennung von Natur und Geist*, Wilhelm Fink Verlag, München 1990, S. 181–208.

Sell, Annette: Die Idee des Organismus in der *Kritik der Urteilskraft*, in: Renate Wahsner (hrsg.), *Hegel und das mechanistische Weltbild*, Peter Lang GmbH, Frankfurt a. M. 2005, S. 54–65.

Shell, Susan Meld: *The Embodiment of Reason. Kant on Spirit, Generation, and Community*, The University of Chicago Press, Chicago/London 1996.

Siep, Ludwig: The Value of Natural Contingency, in: Marcus Düwell and Christoph Rehmann-Sutter, Dietmar Mieth (eds.), *The Contingent Nature of Life. Bioethics and Limits of Human Existence*, Springer Science+Business Media B. V., Dordrecht 2008, pp. 7–15.

Simon, Josef: Subjekt und Natur. Teleologie in der Sicht kritischer Philosophie, in: Wolfgang Marx (hrsg.), *Die Struktur lebendiger Systeme. Zu ihrer wissenschaftlichen und philosophischen Bestimmung*, Vittorio Klostermann, Frankfurt a. M. 1991, S. 105–132.

—— Teleologisches Reflektieren und kausales Bestimmen, in: *Zeitschrift für philosophische Forschung*, Bd. 30, 1976, S. 369–388.

Sircello, Guy: How Is a Theory of the Sublime Possible?, in: *The Journal of Aesthetics and Art Criticism*, Vol. 51, 1993, pp. 541–550.

Smith, Justin E. H. (ed.): *The Problem of Animal Generation in Early Modern Philosophy*, Cambridge University Press, Cambridge/New York 2006.

Souriau, Michel: *Le jugement réfléchissant dans la philosophie critique de Kant*, Librairie Félix Alcan, Paris 1926.

Spaemann, Robert und Löw, Reinhard: *Die Frage Wozu? Geschichte und Wiederentdeckung des teleologischen Denkens*, R. Piper GmbH & Co. KG., München 1981.（山脇直司・大橋容一郎・朝広謙次郎訳『進化論の基盤を問う　目的論の歴史と復権』東海大学出版会，1987 年）

Stadler, August: *Kants Teleologie und ihre Erkenntnisstheoretische Bedeutung. Eine Untersuchung*, F. Dümmler, Berlin 1874.（石塚松司・蜂須賀建吉訳『カントの目的論（カントの目的論とその認識論的意義）』理想社，1938 年）

Stark, Tracey: The Dignity of the Particular: Adorno on Kant's Aesthetics, in: *Philosophy & Social Criticism*, Vol. 24, 1998, pp. 61–83.

Steigerwald, Joan: Introduction: Kantian Teleology and the Biological Sciences, in: *Studies in History and Philosophy of Biological and Biomedical Sciences*, Vol. 37, 2006, pp. 621–626.

—— Kant's Concept of Natural Purpose and the Reflecting Power of Judgement, in: *Studies in History and Philosophy of Biological and Biomedical Sciences*, Vol. 37, 2006, pp. 712–734.

—— Natural Purposes and the Reflecting Power of Judgment: The Problem of the Organism in Kant's Critical Philosophy, in: *European Romantic Review*, Vol. 21, 2010, pp. 291–308.

—— The Dynamics of Reason and its Elusive Object in Kant, Fichte and Schelling, in: *Studies in History and Philosophy of Science*, Vol. 34, 2003, pp. 111–134.

Stolzenberg, Jürgen: Das freie Spiel der Erkenntniskräfte. Zu Kants Theorie des Geschmacksurteils, in: Ursula Franke (hrsg.), *Kants Schlüssel zur Kritik des Geschmacks. Ästhetische Erfahrung heute — Studien zur Aktualität von Kants »Kritik der Urteilskraft«*, Felix Meiner Verlag, Hamburg 2000, S. 1–28.

Surber, Jere Paul: Kant, Levinas, and the Thought of the "Other", in: Claire Katz with Lara Trout (eds.), *Emmanuel Levinas. Critical Assessments of Leading Philosophers*, Vol. 2, Routledge, London/New York 2005, pp. 296–324.

Sweet, Kristi: Kant and the Culture of Discipline: Rethinking the Nature of Nature, in: *Epoché*, Vol. 15, 2010, pp. 121–138.

—— Reflection: Its Structure and Meaning in Kant's Judgements of Taste, in: *Kantian*

Review, Vol. 14, 2009, pp. 53–80.

—— The Moral Import of the *Critique of Judgment*, in: Pablo Muchnik (ed.), *Rethinking Kant*, Vol. 2, Cambridge Scholars, Newcastle 2010, pp. 222–236.

Tanaka, Mikiko: Die Deduktion in der Kritik der teleologischen Urteilskraft, in: Volker Gerhardt, Rolf-Peter Horstmann und Ralph Schumacher (hrsg.), *Kant und die Berliner Aufklärung. Akten des IX. Internationalen Kant-Kongresses*, Bd. 4, Walter de Gruyter, Berlin/New York 2001, S. 633–642.

Teichert, Dieter: Erklären und Verstehen — Historische Kulturwissenschaften nach dem Methodendualismus, in: Jan Kusber, Mechthild Dreyer, Jörg Rogge und Andreas Hütig (hrsg.), *Historische Kulturwissenschaften. Positionen, Praktiken und Perspektiven*, Transcript Verlag, Bielefeld 2010, S. 13–42.

Thies, Christian: Beförderung des Moralischen durch das Ästhetische? Überlegungen im Anschluss an Kants *Kritik der Urteilskraft*, in: Volker Gerhardt, Rolf-Peter Horstmann und Ralph Schumacher (hrsg.), *Kant und die Berliner Aufklärung. Akten des IX. Internationalen Kant-Kongresses*, Bd. 3, Walter de Gruyter, Berlin/New York 2001, S. 630–638.

Thom, Martina: Natur – ästhetische Kultur – Humanitätsförderung, in: Karl-Heinz Schwabe und Martina Thom (hrsg.), *Naturzweckmäßigkeit und ästhetische Kultur. Studien zu Kants Kritik der Urteilskraft*, Academia Verlag, Sankt Augustin 1993, S. 7–29.

Tilkorn, Anne: *Zufallswelten. Kants Begriff modaler, teleologischer und ästhetischer Zufälligkeit*, Lit Verlag, Münster 2005.

Toepfer, Georg: *Zweckbegriff und Organismus. Über die teleologische Beurteilung biologischer Systeme*, Königshausen & Neumann, Würzburg 2004.

Tommasi, Francesco Valerio: Zwischen Aufklärung und Vernunftkritik. Der Schematismus der Analogie und die biblische Hermeneutik Kants, in: Günter Frank und Stephan Meier-Oeser (hrsg.), *Hermeneutik, Methodenlehre, Exegese. Zur Theorie der Interpretation in der Frühen Neuzeit*, Frommann-Holzboog Verlag, Stuttgart 2011, S. 455–470.

Tonelli, Giorgio: La formazione del testo della *Kritik der Urteilskraft*, in: *Revue internationale de philosophie. Revue trimestrielle*, Vol. 8, 1954, pp. 423–448.（浜野喬士訳「『判断力批判』テクストの生成」,『フィロソフィア』第 102 号／第 103 号, 2015 年, 61–72 頁／ 73–94 頁）

—— Von den verschiedenen Bedeutungen des Wortes Zweckmäßigkeit in der Kritik der Urteilskraft, in: *Kant-Studien*, Bd. 49, 1957/58, S. 154–166.

Toulmin, Stephen: *Cosmopolis. The hidden Agenda of Modernity*, Free Press, New York 1990.（藤村龍雄・新井浩子訳『近代とは何か　その隠されたアジェンダ』法政大学出版局, 2001 年）

Trebels, Andreas Heinrich: *Einbildungskraft und Spiel. Untersuchungen zur Kantischen Ästhetik*, H. Bouvier u. Co. Verlag, Bonn 1967.
Tuschling, Burkhard: System des transzendentalen Idealismus bei Kant? Offene Fragen der — und an die — Kritik der Urteilskraft, in: *Kant-Studien*, 86. Jahrg., 1995, S. 196–210.
Uehling, Theodore Edward: *The Notion of Form in Kant's Critique of Aesthetic Judgment*, Mouton, The Haag 1971.
Ungerer, Emil: *Die Teleologie Kants und ihre Bedeutung für die Logik der Biologie*, Verlag von Gebrüder Borntraeger, Berlin 1922.
Vaihinger, Hans: *Die Philosophie des Als Ob*, 2. Aufl., Felix Meiner Verlag, Leipzig 1924.
Van den Berg, Hein: Kant on Vital Forces. Metaphysical Concerns versus Scientific Practice, in: Ernst-Otto Onnasch (hrsg.), *Kants Philosophie der Natur. Ihre Entwicklung im Opus postumum und ihre Wirkung*, Walter de Gruyter, Berlin/New York 2009, S. 115–135.
Velkley, Richard L.: Moral Finality and the Unity of Homo sapiens: On Teleology in Kant, in: Richard F. Hassing (ed.), *Final Causality in Nature and Human Affairs*, The Catholic University of America Press, Washington, D.C. 1997, pp. 107–124.
Virkkala, Mari-Anne: Kant's Dynamically Sublime and Nature, in: Valerio Rohden, Ricardo R. Terra, Guido A. de Almeida und Margit Ruffing (hrsg.), *Recht und Frieden in der Philosophie Kants. Akten des X. Internationalen Kant-Kongresses*, Walter de Gruyter, Berlin/New York 2008, Bd. 3, S. 745–755.
Vollmann, Morris: *Freud gegen Kant? Moralkritik der Psychoanalyse und praktische Vernunft*, Transcript Verlag, Bielefeld 2010.
Vossenkuhl, Wilhelm: Schönheit als Symbol der Sittlichkeit. Über die gemeinsame Wurzel von Ethik und Ästhetik bei Kant, in: *Philosophisches Jahrbuch*, 99. Jahrg., 1992, S. 91–104.
Wachter, Alexander: *Das Spiel in der Ästhetik. Systematische Überlegungen zu Kants Kritik der Urteilskraft*, Walter de Gruyter, Berlin/New York 2006.
Walz, Norbert: *Kritische Ethik der Natur. Ein pathozentrisch-existenzphilosophischer Beitrag zu den normativen Grundlagen der kritischen Theorie*, Königshausen & Neumann, Würzburg 2007.
Watkins, Brian: The Subjective Basis of Kant's Judgment of Taste, in: *Inquiry*, Vol. 54, 2011, pp. 315–336.
Watkins, Eric (ed.): *Kant and the Sciences*, Oxford University Press, Oxford/New York 2001.
Weber, Andreas and Varela, Francisco J.: Life after Kant: Natural Purposes and the Autopoietic Foundation of Biological Individuality, in: *Phenomenology and the*

Cognitive Sciences, Vol. 1, 2002, pp. 97–125.

Weiskel, Thomas: *The Romantic Sublime. Studies in the Structure and Psychology of Transcendence*, The Johns Hopkins University Press, Baltimore/London 1976.

Wellmer, Albrecht: *Zur Dialektik von Moderne und Postmoderne. Vernunftkritik nach Adorno*, Suhrkamp Verlag, Frankfurt a. M. 1985.

Welsch, Wolfgang: Adornos Ästhetik: Eine implizite Ästhetik des Erhabenen, in: Christine Pries (hrsg.), *Das Erhabene. Zwischen Grenzerfahrung und Größenwahn*, VCH Acta Humaniora, Weinheim 1989, S. 185–213.

—— *Unsere postmoderne Moderne*, 4. Aufl., Akademie Verlag, Berlin 1993.

—— *Vernunft. Die zeitgenössische Vernunftkritik und das Konzept der transversalen Vernunft*, Suhrkamp Verlag, Frankfurt a. M. 1996.

Wettstein, Ronald Harri: *Kants Prinzip der Urteilskraft*, Forum Academicum in der Verlagsgruppe Athenäum Hain Scriptor Hanstein, Königstein/Ts. 1981.

Wetz, Franz J.: Letztbesinnung ohne Letztbegründung. Von der Texthermeneutik zur Naturhermeneutik, in: *Philosophisches Jahrbuch*, 103. Jahrg., 1996, S. 15–28.

White, David A.: Unity and Form in Kant's Notion of Purpose, in: Richard F. Hassing (ed.), *Final Causality in Nature and Human Affairs*, The Catholic University of America Press, Washington, D. C. 1997, pp. 125–150.

Wilson, Holly L.: Rethinking Kant from the Perspective of Ecofeminism, in: Robin May Schott (ed.), *Feminist Interpretations of Immanuel Kant*, The Pennsylvania State University Press, Pennsylvania 1997, p. 373–399.

Wilson, Jeffrey: Teleology and Moral Action in Kant's Philosophy of Culture, in: Valerio Rohden, Ricardo R. Terra, Guido A. de Almeida und Margit Ruffing (hrsg.), *Recht und Frieden in der Philosophie Kants. Akten des X. Internationalen Kant-Kongresses*, Walter de Gruyter, Berlin/New York 2008, Bd. 3, S. 765–775.

Wilson, Ross: Dialectical Aesthetics and the Kantian Rettung: On Adorno's Aesthetic Theory, in: *New German Critique*, Vol. 35, 2008, pp. 55–69.

Wohlfart, Günter: Transzendentale Ästhetik und ästhetische Reflexion. Bemerkungen zum Verhältnis von vorkritischer und kritischer Ästhetik Kants, in: *Zeitschrift für philosophische Forschung*, Bd. 36, 1982, S. 64–76.

Wolff-Metternich, Brigitta von: Ästhetik der Natur — Prolegomena zu einer künftigen Ethik der Natur? Kritische Überlegungen zur Ersatzfunktion moderner Naturästhetik, in: Ralf Elm (hrsg.), *Kunst im Abseits? Ein interdisziplinärer Erkundungsgang zur Stellung der Kunst heute*, Projekt Verlag, Bochum/Freiburg 2004, S. 33–47.

—— Formen des Schönen in der Natur. Kant und Adorno, in: Helmut Schmiedt und Helmut J. Schneider (hrsg.), *Aufklärung als Form. Beiträge zu einem historischen und aktuellen Problem*, Königshausen & Neumann, Würzburg 1997, S. 149–160.

Xiropaidis, Georg: Negative Presentation: The Role of the Imagination in the

Mathematically and Dynamically Sublime, in: Kyriaki Goudeli, Pavlos Kontos and Ioli Patellis (eds.), *Kant. Making Reason Intuitive*, Palgrave Macmillan, Hampshire/New York 2007, pp. 164–193.

Zammito, John H.: *The Genesis of Kant's Critique of Judgment*, The University of Chicago Press, Chicago/London 1992.

—— The Lenoir Thesis Revisited: Blumenbach and Kant, in: *Studies in History and Philosophy of Biological and Biomedical Sciences*, Vol. 43, 2012, pp. 120–132.

—— 'This Inscrutable Principle of an Original Organization': Epigenesis and 'Looseness of Fit' in Kant's Philosophy of Science, in: *Studies in History and Philosophy of Science*, Vol. 34, 2003, pp. 73–109.

Zanetti, Véronique: Die Antinomie der teleologischen Urteilskraft, in: *Kant-Studien*, 83. Jahrg., 1993, S. 341–355.

—— *La nature a-t-elle une fin? Le problème de la téléologie chez Kant*, Ousia, Bruxelles 1994.

—— Teleology and the Freedom of the Self, in: Karl Ameriks and Dieter Sturma (eds.), *The Modern Subject. Conceptions of the Self in Classical German Philosophy*, State University of New York Press, Albany 1995, pp. 47–63.

Zigriadis, Georgios: *Zweckmäßigkeit und Metaphysik. Die Neufassung des argumentum a contingentia mundi für die Existenz Gottes in Kants Kritik der Urteilskraft*, Eos Verlag, St. Ottilien 2008.

Zimmermann, Jörg: Ästhetische Erfahrung und die „Sprache der Natur“. Zu einem Topos der ästhetischen Diskussion von der Aufklärung bis zur Romantik, in: Jörg Zimmermann (hrsg.), *Sprache und Welterfahrung*, Wilhelm Fink Verlag, München 1978, S. 234–257.

Zovko, von Marie-Élise: Der systematische Zusammenhang der Philosophie in Kants *Kritik der Urteilskraft*. „Zweite Aufmerksamkeit“ und Analogie der ästhetischen und teleologischen Urteilskraft, in: *Deutsche Zeitschrift für Philosophie*, 58. Jahrg., 2010, S. 629–645.

Zuckert, Rachel: *Kant on Beauty and Biology. An Interpretation of the Critique of Judgment*, Cambridge University Press, Cambridge/New York/Melbourne/Madrid/Cape Town/Singapore/São Paulo 2007.

Zumbach, Clark: *The Transcendent Science. Kant's Conception of Biological Methodology*, Martinus Nijhoff Publishers, The Hague/Boston/Lancaster 1984.

(2) 邦文文献

宇都宮芳明『カントと神』岩波書店，1998 年。

大西克禮『カント「判斷力批判」の研究』岩波書店，1931 年。

小田部胤久「「移行」論としての『判断力批判』——「美学」の内と外をめぐって」，坂部恵・佐藤康邦編『カント哲学のアクチュアリティー　哲学の原点を求めて』ナカニシヤ出版，2008年，88–119頁。

——「カント『判断力批判』における「構想力」と「内官」再考——感性論としての美学への一つの寄与」，日本美学会編『美学』，第65巻2号，2014年，1–12頁。

——「自然の暗号文字と芸術　自然哲学と芸術哲学の交叉をめぐるカント・シェリング・ノヴァーリス」，松山壽一・加國尚志編著『シェリング自然哲学への誘い』晃洋書房，2004年，67–90頁。

——『象徴の美学』東京大学出版会，1995年。

木阪貴行「理性とその他者」，日本カント協会編『カントと現代文明』理想社，2000年，95–111頁。

甲田純生「カントにおける合目的性の概念と超感性的基体」，日本カント協会編『カントと現代　日本カント協会記念論集』晃洋書房，1996年，245–257頁。

酒井潔「『モナドロジー』から『判断力批判』へ——ドイツ啓蒙思想における個体の形而上学」，滋賀大学経済学会編『彦根論叢』第287/288号（水地宗明教授退官記念論集），1994年，79–94頁。

坂部恵「「理性」と「理性ならざるもの」」，伊藤勝彦編『知性の歴史』新曜社，1972年，151–193頁。

——『理性の不安——カント哲学の生成と構造』勁草書房，1976年。

佐藤康邦『カント『判断力批判』と現代——目的論の新たな可能性を求めて』岩波書店，2005年。

——「有機体論から見たカント哲学——『判断力批判』における判断力概念の特異性について」，坂部恵・佐藤康邦編『カント哲学のアクチュアリティー　哲学の原点を求めて』ナカニシヤ出版，2008年，120–147頁。

下野正俊「『判断力批判』の一解釈——目的論の射程について」，『愛知大學文學論叢』，第134輯，2006年，327–348頁。

——「批判哲学におけるアレゴリー的契機」，『愛知大學文學論叢』，第135輯，2007年，370–398頁。

——「hermeneutica と heuristica ——『判断力批判』における一般解釈学の問題」，『愛知大學文學論叢』，第136輯，2007年，407–426頁。

田辺元『田辺元全集』第3巻，『カントの目的論』筑摩書房，1972年。

円谷裕二『経験と存在　カントの超越論的哲学の帰趨』東京大学出版会，2002年。

中島義道『時間と自由』講談社学術文庫，1999年，305–322頁。

中村博雄『カント『判断力批判』の研究』東海大学出版会，1995年。

長野順子「カントにおける自然美と芸術美——「真なる美」は美しいか」，日本カント協会編『カントと人権の問題』理想社，2009年，97–116頁。

——「「崇高」と時間経験——カント「崇高論」における構想力の暴力」，『紀要』（神戸大学），第27号，2000年，19–47頁。

浜野喬士『カント『判断力批判』研究――超感性的なもの，認識一般，根拠』作品社，2014 年。

牧野英二『遠近法主義の哲学　カントの共通感覚論と理性批判の間』弘文堂 , 1996 年。

――『カント純粋理性批判の研究』法政大学出版局，1989 年。

――「カントとディルタイ――超越論的哲学と解釈学」，日本ディルタイ協会編『ディルタイ研究』，第 8 号，1996 年，1–17 頁。

――「カントの美学と目的論の思想」，カント全集別巻『カント哲学案内』岩波書店，2006 年，287–305 頁。

――「カントの目的論――「第四批判」と目的論の射程」，日本カント協会編『カントの目的論』理想社，2002 年，7–24 頁。

――『カントを読む　ポストモダニズム以降の批判哲学』岩波書店，2003 年。

――『崇高の哲学　情感豊かな理性の構築に向けて』法政大学出版局，2007 年。

――「体系と移行」，『法政大学文学部紀要』，第 37 号，1991 年，1–51 頁。

――「ディルタイによるカント評価をめぐって」，日本ディルタイ協会編『ディルタイ研究』，第 15 号，2003 年，5–19 頁。

――「哲学的対話の一つの試み――カントにおける超越論的思考と解釈学的方法」，『法政大学文学部紀要』，第 54 号，2007 年，1–11 頁。

――「理性批判の二つの機能――ポストモダニズム以後の批判哲学の可能性」『思想』，第 935 号，2002 年，91–112 頁。

三木清『三木清全集』第 8 巻，『構想力の論理』岩波書店，1967 年。

望月俊孝「カントにおける自然・技術・文化」，関西哲学会編『アルケー』，第 7 号，1999 年，134–144 頁。

――「カントにみる「美しい技術」の概念――「自然の技術」というアナロギーに即して」，『文藝と思想』（福岡女子大学文学部紀要），第 61 号，1997 年，43–84 頁。

――「カントの目的論――技術理性批判の哲学の建築術」，日本カント協会編『カントの目的論』理想社，2002 年，25–42 頁。

――「カントの有機体論――「生命」の概念をめぐって」，『文藝と思想』（福岡女子大学文学部紀要），第 62 号，1998 年，77–114 頁。

――「機械的自然と合目的的自然」，日本倫理学会編『倫理学年報』，第 35 集 , 1986 年，53–68 頁。

――「技術理性の批判にむけて」，『文藝と思想』（福岡女子大学文学部紀要），第 54 号，1990 年，1–22 頁。

――「規定された自然と自然の未規定性――自然に関する人間の倫理への一試論」，『文藝と思想』（福岡女子大学文学部紀要），第 57 号，1993 年，13–30 頁。

――「自然の技術」，竹市明弘・坂部恵・有福孝岳編『カント哲学の現在』世界思想社，1993 年，215–233 頁。

――「自然美の批判的意義――カントの超越論的趣味批判を手引きにして」，『文藝と思想』（福岡女子大学文学部紀要），第 58 号，1994 年，1–22 頁。

八幡英幸「「自然目的として見る」ことの文法――カントの有機体論からの展望」，『実践哲学研究』，第16号，1993年，1–18頁。

――「図式性の動的解釈と反省的判断力」，関西倫理学会編『倫理学研究』，第22号，1992年，39–50頁。

――「反省的判断力とその未規定的規範」，日本倫理学会編『倫理学年報』，第41集，1992年，19–35頁。

――「判断力とその対象――「特殊なもの」をめぐるカントの思索」，『熊本大学教育学部紀要　人文科学』，第57号，2008年，93–102頁。

渡辺祐邦「総論　自然哲学にとって十八世紀とは何であったか」，伊坂青司・長島隆・松山寿一編著『ドイツ観念論と自然哲学』創風社，1994年，137–169頁。

人名索引

ア 行

アドルノ　Adorno, Theodor W　8, 19, 52, 57, 143, 197, 201, 211
アバーチ　Abaci, Uygar　147
アリエス　Ariès, Philippe　54
アリストテレス　Aristoteles　152, 184
アリソン　Allison, Henry E.　16, 28–30, 55, 188
イェッシェ　Jäsche, Gottlob Benjamin　34
イレッテラーティ　Illetterati, Luca　187
インゲンジープ　Ingensiep, Hans Werner　189
ヴァルツ　Walz, Norbert　227
ウィルソン　Wilson, Holly L.　187
ヴェルシュ　Welsch, Wolfgang　55
ヴォルフ－メッテルニヒ　Wolff-Metternich, Brigitta von　93, 95
エヴレン　Evren, Şahan S.　97
エリアス　Elias, Norbert　54
オーケン　Oken, Lorenz　190
小田部胤久　95, 99, 102

カ 行

ガイヤー　Guyer, Paul　5, 56, 100, 193
カスカルディ　Cascardi, Anthony J.　8, 17, 57
ガダマー　Gadamer, Hans-Georg　59, 63, 227
カッシーラー　Cassirer, Ernst　60, 145
キールマイヤー　Kielmeyer, Carl Friedrich　162
クーレンカンプフ　Kulenkampff, Jens　115
グッドボディ　Goodbody, Axel　94
クラウザー　Crowther, Paul　141–143
グロー　Groh, Dieter　70–72, 94, 95
グロー　Groh, Ruth　70–72, 94, 95
グロイ　Gloy, Karen　13
ゲーテ　Goethe, Johann Wolfgang von　151, 152, 162, 177, 184, 187
ゲルハルト　Gerhardt, Volker　53
ケルン　Kern, Andrea　86, 88, 89, 102

サ 行

ザミットー　Zammito, John H.　100, 145
シェリング　Schelling, Friedrich Wilhelm　140, 190
シュヴァーベ　Schwabe, Karl-Heinz　104
シュネーデルバッハ　Schnädelbach, Herbert　13, 52, 229
シュラム　Schramm, Engelbert　225
シュレーゲル　Schlegel, August Wilhelm　140
シュレーゲル　Schlegel, Friedrich　140
ショーペンハウアー　Schopenhauer, Arthur　140
シラー　Schiller, Friedrich von　140

ズィロペイディス　Xiropaidis, Georg 145
スウィート　Sweet, Kristi　59
スウェーデンボルク　Swedenborg, Emanuel　222
スターク　Stark, Tracey　57
ズッカート　Zuckert, Rachel　16, 33, 35, 58, 192
ソクラテス　Sokrates　208
ソシュール　Saussure, Ferdinand de 60

タ 行

ティーク　Tieck, Ludwig　137
ティース　Thies, Christian　139
ディルタイ　Dilthey, Wilhelm　63
デュージング　Düsing, Klaus　8, 40–42, 60, 98, 169, 170, 173, 193
デリダ　Derrida, Jacques　8
ドーバントン　Daubenton, Louis-Jean-Marie　162
トム　Thom, Martina　104
トンマージ　Tommasi, Francesco Valerio　61

ナ 行

ニーチェ　Nietzsche, Friedrich　197
ニュートン　Newton, Isaac　45, 151–153, 177
ニュイエン　Nuyen, Anh Tuan　36, 38, 59, 192
ネラー　Kneller, Jane　13
ノヴァーリス　Novalis/Hardenberg, Friedrich von　137

ハ 行

パース　Peirce, Charles Sanders　60
ハーバマース　Habermas, Jürgen　13, 14, 17, 21, 22, 53, 199, 211, 226
バーンスタイン　Bernstein, Jay M.　97
ハイデガー　Heidegger, Martin　63, 92, 93, 224
バウアー－ドレヴァーマン　Bauer-Drevermann, Ingrid　56, 57
バウムガルテン　Baumgarten, Alexander Gottlieb　69, 71, 99
バズ　Baz, Avner　96
ハドソン　Hudson, Wayne　52
ハム　Hamm, Christian　100
ヒューズ　Hughes, Fiona　59, 76–80, 85, 97, 98
ビュフォン　Buffon, Georges-Louis Leclerc　162, 164
ピロウ　Pillow, Kirk　30, 31, 57, 124, 127–129, 135, 146, 147
ヒンチマン　Hinchman, Lewis P.　227, 228
フーコー　Foucault, Michel　20
ファース　Firth, Dan　228
ファイヒンガー　Vaihinger, Hans　54
フィッシャー　Vischer, Friedrich Theodor　140, 141
フェルスター　Förster, Eckart　184
フォルスター　Forster, Georg　162
ブライテンバッハ　Breitenbach, Angela 174, 175, 193
プリース　Pries, Christine　120–124, 139, 140, 144–146
ブルーメンバッハ　Blumenbach, Johann Friedrich　162, 192
フロイディガー　Freudiger, Jürg　193
フロイト　Freud, Sigmund　108, 136, 197
フロイントリープ　Freundlieb, Dieter 52
フロム　Fromm, Erich　211

フンボルト　Humboldt, Alexander von 162
フンボルト　Humboldt, Wilhelm von 162
ベーゲマン　Begemann, Christian 137, 138
ヘーゲル　Hegel, Georg Wilhelm Friedrich　53, 99, 140, 229
ヘルダー　Herder, Johann Gottfried von 140, 162, 164, 229
ベルティネット　Bertinetto, Alessandro 131–133, 148
ベンヤミン　Benjamin, Walter　205, 206
ホルクハイマー　Horkheimer, Max　8, 19, 52, 197, 210, 211, 226

マ 行

マイヤー　Meier, Georg Friedrich　69
マイヤー＝アービッヒ　Meyer-Abich, Klaus Michael　190
牧野英二　6, 7, 15–17, 60–63, 139, 148
マクローリン　McLaughlin, Peter
マシューズ　Matthews, Patricia M.　9, 97, 116, 118
マッキンタイア　MacIntyre, Alasdair 228
マックリール　Makkreel, Rudolf A. 5–7, 59, 63, 86, 103, 147, 194
マルクヴァルト　Marquard, Odo　55
マルクス　Marx, Karl　211
メルテンス　Mertens, Helga　194
望月俊孝　187

ヤ 行

ヤーコプス　Jacobs, Wilhelm G.　25, 26
ユネマン　Huneman, Philippe　45, 47–49, 62

ラ 行

ライプニッツ　Leibniz, Gottfried Wilhelm　55
ライル　Reill, Peter Hanns　161, 190–192
リーデル　Riedel, Manfred　14, 15
リオタール　Lyotard, Jean-François　8, 133, 141, 144, 145, 147, 229
リューガー　Rueger, Alexander　97
ルース　Loose, Donald　144
ルソー　Rousseau, Jean-Jacques　104, 229
レーヴ　Löw, Reinhard　186, 187
レオポルド　Leopold, Aldo　227, 228
レッシング　Lessing, Gotthold Ephraim 229
ロス　Ross, Alison　14, 61
ロビネ　Robinet, Jean-Baptiste　162

ワ 行

渡辺祐邦　189

事項索引

あ 行

アプリオリ　a priori　25, 26, 36, 37, 39, 43, 48, 60, 66, 74, 130, 154, 166, 171, 174, 181
生ける自然　lebende Natur, lebendige Natur　11, 149, 150–153, 157–161, 163, 177, 184, 186, 190, 191, 233
移行　Übergang　6, 8, 9, 10, 23, 38, 39, 40, 41, 43, 44, 50, 59–61, 63, 79–81, 83–85, 91, 92, 104, 111, 119, 120–124, 136, 143–146, 153, 171–176, 179–181, 193, 203, 232, 233
美しい自然　schöne Natur　17, 38, 98, 101, 110
エコロジカルな自然美学　ökologische Naturästhetik　68–72, 93–95, 226

か 行

解釈学的循環　hermeneutischer Zirkel　36–38, 59, 63, 64, 88–91, 168, 182
神　Gott　46, 47, 49, 62, 110, 162, 173, 186
感情　Gefühl　4, 15, 21, 44, 67, 69, 70, 72–75, 89, 101, 108, 109, 111, 115–119, 121, 125, 130–134, 137, 140–144, 146, 147, 196, 200, 202, 205
関心　Interesse　5, 15, 44, 45, 67, 73, 84, 95, 96, 104, 137, 138, 169, 170, 180, 210
感性化　Versinnlichung　3, 42–45, 51, 81, 84, 85, 99, 103, 130, 166, 170, 182
感性界　Sinnenwelt　40, 140, 180, 193
感性的直観　sinnliche Anschauung　43, 44, 60, 82, 130, 140
技術　Technik, Kunst, techne　11, 15, 33, 37, 63, 94, 144, 152, 153, 155–157, 165, 167, 177–179, 181, 186, 187, 204–209, 211, 213, 217, 223, 233
規定的判断力　bestimmende Urteilskraft　2, 3, 12, 14, 23, 26, 27, 28, 30, 50, 56, 204
偶然性　Zufälligkeit　33, 56, 57
偶然的　zufällig　5, 24, 27, 28, 30, 33, 56, 64, 208
究極目的　Endzweck　39, 41, 120, 142, 172–176, 178, 180, 181, 194
虚構　Fiktion　24–26, 50, 54, 150, 165
形而上学　Metaphysik　95, 140, 141, 209
形而上学的　metaphysisch　46, 95, 139–141, 190
芸術　Kunst　8, 37, 57, 61, 83, 98, 101, 104, 124, 125, 127, 128, 135, 140, 146, 147, 205–208, 227
芸術美　Kunstschönheit　98, 102, 128
啓蒙の生気論　Vitalismus der Aufklärung, Enlightenment Vitalism

161–165, 190–192
啓蒙のプロジェクト　Projekt der Aufklärung　1, 2, 4, 8, 11, 12, 153, 195, 196, 198–201, 205, 214–219, 221, 229–231, 233, 234
原因性　Kausalität　14, 32, 33, 39, 60, 141, 154, 155, 157, 167, 168, 171, 178, 188, 192
現象　Erscheinung　8, 17, 24, 29, 39, 55, 60, 76, 77, 101, 108, 115, 120, 121, 148, 151, 172, 173, 185, 186
構想力　Einbildungskraft　11, 13, 41, 42, 57, 61, 65–68, 76–93, 95, 98–101, 103, 107, 117–119, 122–136, 142, 144–148, 181–183, 194, 202, 232
合目的性　Zweckmäßigkeit　3, 6, 9, 10, 16, 27–29, 32–34, 39–44, 46, 49, 50, 55, 56, 58, 61, 63, 68, 72, 74–80, 83, 84, 85, 91, 96–98, 120, 122, 123, 132, 142–144, 146, 154, 164–166, 172, 173, 179, 181, 192, 220
悟性　Verstand　3, 8, 12, 14, 24–31, 38–42, 44, 46, 48–51, 54–58, 60, 63–69, 73, 76–81, 83–89, 91, 99, 100, 101, 118, 120, 128, 135, 147, 149, 150, 151, 155, 156, 158, 164, 165, 172, 173, 177, 180–183, 185, 197, 199, 202, 203, 216, 219, 221, 231
悟性概念　Verstandesbegriff　29–31, 55, 66, 76, 77, 80–82, 89, 91, 92, 100, 103, 128, 130, 182, 183

さ 行

自己開化　Selbstkultivierung　200–204, 212, 222
自己自律　Heautonomie　164, 179
自然概念　Naturbegriff, Begriff der Natur　6, 11, 17, 23, 24, 38, 39, 41, 43, 44, 48, 50, 59, 60, 63, 79, 80, 81, 83–85, 91, 92, 104, 111, 119–124, 136, 143, 152, 153, 161, 171–176, 179–181, 184, 193, 195, 196, 205, 207–211, 217, 218, 223, 232, 233
自然科学　Naturwissenschaft　46–48, 66, 67, 138, 151, 152, 186, 210, 211, 213, 217, 225
『自然科学の形而上学的原理』 *Metaphysische Anfangsgründe der Naturwissenschaft*　160, 189
自然からの疎外　Entfremdung von der Natur　10, 65, 67, 68, 90, 92, 105, 152, 232,
自然支配　Naturbeherrschung　1, 2, 4, 10–13, 19, 23, 25–27, 49–51, 53, 54, 65, 107, 109, 110, 134, 136–139, 143, 149, 150, 186, 199, 216, 217, 219–221, 231, 232–234
自然神学　Physikotheologie　45–48, 62, 174
自然哲学　Naturphilosophie　45, 47, 48, 69, 72, 161–164, 190–192, 205, 208, 209, 212, 223
自然の解釈学　Hermeneutik der Natur, Hermeneutics of Nature　1–3, 7, 10–12, 15, 19, 23, 43–45, 47–51, 62, 63, 85, 86, 102, 129, 133, 170, 180, 181, 183, 195, 214, 218–221, 227, 228, 231–234
自然の技巧　Technik der Natur　6, 15, 59, 62, 63, 144, 187
自然の経済　Ökonomie der Natur, economy of nature　45–47

自然の崇高さ　Erhabenheit der Natur　114, 115, 118, 119, 134
自然の批判理論　kritische Theorie der Natur　11, 196, 199, 205, 210–214, 218–221, 224, 227, 233
自然美　Naturschönheit　4, 6, 11, 15, 43–45, 47, 48, 57, 65, 67–70, 73, 75, 76, 84–86, 89–92, 95, 97, 98, 101, 104, 128, 144, 147, 154, 155, 181–183, 232
自然美学　Naturästhetik, Ästhetik der Natur　48, 67–69, 72, 109, 110, 205
自然美の解釈学　Hermeneutik der Naturschönheit　11, 65, 69, 84, 86, 89–92, 101, 147, 181, 182, 232
自然法則　Naturgesetz　171, 188, 191, 206
自然目的　Naturzweck　6, 9, 166, 167, 169, 170, 172
自然目的論　physische Teleologie　6, 11, 47, 149, 151–154, 157, 161, 164–166, 173, 174, 177, 179, 187, 190, 192, 193, 232, 233
社会的に構成された自然　sozial konstituierte Natur　94, 208, 209, 211, 212, 217, 218, 220
実践哲学　praktische Philosophie　1, 4, 7–10, 12, 14, 16, 39, 48, 65, 95, 107, 149, 190, 203, 221, 231
実践理性　praktische Vernunft　8, 9, 13, 23, 40–42, 79, 85, 91, 116, 117, 118, 120, 134, 154, 155, 164, 169, 170, 172, 173, 178–180, 182, 194, 197, 216, 219, 221, 233, 234
『実践理性批判』　*kritik der praktischen Vernunft*　7, 13, 16, 108, 117, 141, 142, 201–203
自由概念　Freiheitsbegriff　6, 23, 38, 39, 41, 43, 44, 48, 50, 59, 60, 63, 79–81, 83–85, 91, 92, 104, 111, 119–121, 123, 124, 136, 143, 153, 161, 171–176, 179–181, 193, 232, 233
趣味判断　Geschmacksurteil　11, 41, 44, 65, 67, 68, 72–79, 81, 83–85, 90, 91, 93, 96–100, 117, 118, 125, 142, 181, 232
純粋理性　reine Vernunft　13, 37, 38
『純粋理性批判』　*Kritik der reinen Vernunft*　7, 16, 28–31, 36, 37, 45, 55, 56, 63, 66, 76, 80, 93, 103, 131, 145, 148, 149, 187, 201, 203, 222
象徴的描出　symbolische Darstellung　3, 6, 7, 10, 12, 42–44, 49–51, 61, 80–86, 89, 91, 92, 99, 100, 103, 129, 130, 133, 168, 170, 176, 178, 179, 181–183, 193, 194, 218, 232, 233
崇高な自然　erhabene Natur　4, 11, 17, 110, 111, 115, 116, 119–124, 129, 130, 133–136, 143, 144, 182, 183, 232
崇高な自然の解釈学　Hermeneutik der erhabenen Natur　11, 107, 111, 129, 133–136, 181, 182, 232
図式　Schema　51, 76, 77, 79, 82–84, 101, 103
図式的描出　schematische Darstellung　42, 50, 51, 130
精神　Geist, mind, spirit　24, 60, 140, 143, 162, 163, 190, 191
生命　Leben　158–161, 164, 165, 189, 190, 206, 226
全体　das Ganze　3, 16, 33–38, 43, 48, 50, 52, 59, 63, 71, 83, 88, 95, 124, 126, 127, 131, 135, 155, 156, 158,

163, 166–168, 172, 174, 184, 185, 187–189, 192, 203, 208, 227

た 行

体系的統一　systematische Einheit　5, 7–9, 16, 51, 122, 167
超越論的　transzendental　8, 26, 27, 29–31, 49, 56, 57, 63, 76, 188, 190, 222
超越論的観念論　transzendentaler Idealismus　150, 151
超越論的哲学　transzendentale Philosophie　6, 25
超感性的基体　ein übersinnliches Substrat　8, 9, 40–44, 60, 61, 83–85, 91, 101, 169, 173, 176
超感性的なもの　das Übersinnliche　6, 39, 60, 61, 89, 100, 101, 120–124, 128–130, 140, 171–173, 178
超感性的根拠　übersinnlicher Grund 40
超感性的目的　übersinnlicher Zweck 169–171, 178, 179, 182, 194, 233
直覚的悟性　ein intuitiver Verstand 155–157, 178, 185
直観　Anschauung　3, 4, 6, 14, 42, 43, 50, 51, 60, 66, 75, 77–83, 96, 98, 100, 103, 104, 120, 121, 123, 125, 130, 131, 144, 145, 148, 184, 185
天才　Genie　61, 83, 99, 100
統制的原理　regulatives Prinzip　75
道徳的感情　moralisches Gefühl, Sittengefühl　44, 67, 115–118, 134, 142, 146
道徳的判断　moralisches Urteil　44, 116, 117
道徳法則　moralisches Gesetz, Sittengesetz　17, 39–41, 117, 141–143, 172, 173, 202, 203

な 行

認識能力　Erkenntnisvermögen　3, 14, 28, 30, 32, 61, 74, 164, 180–182, 194, 201, 203, 219, 220
認識判断　Erkenntnisurteil　73, 74, 77, 96, 97

は 行

範例的描出　exemplarische Darstellung, exemplary exhibition　75, 77
美感的判断力　ästhetische Urteilskraft 4, 8, 9, 41, 42, 57, 74, 84, 85, 88, 92, 102, 118, 127, 134, 136, 232
美感的判断力の批判　Kritik der ästhetischen Urteilskraft　5, 8, 9, 16, 41, 47, 48, 67, 96, 100–102
美感的理念　ästhetische Idee　5, 6, 11, 80, 81, 83–86, 88–92, 98–100, 103, 125–129, 147, 181–183, 232
否定的描出　negative Darstellung　129, 131–133, 135, 136, 147, 182, 232
批判哲学　kritische Philosophie　8, 9, 10, 12, 13, 15, 20, 23, 24, 63, 137, 143, 152, 183, 192, 196, 200, 203, 222
文化，開化　Kultur　53–55, 94, 104, 194, 201, 203, 205, 207, 208, 211, 213, 217, 220, 221, 223, 227, 228, 230
包摂　Subsumtion　2, 3, 14, 26, 27, 30, 44, 50, 51, 83, 96, 128, 155, 183, 204, 216

ま 行

メカニズム　Mechanismus　144, 158, 159, 188, 197, 203, 211

メタ啓蒙　Meta-enlightenment　197, 198, 215
目的　Zweck　5, 6, 14, 32, 33, 39, 40, 43, 67, 73, 74, 84, 90, 91, 96, 142, 146, 147, 154–157, 165–172, 174–176, 178, 187, 192, 194, 198, 201, 203, 204, 209, 215, 223, 233
目的論的判断力　teleologische Urteilskraft　4, 8, 9, 41, 42, 59, 158, 164, 166, 168, 169, 172, 173, 175, 176, 179, 185, 192, 193
目的論的判断力の批判　Kritik der teleologischen Urteilskraft　5, 9, 16, 41, 47, 48, 59, 101, 158, 187, 192, 193, 194
物自体　Ding an sich　108, 214

や 行

有機的自然の解釈学　Hermeneutik der organisierten Natur　11, 149, 153, 166, 170, 171, 177–179, 181–183, 232, 233
有機的な自然　organisierte Natur　4, 6, 7, 11, 17, 38, 41, 149, 153–161, 164–166, 168–172, 177–179, 182, 183, 187–189, 192–194, 233
よき生　ein gutes Leben　12, 218–221, 228, 233, 234

ら 行

理性概念　Vernunftbegriff, Begriff der Vernunft　22, 36, 37, 52, 80
理性的主観　vernünftiges Subjekt　107–112, 115–120, 134, 135, 137, 182, 232
理性的存在者　vernünftige Wesen　17, 20, 72, 111, 142, 174, 175, 197, 202, 204, 223
理性の他者　das Andere der Vernunft　2, 4, 7, 12, 13, 20, 22, 53, 54, 151, 183, 196, 198, 200, 204, 205, 210, 214, 216, 231, 233
理性批判　Kritik der Vernunft　1, 2, 8, 13, 19–23, 26, 52, 196–198, 215, 216, 219, 231, 233
理性理念　Vernunftidee　11, 69, 80–85, 89, 91, 92, 98, 103, 125, 130, 133, 135, 145, 168, 170, 176, 179, 181, 182, 193, 194, 232
理念　Idee　3–7, 12, 14, 42–45, 49–51, 53, 54, 60, 61, 63–65, 80, 83–86, 89, 92, 99, 100–103, 111, 116, 121, 123–125, 128–133, 135, 136, 139, 141, 144, 156, 167, 168, 170, 171, 174, 176, 178, 181, 183, 189, 192, 194, 197, 202, 210, 218, 229, 231, 232
理論哲学　theoretische Philosophie　1, 4, 7–10, 12, 14, 16, 25, 39, 48, 65, 107, 149, 203, 231
類比　Analogie　51, 60, 62, 100, 154, 155, 157, 168, 169, 178, 179, 183, 186, 187, 233
ロマン主義　Romantik　137, 140, 164, 190, 191, 227, 229

◉著 者

相原　博（あいはら・ひろし）

1975年東京都生まれ。1998年，法政大学文学部哲学科卒業。2013年，法政大学大学院人文科学研究科哲学専攻博士後期課程修了。現在，法政大学・法政大学大学院兼任講師，国士舘大学非常勤講師。博士（哲学）。主要論文：「人間の尊厳概念への「消極的アプローチ」の検討——尊厳概念を応用倫理学の諸領域で使用するために」（『法政大学文学部紀要』第72号，2016年），訳書：トム・ロックモア『カントの航跡のなかで——二十世紀の哲学』（共訳，法政大学出版局，2008年），コンラート・オット，マルチン・ゴルケ編『越境する環境倫理学——環境先進国ドイツの哲学的フロンティア』（共訳，現代書館，2010年）。

カントと啓蒙のプロジェクト
『判断力批判』における自然の解釈学

2017年11月20日　初版第1刷発行

著 者　相原　博

発行所　一般財団法人 法政大学出版局

〒102-0071 東京都千代田区富士見 2-17-1
電話 03（5214）5540　振替 00160-6-95814
組版：HUP　印刷：三和印刷　製本：積信堂

ISBN978-4-588-15084-5

思想間の対話　東アジアにおける哲学の受容と展開
藤田正勝 編 ……………………………………………………………5500円

石の物語　中国の石伝説と『紅楼夢』『水滸伝』『西遊記』を読む
ジン・ワン著／廣瀬玲子 訳 ………………………………………………4800円

コスモロギア　天・化・時　キーワードで読む中国古典1
中島隆博 編／本間次彦・林文孝 著 ……………………………………2200円

人ならぬもの　鬼・禽獣・石　キーワードで読む中国古典2
廣瀬玲子 編／本間次彦・土屋昌明 著 …………………………………2600円

聖と狂　聖人・真人・狂者　キーワードで読む中国古典3
志野好伸 編／内山直樹・土屋昌明・廖肇亨 著 …………………………2600円

治乱のヒストリア　華夷・正統・勢　キーワードで読む中国古典4
伊東貴之 編／渡邉義浩・林文孝 著 ……………………………………2900円

古代西洋万華鏡　ギリシア・エピグラムにみる人々の生
沓掛良彦 著 ……………………………………………………………2800円

虜囚　一六〇〇～一八五〇年のイギリス、帝国、そして世界
L. コリー 著／中村裕子・土平紀子 訳 …………………………………7800円

近代測量史への旅　ゲーテ時代の自然景観図から明治日本の三角測量まで
石原あえか 著 …………………………………………………………3800円

日本国と日本人
K. ローゼンクランツ 著／寄川条路 訳 …………………………………2000円

ショーペンハウアー読本
齋藤智志・高橋陽一郎・板橋勇仁 編 ……………………………………3500円

ライプニッツ読本
酒井潔・佐々木能章・長綱啓典 編 ………………………………………3400円

*

表示価格は税別です